Gerard Brozio

Unser Urvermächtnis
Außergewöhnliches Buch für außergewöhnliche Menschen

Gerard Brozio

Unser Urvermächtnis

Außergewöhnliches Buch für außergewöhnliche Menschen

Rediroma-Verlag

Bibliografische Information der Deutschen Nationalbibliothek:
Die Deutsche Nationalbibliothek verzeichnet diese Publikation in der Deutschen Nationalbibliografie; detaillierte bibliografische Daten sind im Internet über http://dnb.ddb.de abrufbar.

ISBN 978-3-96103-131-3

www.rediroma-verlag.de
14,95 Euro (D)

INHALT

Teil 1: WEGBESCHREIBUNG 6

VORWORT 7

EINFÜHRUNG 16

METHODE 43

DENKEN 53

TRÄUMEN 75

SUGGESTION 99

HYPNOSE 111

MEDITATION 119

REMOTION 132

TEIL 2: ERÖRTERUNGEN 170

GLAUBE 171

EVOLUTION 198

GERECHTIGKEIT 234

FREIHEIT 244

EGOZENTRIK 265

ZUSAMMENLEBEN 275

LEBENSSPUREN 283

NACHWORT 297

SPRÜCHE 313

Teil 1
WEGBESCHREIBUNG

VORWORT

Herzlich willkommen bei den Heimreisenden, bei den Selbstsuchenden, die ihren inneren Rückweg zu sich selbst irgendwann verlassen oder NOCH nicht gefunden haben. Und weil uns der Rückweg meistens kürzer vorkommt als der Hinweg, so könnten wir auch diesen meistern – insbesondere, wenn uns jemand dabei ortskundig begleiten möchte. Jeder kann umkehren oder etwas verändern, sowohl zum Schlechten als auch zum Guten hin – auch wir, du und ich. Es kommt ganz und gar darauf an, ob wir persönlich in der Lage sind, also jeder für sich selbst, die Notwendigkeit einer Veränderung zu erkennen oder weiterhin alles so belassen wollen, wie es momentan ist – weitgehend unwissend, orientierungslos und fremdbestimmt, dennoch glaubend zu wissen, NICHT auf dem Irrwege zu sein.

Wenn wir glauben, durch Lethargie oder durch Annahme fremdbestimmter Identitäten vor uns selbst ewig weglaufen zu können, dann haben wir NOCH nicht erkannt, dass wir uns bereits verlaufen haben, dass wir anhalten und umkehren müssen, andernfalls entfernen wir uns von Tag zu Tag immer weiter von uns selbst. Je früher wir eine Notwendigkeit einer Umkehr vom Schein zum Sein, vom Ich zum Selbst erkennen, desto eher werden wir anhalten und uns umorientieren, umso eher kommen wir dann bei unserem wahren Selbst an. Tragisch kann es für uns nur dann werden, wenn wir unsere ganze Energie für die Flucht vor uns selbst weitgehend sinnlos verschwenden. Dann wäre es wirklich schön, jemanden zu kennen, dem wir profitfrei willkommen sind, der uns eine bereits praktisch erprobte Wegbeschreibung vom Schein zum Sein uneigennützig anbieten würde, eine Wegbeschreibung, die ausnahmsweise kein Geld kostet, weil sie noch NIE käuflich war, ist und sein wird, denn alles Käufliche ist NICHT von Dauer – nur vorübergehend!

Unser momentanes Leben ist das, was vorwiegend andere daraus machen. Wen das zufriedenstellt, der hat seine verfahrene Situation NOCH NICHT erkannt, der hält weiterhin den Weg für das Ziel und eine langjährig erprobte Wegbeschreibung wie diese, die ihn zu mehr Selbsterkenntnis hinführen kann, benötigt er nicht, denn die meisten Unwissenden halten sich bereits für die Klügsten. Damit die Welt, in der wir gegenwärtig leben, ein wenig menschlicher werden kann, müssen wir zunächst selbsterkennend werden, was ein neutrales Selbst voraussetzt. Dieses angstauflösende Selbst zu finden und zu werden, bevor uns unsere uns angstmachende Orientierungslosigkeit gänzlich verunsichert oder gar paralysiert, ist das Vorhaben dieser neutralen Wegbeschreibung, denn unser Leben ist mehr als Ernährung und Vermehrung, mehr als Arbeit und Vergnügen und viel, viel mehr als unser weitgehend fremdbestimmtes Scheindasein, das für die meisten von uns mit dem körperlichen Tod endgültig enden wird, so, als ob wir nie gelebt hätten, so, als ob wir des SEINS nicht fähig, nicht würdig wären.

Die neutrale Wahrheit ist einfach, doch sie lässt sich nicht einfach von jedermann finden oder gar kaufen, dazu bedarf es zunächst einer emphatischen Begabung. Sie heißt Einfühlungsvermögen, suchen nach Gerechtigkeit, Neugier auf unseren wahren Daseins-GRUND, und Lernbereitschaft, denn hinter unserem gegenwärtigen Horizont geht es weiter, auch wenn wir dafür unsere jetzigen Standpunkte etwas verändern müssten – manchmal reicht es schon aus, sich auf einen Stuhl zu stellen oder auf einen Fußboden zu legen, denn von oben oder unten, von nah oder fern, sieht das Gleiche etwas anders aus, ist das Gleiche nicht dasselbe!

Die natürliche Harmonie ist der Feind der Disharmonie, das Böse meidet das Gute, und Lug und Betrug fürchten, entdeckt zu werden, wobei alle Angst vor der enthüllenden Wahrheit haben.

Also finden wir sie heraus, die verborgene, uns enthüllende Wahrheit, nach der wir ständig suchen, die wir aber nur selten wirklich finden wollen. Glücklicherweise macht uns Verborgenes NUR so lange Angst, wie es geheimnisbedingt im Dunkeln verborgen bleibt, doch Dunkelheit oder Unwissenheit, Lügereien oder Betrügereien können durch mutige Menschen, insbesondere durch Mainstream-FREIE Journalisten und honorige Verleger ans Licht gebracht und somit offensichtlich gemacht werden, denn nichts ist lehrreicher als die schockierende Konfrontation mit der Lügen enthüllenden Wahrheit!

Verhalten wir uns schweigsam, dann trauen wir uns nicht, dann können oder wollen wir nichts sagen. Meistens ducken wir uns unauffällig, dann fallen wir, gefällig gebeugt, keinem auf, nicht einmal uns selbst. Aus Angst vor ungefälliger Wortwahl oder Kritik schlauer Leute wägen wir dann jedes Wort sorgsam ab, bevor wir es aussprechen oder gar aufschreiben. Letztlich resignieren wir und sagen dann lieber gar nichts, obwohl wir es laut und deutlich sagen sollten, denn Ungesagtes bleibt ungehört – insbesondere Lügen und andere Heucheleien. Allerdings werden dauerhaft wiederholte Lügen schnell zur »Wahrheit«, zur Ethik, zur Moral und schließlich zum Gesetz.

Obwohl einige von uns viel Wegweisendes zu verkünden haben, überlassen sie/wir das Reden lieber denen, die es gelernt haben, showartig schön und viel zu reden, auch ohne dabei etwas wirklich Wegweisendes zu sagen, denn wer den inneren Weg vom Ich zum Selbst nicht selbsterfahrend gegangen ist, der kann ihn auch anderen nicht konkret beschreiben.

Propagandisten, Mehrfachmoralisten oder andere selbstunerfahrene »Reiseführer« gibt es mehr als genug unter uns. Was wir jetzt dringender benötigen denn je sind einige beredsame Menschen, die mutig, ehrlich und zivilcouragiert sind, die sich trauen, erst sich selbst und dann uns allen einen Spiegel der Wahrheit vorzuhalten, sodass wir uns darin ungefällig erkennen könnten – wenn wir es denn wirklich wollten, denn in der Herde, im Mainstream lebt es sich scheinbar leichter und »im Dunkeln lässt sich gut munkeln« bzw. lügen und betrügen. Schwierig wird es nur dann werden, wenn uns unser begrenztes Leben zu spät bewusst wird. Dann durch das bewusste Erkennen unserer eigenen Endlichkeit geängstigt, fangen wir fragend an, nach unserem wahren Lebenssinn zu suchen – meistens erfolglos, weil zu spät!

Verhalten wir uns ungefällig und sagen oder gar schreiben, was wir denken sagen oder schreiben zu müssen, dann kann unsere Beredsamkeit uns den eigenen Kopf und Kragen kosten. Dann werden wir wegen der poesiearmen, ungeschminkten Wortwahl oder dem solitären, dem Zeitgeist nicht entsprechenden Schreibstil ablehnend kritisiert oder ignoriert, denn Inhalte zählen heutzutage weniger als geheuchelte Worte. Heutzutage kommt es mehr auf die Verpackung, mehr auf den Schein als auf das Sein oder insbesondere auf den Bekanntheitsgrad einer Person an, als auf den Inhalt, doch von der Verpackung, dem Schein oder dem Bekanntheitsgrad einer Person ist noch keiner »satt« geworden. Dennoch schauen wir gerne Personen zu, die bekannt sind oder über viel Geld verfügen, weil die meisten von uns gerne so wären wie die anderen es bereits sind: berühmt, reich, erfolgreich, schön und begehrt. Wir lassen uns fortwährend von schönen Worten gerne blenden, führen und verführen, auch wenn sie unwahr sind. So kommt es, dass wir nie die oder das werden können, was WIR wirklich sind oder im Laufe unseres physischen Lebens werden könnten. Die meisten von uns werden so sterben, wie sie gelebt haben, weitgehend halbfertig, und was zu unserer Lebenszeit nicht vollendet wird, das wird es auch nicht geben, was unseren physischen Tod überdauern könnte. Wir bleiben halbfertig, unvollendet, sodass unser körperliches Ende auch unser geistiges Ende sein wird – so, als ob es uns NIE gegeben hätte! Und sollte uns jemand kurz vor unserem Ableben fragen, ob wir unserer Nachwelt etwas von Dauer, etwas Wegweisendes, etwas Nachahmenswertes hinterlassen werden, dann wird er uns damit sehr verlegen machen, dann werden sich unsere Seelen für uns schämen, denn die einmalige Chance, sein Leben seinem genetischen Potenzial entsprechend im Hier und Jetzt vollenden zu können, haben viele von uns!

Wem sein unvollendetes Leben ausreicht, der hat NOCH nicht gelernt, die mahnenden Hilferufe seiner Seele zu hören. Er wird weder anhalten noch umkehren, er wird fortlaufend dem vergänglichen Mammon nacheifern und weiterhin so leben wie bisher, nirgendwo ankommend, fremdbestimmt, weitgehend instinktiv von seinen Körpertrieben geleitet. Er wird sich weiterhin nähren und bedenkenlos vermehren und völlig unwissend darauf hoffen, dass seine Nachkommen oder die Nachkommen seiner Nachkommen das ihm zugedachte Urvermächtnis erfüllen werden. Er wird fortwährend seine einmalig kostbare Zeit verschwenden und weiterhin den Weg für das Ziel und den Schein für das Sein halten. Er wird weiterhin einen sehr großen Wert auf sein vergängliches Äußerliches legen und innerlich immer mehr verkümmern. Er wird weiterhin darauf achten, »was die Leute sagen«, statt nach dem eigenen Lebenssinn zu fragen.

Wem seine Nutzlosigkeit nicht ausreicht, der ahnt ES bereits, der wird seine einmalige Chance zur Selbstfindung OHNE Aufschub nutzen, der wird zunächst anhalten, dann umkehren und schließlich seinen Schein ablegen und zu seinem Sein zurückkehren! Er wird wissend ein anderer werden und nie wieder zu dem Daseinsstatus zurückkehren können, den er davor unwissend zu haben glaubte. Er wird wissen, dass er plötzlich zu den wenigen Auserwählten gehören wird, die sich NICHT abducken bzw. ihr Wissen »unter einem Scheffel« verstecken werden – auch wenn sie dafür von den Unwissenden unreflektiert abgelehnt und somit nicht verstanden werden, denn Verstehen setzt verstehen Wollende voraus, setzt mehr voraus als nur animalische Instinkte. Doch glücklicherweise sind es dieselben autonomen Urinstinkte, die uns unser eigenes Geistleben erahnen und uns somit fortwährend nach unserem Selbst suchen lassen! Wir dürfen uns nicht unsere Selbstverwirklichung durch Glaubens- oder andere Lügner weiterhin verschleiern lassen, denn das Zeitalter der Lügenoffenlegung hat Dank der zur rechten Zeit lautdenkend geborenen Denker und gegenwärtiger Medienvielfalt bereits begonnen – auch wenn momentan alles etwas verrückt erscheint, wir sind gerade dabei, es wieder zurechtzurücken.

Der vorliegenden Wegbeschreibung zur Selbstfindung liegen über ein halbes Jahrhundert Selbstsuche zugrunde, die auch dein Leben grundlegend verändern kann – wovor ich dich hiermit ausdrücklich warnen MUSS, denn am Ende dieser Wegbeschreibung wirst du nicht mehr der Gleiche sein, der du jetzt zu sein GLAUBST, denn alles, was du hier verinnerlichst, wird dich erkenntnisfähiger machen, wird dich dir selbst schrittweise näher bringen, insbesondere nachts, wenn sich unsere Gedanken träumend begegnen. Doch das ist eine andere Erfahrung, die nur durch eigene Erfahrung gegen Ende dieser Reise erfahren werden kann – du bist gerade dabei, den ersten richtungs- bzw. zielentscheidenden Schritt zu tätigen!

Noch kannst du diese Rückwegbeschreibung zu deinem Selbst beiseite legen und so bleiben, wie du zu sein glaubst oder sie sinnentnehmend von Anfang an bis zum Ende lesen, um am Ende dann glaubensfrei zu erfahren, wer du NICHT bist!

Für einige unter uns ist es Zeit geworden in allem, was wir tun und denken, authentisch zu werden – insbesondere jedoch zu und mit uns selbst. Möglich ist es, auch wenn es die Meisten von uns NOCH für unmöglich halten! Allerdings müssen wir uns zuallererst ernsthaft fragen, ob wir WIRKLICH wissen wollen, wer, wie viele oder was wir sind, womöglich sogar, was oder wer wir waren, bevor wir gezeugt wurden. Können wir das ohne fremde Hilfe, objektiv, direkt, nur aus eigener Kraft erfahren? Ja, mit den folgenden Wegbeschreibungen können wir es schaffen, allerdings NUR ohne zu lügen und gerechterweise NUR jeder für sich selbst, denn nicht alles ist so, wie es vordergründig zu sein scheint – auch wir nicht! Ob wir tatsächlich diejenigen sind, für die wir uns selbst oder für die uns andere halten, das lässt sich NUR OHNE Selbsttäuschungen herausfinden. Was auch der Grund dafür ist, weshalb die durch Gier hervorgerufenen Lügereien und Betrügereien das Hauptthema, die »Daueranklagepunkte« in dieser Streitschrift sind und deshalb mehrfach im Folgenden angesprochen werden.

Wenn du jetzt immer noch diese angstbefreiende Rückwegbeschreibung mitdenkend bis zum Ende lesen willst, dann nimm dir Zeit, viel Zeit, denn »gut Ding braucht Weile« und markiere dabei die für dich relevanten Textstellen sowie klärungsbedürftigen Begriffe. Die Markierungen können dir dann am Ziel deiner Reise helfen, deinen neuen Anfang zu festigen. Sie können dir helfen, deine persönliche Lerneffektivität zu steigern und dich somit zu neuen Denkweisen befähigen, denn alte, auf Unwahrheiten basierende Denkweisen lassen sich nicht einfach »mit einem Wisch« wegwischen. Alte, als gelogene »Fakten« festgebrannte, unsere Klarsicht verdeckende Verschleierungen lassen sich erst durch wiederholte Entschleierungsversuche entfernen, doch die Mühe lohnt sich, denn nach der Entschleierung sieht alles klarer, sieht alles anders aus – auch und insbesondere wir selbst, wenn hinter unserem Schein sich unser wahres Sein immer deutlicher zu erkennen gibt. Dabei werden wir nach und nach lernen, alles so zu sehen, wie es »unverschleiert« ist und zunächst mit uns selbst LÜGENFREI beginnen, ohne ein Wenn und ohne ein Aber, ohne Tabus, enthüllend, auflösend und schließlich transzendierend. Wer jetzt den Mut und die Ausdauer besitzt, der wird am Ende dieser Rückreise dauerhaft belohnt werden, der wird das entdecken und werden, wonach ALLE Kreaturen seit dem Lebensurbeginn artenübergreifend instinktiv suchen und erst als Menschen in der Lage sind, bewusst zu finden – sich selbst!

Wir sind zwar das instinktiv-zufällige Ergebnis der bisherigen Evolution, doch NOCH sind wir nicht ihr Endziel, denn wer ankommt, wer sein/unser Endziel erreicht, der muss NICHT weiterreisen. Ob unsere jetzige Entwicklungsstufe bereits ausreicht, um unser Urvermächtnis erkennen und erfüllen zu können, das wissen die meisten von uns NOCH nicht, obwohl es einige unter uns bereits ahnen. Es sind diejenigen unter uns, denen es nicht ausreicht sich nur animalisch zu ernähren und arterhaltend instinktiv zu vermehren. Es sind diejenigen wenigen unter uns, die zunächst »nur« den eigenen und dann den allgemeinen Lebenssinn als zusammenhängendes Ganzes erkennen möchten.

Einerseits, falls wir nicht wirklich wissen wollen wer wir sind, können wir weiterhin so tun, als ob wir uns selbst und andere gut kennen würden, uns mit allen möglichen Lebensrollen unbewusst identifizierend, unser restliches Leben lang geduckt, an was oder an wen auch immer glaubend, human unvollendet weiterleben.

Andererseits fragen wir uns ständig nach dem ALLEM übergeordneten Lebenssinn. Wir sprechen oft fragend mit vielen Gesprächspartnern darüber und bekommen genauso viele Antworten, die allesamt den aktuellen Konditionierungen, dem Entwicklungsstand, dem Bildungsstand und/oder dem Glaubensstatus der Antwortenden entsprechen. Eine fächerintegrierende, uns einbeziehende, eine zusammenhängende Lebenssinnerklärung nennt uns keiner. Weil keiner sie kennt? Warum fragen wir, warum suchen wir ständig nach dem Lebenssinn, nach dem UR-**GRUND** unseres Daseins, wenn es ihn scheinbar gar nicht gibt? Macht es einen Sinn, permanent nach etwas zu suchen, was es nicht geben soll? Nach einem Etwas, was wir nie hatten? Oder würdest du etwas suchen, was du nie gehabt hast und somit auch nie verloren haben kannst? Nach dir, den es nie gegeben haben soll? Nach deinem Daseinsgrund, der nie existiert hat? Die Tatsache selbst, dass wir bereits seit Anbeginn unserer bewussten Menschwerdung, also seit mehr als fünfzigtausend Jahren, instinktiv nach unserem Daseins-GRUND suchen, ist ein eindeutiger Beweis dafür, dass es diesen UR-GRUND gibt. Unseren Verwandten, den Tieren, reicht es völlig aus, instinktiv für ihre Arterhaltung zu sorgen. Schließlich macht das auch den Unterschied zwischen uns und den Tieren aus, die sich weder nach ihrem sowie nach dem allgemeinen Lebenssinn fragen. Für sie ist das Überleben-Wollen-Müssen ihrer Art das instinktiv verfolgte Lebensziel. Ihnen genügt es, sich instinktiv, also völlig unbewusst, zu ernähren und zu vermehren – uns nicht! Oder doch?

EINFÜHRUNG

Unser Leben ist eine einzige Suche nach unserem Daseinsgrund, nach dem Sinn unseres Lebens. Und weil die meisten von uns nicht wissen, wer oder was oder wie viele wir sind, so ist es zuallererst fundamental wichtig herauszufinden, wer wir NICHT sind. Alles andere sind Scheinversuche, uns selbst dafür zu halten, was wir faktisch nicht sind. Wir sind auch nicht die Summe unserer vielen Scheinidentitäten oder unseres Sinnes bzw. körperdingten Verhaltens, denn wir sind mehr, mehr, als es sich die meisten von uns vorstellen können, denn wir, jeder von uns, haben das Potenzial, ein viel MEHR zu werden als nur sterbliche Körper, denn wir sind auch unsterblicher Geist. Dieser durch Bewusstwerdung unsterbliche Geist wieder zu werden, ist unser Urvermächtnis, das nicht alle, aber doch viele noch während ihres physischen Daseins erfüllen können. Wer das bereits ahnt, der wird weitersuchen, wer das noch nicht ahnt, der wird nicht suchen und wer nicht sucht, der wird auch nichts finden – nicht einmal sich selbst, das ihn zu IHM hinführen könnte. Der wird weiterhin den Schein für das Sein halten und sein wahres Sein nie entdecken, denn wer sich verlaufen hat und dann ohne umzukehren ziellos weiterläuft oder unbeweglich stehen bleibt, der wird seinen Ausgangspunkt nie wiederfinden können – es sei denn, er findet jemanden, der ortskundig und auskunftswillig ist.

Alle rollenhaften Scheinidentitäten, die wir uns im Laufe unseres Lebens selbst angeeignet, meistens jedoch von anderen angeeignet bekommen haben, sind nicht wirklich wir, sondern nur JEMAND, der wir zu sein glauben, und so kommt es, dass die meisten von uns den Schein für ihr Sein halten: den Beruf, den Familien- oder den Sozialstatus, den Nachwuchs, den Schmuck, das Auto, das Haus, das Bankkonto … Wir SIND das, womit wir uns augenblicklich identifizieren, nur JEMAND, der von vielen Scheinidentitäten verhüllt ist, ohne sich selbst unverhüllt

zu kennen.
Momentan sind wir viele, sehr viele, die sehr wenig über sich selbst wissen. Woher auch? Solange wir noch kein Selbst sind, solange können wir auch aus uns selbst, über uns selbst, nichts Konkretes, nichts Allgemeingültiges wissen, geschweige denn etwas über unseren Ur-Anfang, den es offensichtlich nicht ohne das Ur-Ende gab. Womöglich ist jeder Anfang gleichzeitig ein Ende und jedes Ende gleichzeitig ein Anfang, denn sobald etwas endet, beginnt ein anderes, ohne dass das eine das andere kennt! Die Nacht endet, damit der Tag beginnen kann. Es wird Zeit, dass wir aufwachen, denn die Sonne der Erkenntnis steht bereits im Zenit! Andernfalls ergeht es uns wie den beiden: Der Tag bleibt für die Nacht und die Nacht für den Tag ein Mysterium, das zwar erahnt, aber beiderseits unerkannt bleibt. Und was ist, wenn es KEINEN Anfang gibt? Nun ja, dann gibt es auch kein Ende! Dann gibt es nur die nie endende Kontinuität, ein nie endendes, sich jeden Augenblick veränderndes Fortbestehen. Dann gibt es nur das sich zeitlos verändernde, kontinuierliche Leben – OHNE den angstmachenden Tod, dann ist JEDES Ende ein neuer Anfang und JEDER Anfang bereits ein neues Ende. Kein Stillstand, nur eine fortwährende Bewegung, die bereits vor 14 Mrd. Jahren und davor begonnen hat.

Bevor es für uns Raum und Zeit gab – die kamen erst mit dem von uns angenommenen Urknall vor etwa 14 Mrd. Erdenjahren – existierte bereits alle Universen ausfüllende plasmaartige »dunkle Lebensenergie«, aus der nach dem Urknall Materie und Antimaterie hervorging – schließlich, nach etwa 14 Mrd. Erdenjahren, auch wir. Es handelt sich um eine geistige, eine Art dunkle Lebensenergie, eine Art trübe »Ur-Suppe« ohne Einlagen, ohne die Elemente bedingte Anziehungskraft bildende Masse. Es war, ist und bleibt eine Art geistiges, alle Universen übergreifend ausfüllendes, sämtliche »Einlagen« durchdringendes und deshalb auch nur auf dieser geistigen Ebene zu erfahrendes mystisches »PARADIES«. Das zu begreifen, ist zunächst nicht einfach, doch wer seinen Uranfang ignoriert, der wird auch seinen Daseinsgrund nicht wirklich erfahren können und unser Urvermächtnis, unsere Rückreise nicht realisieren wollen. Unser Leben wird halbfertig, unvollendet bleiben und weiterhin wie ein Traum sein, in dem wir nicht die Träumenden, sondern die Träume selbst sind. Ähnlich wie während unseres Denkens, wo wir NOCH nicht die Denkenden, sondern nur das neuronal Gedachte sind. Bis dahin bleiben wir das, was wir sind, sinne- UND körperbedingte, in Unfreiheit unwissend lebende Kreaturen, die NOCH keinen wirklich freien Willen haben. Das ändert sich erst, wenn wir zu unserem Selbst zurückfinden, wenn unser Verstand und unsere Seele sich näherkommen und wir als Kinder BEIDER neugeboren werden – womit dann unser Urvermächtnis und das Lernziel dieser Selbstentdeckungsreise realisiert wären.

Auf der andersdimensionierten »Paradiesebene« SIND wir, ohne zu denken, denn wir sind das, WAS unser jetziges Denken ermöglicht. Auf dieser unerklärlichen Paradiesebene ist auch das wahr, was auf unserer Körperebene unmöglich oder unwahr ist, NUR weil ES für uns noch unwahrnehmbar ist. Auf dieser anders dimensionierten Ebene sind wir die Energie, der elektromagnetische Strom, der die Glühlampen zum Leuchten bringt, die Energie, die unser Auto lebendig werden lässt, der »Geist«, der unsere Computer zum Leben erweckt, das aus sich selbst leuchtende schattenlose Licht – real verstehen oder erklären können wir das aus unserer jetzigen Lebensdimension heraus noch nicht. Solange, wie wir als diese geheimnisvolle dunkle Lebensenergie reibungslos (friedlich) und somit neutral existierten, waren wir im Paradies unsere eigenen Schöpfer und unsere eigene Schöpfung zugleich, denn wir waren das Paradies und lebten sogar als »Schafe neben den Löwen«. Denn im Paradies gelten andere als die uns bekannten chemisch- biologischen oder physikalisch-mathematischen Gesetze, die wir zwar rational noch nicht verstehen, aber theorienbildend bereits jetzt erklären können: Unmittelbar nach unserem Urknall gab es nicht einmal Elektronen vorweisende Atome. Die Elektronen wurden von den Atomkernen erst etwa 380.000 Jahre nach unserem Urknall aus der aus Materie und Antimaterie bestehenden trüben Urursuppe aufgenommen (siehe Teil 2: Evolution). Bis zum Urknall war alles »Friede, Freude, Eierkuchen«. Bis zur Stunde null war alles möglich, außer durch Gier hervorgerufenes Lügen und Betrügen. Bis dahin war alles harmonisch und friedlich, bis »es dem Esel zu gut ging und er sich aufs Eis wagte«. Diese durch Gier, Lug und Betrug hervorgebrachten Ungerechtigkeiten führten zunächst zur disharmonischen Reibung (Streitereien), dann zur Kollision (Handgreiflichkeiten) und schließlich zur Explosion (Vertreibung), wobei die Vertriebenen die Vertreiber selbst waren, die ihre eigene Vertreibung gerechterweise selbst veranlassen MUSSTEN, um »nachsitzend« zu lernen, gierfrei und somit friedlich zu werden. Gerechterweise gaben wir, die Vertriebenen, uns selbst die Chance, uns selbst suchend auf dem Evolutionsweg zu läutern, denn wir waren/sind ahnend davon überzeugt, dass wir eines Tages urvermächtnisbedingt zurückkehren werden. Auf der materiellen, auf der körperlichen Ebene der Evolution sollen wir lernen, unsere Gier, unsere Lügereien und Betrügereien abzuschalten oder wir bleiben »abgeschaltet«, wie die Glühbirne, die nicht leuchtet, wie das Auto, das nicht fährt, wie der Computer, der nicht rechnet auch wenn sie/wir scheinbar real existieren, sind sie/wir, »energielos« (seelenlos) zunächst so lange nutzlos, bis wir den Grund für unsere eigene Vertreibung erkennen, die zur Disharmonie führende, Lug und Betrug hervorbringende, **Unfrieden verursachende Gier**. Im Paradies, im Zeitlosen, gibt es nichts, was besser oder schlechter, schöner oder klüger ist, denn im Zeitlosen sind alle und ist alles stets veränderlich neutral! Dort/hier(?) gibt es keine Wertnormen, keine durch Ethik und Moral hervorgerufenen Lügereien oder Betrügereien. Wer das zu erkennen nicht lernt, der

MUSS nachsitzen, der muss dem »Paradies« so lange fern bleiben, bis er begreift, dass das Zeitlose keine durch Gier verursachten Geheimnisse und somit keine geheimnisbedingten Lügereien oder Betrügereien duldet. Kein Wenn oder Aber, nur sowohl als auch, denn Neutralität setzt Kenntnis, Toleranz und Akzeptanz beider voraus. Keine ausgrenzende, keine einseitige, sich durchsetzen wollende Meinung, nur endlose, ALLES tolerierende, keinen bevorzugende Akzeptanz, denn ALLES ist so, wie es ist – auch wenn es sich ständig verändert.

Die neutrale Abend-Morgendämmerung kennt beide, das Ende und den Anfang der Nacht, die zugleich der Anfang und das Ende des Tages sind – versuchen auch wir es zu erkennen, die Lüge und die Wahrheit, das Böse und das Gute, denn das eine gibt es offensichtlich ohne das andere im Hier und Jetzt nicht. Nun lasst uns gemeinsam den Grund herausfinden, der uns seit Menschengedenken zur Ergründung des allgemeinen Daseins antreibt. Lasst uns sensibler werden, lasst uns lernen, die Stille zu hören, den ewigen Ruf von unserem Urzuhause, das kosmische Urrauschen.

Manche Menschen können sich gut in andere Menschen hineinversetzen, auch in Tiere oder Pflanzen. Emphatisch spüren sie es, sie sehen es einem Menschen, einem Tier oder einer Pflanze an, wenn sie krank oder gesund, traurig oder fröhlich sind – warum wohl? Ein kurzer Blick in das Gesicht eines anderen Menschen genügt, und wir, jedenfalls die Sensiblen unter uns, ahnen sofort, wie es um den anderen steht – ohne Worte. Es ist nicht unser Verstand, der das erahnt, sondern unsere seelische Erfahrung, die wir bereits irgendwann, irgendwo als irgendwas oder irgendwer selbst unbewusst gemacht haben und dann als unsere eigene Spiegelung im Körperausdruck des anderen erkennen. Mystisch? Nein, nur eine andere, für die Meisten momentan NOCH unerreichbare Realität. Es ist ähnlich wie mit den

Namen oder Begriffen, von denen wir wissen, dass wir sie wissen, dass sie sich in unseren Köpfen befinden, uns aber momentan nicht einfallen. Doch alles ändert sich – auch wir, und dann werden wir Wissen haben, von dem wir heute NOCH nicht wissen, dass wir es wissen.

Wir denken, dass das sichtbare, aus Materie bestehende Universum das ganze Universum oder alle Universen darstellt, denn was wir nicht sehen können, das kann es auch nicht geben? Dabei macht das für uns sichtbare Universum nur einen geringen Teil des ganzen Universums bzw. der unzähligen Universen oder Galaxien aus. Wir können das u. a. aus dem Verhalten der Gravitationskräfte schließen, doch eindeutig beweisen können wir es noch nicht, denn wie sollen wir etwas beweisen, von dem wir nur theorienbildend »wissen«, dass es DAS gibt. Wie soll der Tag die Nacht und die Nacht den Tag erkennen, wenn sie sich nie eindeutig begegnen? Die einzigen, die beide kennen, sind die neutralen Übergangspausen der Tag-/Nacht-/Tagdämmerungen – ähnlich wie bei unseren Atempausen, die sowohl unser Aus- als auch unser Einatmen kennen und die auch wir im Folgenden bewusst kennenlernen sollten. Vielleicht erzählen sie uns etwas über uns selbst oder über den, den wir momentan NOCH für uns selbst halten. Also, vergeuden wir keine Zeit und fangen sofort an, uns selbst praktisch kennenzulernen, am besten jetzt, denn auch die längste Reise vom Ich zum Selbst oder vom Schein zum Menschsein, beginnt mit dem ersten Schritt:
Also achten wir auf sie, auf unsere Atempausen, kontinuierlich, ohne uns von irgendwem oder irgendwas unterbrechen zu lassen, so leise atmend wie möglich, so leise, bis wir den Ur-Ruf, das leise Urrauschen von unserem Urzuhause »hören« werden – zunächst NUR 30 Sekunden kurz, vielleicht erfahren wir dann etwas Konkretes über den Sinn unserer Daseinsexistenz, über uns selbst!

Komm, probier es einfach sofort aus, auch wenn es dir zunächst etwas eigenartig oder sogar ein wenig bedenklich vorkommen sollte, steige in den Zug der Selbsterkenntnis ein und beginne deine eigene Rückkehr, deine eigene Rückreise (Remotion) von deinen vielen Ichs zu deinem/unserem einzigen Selbst. Mach deine eigenen Erfahrungen, denn wirklich erfahren wirst du erst durch Selbsterfahrung werden können und gerechterweise NICHT durch sich fahren lassen. Werde neugierig auf das größte Abenteuer deines/unseres Lebens, auf dich/uns selbst. Halte bitte JETZT 30 Sekunden kurz an, dann kommst du auch praktisch voran. Denn Theorie und Praxis sind wie die Verpackung und der Inhalt, wie der Schein und das Sein, das eine ist äußerlich nett, das andere dagegen inhaltlich konkret. Das eine lässt uns vergehen – das andere dagegen neu entstehen!

Diese »30-Sekunden-Remotionsübung« kann jederzeit von jedermann an jedem Ort geübt werden – auch nachts, wenn wir zwischendurch wach werden. Dabei sind die vielen Wiederholungen wichtiger als deren Dauer. Schließlich soll unser Verstand lernen, zunächst gelehrig und dann erkenntnisfähig zu werden, doch darüber werden wir erst später sprechen können- wenn du etwas erfahrener, wenn du etwas eingeübter sein wirst. Für den Anfang reicht es völlig aus, wenn du sitzend, stehend oder liegend, dich regelmäßig »nur« auf deine 30 Sekunden kurzen Atempausen konzentrieren könntest. Alles andere wird sich dann zeitnah wie von selbst, durch das Selbst erklären. Später, wenn wir etwas erfahrener sein werden, werden wir automatisch auf den »Doppelklick« in unseren Köpfen achten, auf den neuronalen Schalter, der das Ausatmen mit erstem »Klick« beendet und kurz darauf das Einatmen mit dem zweiten »Klick« neustartet – bzw. auf die Pausen zwischen den beiden »Klicks«. Ab dann kommen wir unserem Selbst kontinuierlich immer näher. Bis dahin stellen wir uns beim Einatmen die Atempause, den Atemwendepunkt oben, also im Kopf vor und umgekehrt, beim Ausatmen nehmen wir die Atempause, den

Atemwendepunkt unten, also im Unterleib wahr. Dabei »ziehen« wir den Atem nach oben herauf und werden uns des oberen Atemwendepunktes bewusst. Anschließend »schieben« wir den Atem nach unten hinaus und werden uns des unteren Atemwendepunktes bewusst. Dabei versuchen wir entspannt und GLEICHMÄSSIG zu atmen. Ob wir dabei die ersten Atemzüge kurz oder lang, schnell oder langsam ausführen, das bestimmt der Sauerstoffbedarf unseres Körpers und darf auf KEINEN Fall manipuliert werden. Und sollte es erwartungsgemäß nicht gleich auf Anhieb reibungslos funktionieren, so muss weitergeübt werden – bis es funktioniert, bis unser Atem kontinuierlich – zunächst nur 30 Sekunden kurz, gleichmäßig wird. Ich helfe dir dabei und werde dich im Folgenden mehrmals an das Weiterüben erinnern.

Nun probiere es einfach sofort aus! Bitte jetzt! Und weil probieren über studieren geht und Praxis viel mehr wert ist als jede Theorie, so bitte ich dich, es wirklich JETZT zu tun – Dankeschön!

Was vor UNSEREM Urknall war, vor der »Vertreibung aus dem Paradies«, bleibt den meisten von uns unbegreiflich, außer der mystischen Sehnsucht nach uns, nach unserem Urzuhause: Wenn wir nachts eine Zeit lang stillsitzend in den klaren Sternenhimmel schauen, dann spüren wir, dass wir irgendwie dazugehören, dass der Himmel unser Urzuhause ist. Mysteriöserweise ahnen wir ES, doch wir wissen nicht, WARUM wir ES ahnen. Es ist unsere Ursehnsucht nach der unendlichen Freiheit, die wir durch unsere eigene Urgier verloren haben und die uns immer und immer weiter, artenübergreifend nach uns selbst suchen lässt. Wo beginnt und wo endet unser Lebenskreis? An welchem Punkt des Kreises befinden wir uns heute, und an welcher Stelle des Kreises werden wir sein, wenn unsere Körper sterben – werden wir SEIN, wenn wir die elementare Ebene verlassen? Wohin gehen wir, wenn unsere Körper sterben? Was machen wir als »Körperbesitzer«, als »Körperinhaber« ohne unsere sterblichen Körper? Werden wir ohne unsere Körper uns selbst wahrnehmend weiterexistieren? JA – diese Chance haben wir, und es liegt tatsächlich an jedem von uns selbst! Wir müssen uns NUR eindeutig konsequent entscheiden: für das von Lügen geprägte, zeitbegrenzte Körperleben oder für unsere geistige Neugeburt und damit für das zeitunbegrenzte Geistleben. Wenn unsere Körper sterben, dann entstehen andere Körper daraus: Bakterien, Algen, Pilze, Flechten, Moose, Pflanzen, Mikroorganismen, Tiere und schließlich auch Menschen. Wir könnten sogar schnell zu Kannibalen werden, wenn wir mit der Asche der Verstorbenen unsere Gemüsegärten düngen oder Äpfel vom Apfelbaum essen würden, unter dem zuvor eine menschliche Leiche vergraben worden wäre.

Doch wie wird es mit uns, mit dir und mir weitergehen? Werden wir nach unserem körperlichen Tod genau das sein, was wir bereits vor unserer Geburt waren? Falls ja, was hätte unser Leben dann für einen Sinn? Leben wir nur der tödlichen Profitgier wegen, nur, um andere zu belügen und zu betrügen? Nur, um zu essen und zu trinken? Nur um uns hormonell gesteuert, unbedacht instinktiv fortzupflanzen und schließlich, um nichtwissend, um unbewusst zu enden wie die Tiere? Das soll die Krönung der Schöpfung sein? Unser Urvermächtnis? Das Endziel der Evolution? Dafür das ganze Epochen übergreifende evolutionäre Theater? Für nichts und aber nichts?

Nein, denn wir Menschen sind auch geistige Wesen, wir SOLLEN bewusst unser Urvermächtnis erkennen und nicht nur so tun, als ob wir es kennen würden, es annehmen und schließlich reumütig zurückkehren, WEIL das unser Urvermächtnis ist! Wir SOLLEN den GRUND unserer uns verdrängenden »Vertreibung« scheinfrei begreifen, auch wenn es anstrengend ist, auch wenn es anfangs sinn- und wertlos erscheint, doch der Schein trügt, weil er lügt!

Es klingt paradox, aber der Sinn einer scheinbar sinnlosen Anstrengung ist die Erkenntnis ihrer Sinnlosigkeit. Manchmal müssen wir unser Leben lang sinnlos nach materiellem Reichtum streben, um an unserem Ende erkennen zu müssen, dass all unsere Mühe sinnlos war, was dann der Sinn unseres sinnlosen Lebens wäre. Doch so lange wie wir hier und jetzt die Sinnlosigkeit unserer Urrebellion nicht wirklich real erkennen, werden wir weiterhin nach materiellem Reichtum streben, in Unfrieden leben und Generationen bzw. Epochen übergreifend, unbewusst nach unserem Daseinsgrund weitersuchen. Wir werden kontinuierlich weiterlernen MÜSSEN, Sinnloses NICHT zu wiederholen.

Warum gibt es wohl keine Weltkriege mit atomaren- oder biologischen Waffen? Die Antwort ist einfach. So naiv sind die alten, oft starrsinnigen Befehlshaber nicht, denn sie haben die Sinnlosigkeit eines solchen Krieges, der auch ihnen, den Befehlshabern, das Leben kosten würde, erkannt! Was die Geister der Gift-Waffen anbelangt, so sind diese nicht so leicht wie anfangs geglaubt zu vertreiben – auch nicht durch Versenkungen in den Weltmeeren. Die kurzsichtigen Politiker haben zwar die meisten Giftgranaten der letzten Weltkriege weltweit in den Meeren massenhaft versenken lassen, doch jetzt, wo die »Haftzellen« zeitbedingt durchrosten, erwachen die »Gift-Geister« wieder zum Leben und erinnern uns, MAHNEND, Sinnloses NICHT zu wiederholen, wie z. B. ein billiges Atommüllendlager zu finden, das kommende Generationen teuer zu stehen kommen wird!

Ein Spiel, das man nicht gewinnen kann, scheint zunächst sinnlos zu sein, es sei denn, wir lernen rechtzeitig daraus und spielen es nicht mehr – was dann der Sinn JEDER scheinbar sinnlosen Tat wäre. Und manchmal müssen wir zuerst Schlechtes erfahren, um gut zu werden. Denn manches, was uns zunächst als schlecht erscheint, erweist sich am Ende oft als gut, denn »Ende gut, alles gut«. Somit ist die Gier der Superreichen, sind die Lügen und Intrigen der Politik und Kirchen gut, denn durch deren Gier, deren Lügen und Intrigen, werden sie uns und sich selbst zum Erkennen unseres/ihres sinnlosen Lebens verhelfen und schließlich irgendwann menschlicher werden – was dann der Sinn einer solchen Gier bedingten Sinnlosigkeit wäre.

Hätten wir damals vor etwa 14 Mrd. Jahren die Sinnlosigkeit unserer Urrebellion erkannt, dann hätte es keinen Urknall und keine »Vertreibung aus dem Paradies« gegeben. Nun MÜSSEN wir, ob wir es wollen oder nicht, den langen Weg zurückfinden denn irgendwann geht auch die längste Reise zu Ende und »versprochen ist versprochen«. Es ist nur eine Frage der Zeit und wir könnten uns Zeit nehmen, allerdings nur so lange, wie UNSERE Zeit NOCH existiert und wir NOCH lernfähig sind. UNSERE Zeit, deine und meine Zeit, die niemand außer uns selbst haben und sinnvoll nutzen kann. Auf unserer Erde haben wir Menschen die einmalige Chance, durch Selbstfindung zurückzukehren! Z. Zt. sind wir zirka acht Mrd., meist nichtwissend, unbewusst lebende Menschen, die noch nicht in der Lage sind, sich menschenwürdig zu verhalten, sich selbst zu läutern, die Ursache der meisten Probleme zu erkennen – sich selbst! Wir, du und ich, sind die erblich bedingten Mitverursacher der meisten Probleme – doch tröstenderweise sind wir gleichzeitig auch deren latente Lösung! Machen wir uns auf den Weg und helfen uns gegenseitig, das zu werden, was wir bereits waren, bevor wir elementar, bevor wir Materie, bevor wir körperlich wurden. Nun ist es Zeit, unsere Zeit zu überdauern und heimzukehren. Jeder, der den Funken der Sehnsucht nach dem »Urzuhause« in sich spürt, kann aus eigener Kraft lügenfrei werden und somit seinen eigenen Weg zu sich selbst finden und sogar anderen bei ihrer Selbstfindung helfen. Das ist Fakt- weil es bereits für einige Realität geworden ist und für viele Selbstsuchende unserer Zeit noch Realität werden wird!

Unser Leben ist wie ein nie zu enden scheinender Staffellauf, in dem erst der letzte Staffelläufer den Stab ins Ziel bringen wird. Doch die Mühe lohnt sich, denn »die Letzten werden die

Ersten sein«, die nach unserem gemeinsamen Urzuhause zurückkehren und nie wieder an einem »Staffellauf« werden teilnehmen MÜSSEN. Was allerdings nicht heißen soll, dass die Ersten die Letzten sein werden, denn ohne die Ersten und die unzähligen Vorläufer davor würde ein Staffellauf erst gar nicht stattfinden. Doch was wird aus den unzähligen Vorläufern? Nun, sie haben ihr Ziel erreicht, wenn sie den Staffellaufstab erfolgreich an die nächste Läufergeneration übergeben, denn ohne den Teilerfolg eines JEDEN Staffelläufers ist der finale Zieleinlauf des Erstletzten nicht möglich und ein abgebrochener Staffellauf wird NICHT gewertet. Es sind so viele Staffelläufer, dass es unmöglich ist zu sagen, wer der Erste, der Hundertste oder der Millionste war. Genauso unmöglich ist es zu sagen, wann genau unser Staffellauf begann oder wie er chronologisch, mit welchen Läufern an welchem Abschnitt stattgefunden hat oder halbfertig abgebrochen wurde. Doch das ist auch nicht wichtig. Wichtig ist nur, dass wir UNSEREN »Stab« während UNSERES Lebens an unsere – hoffentlich lernfähig geborenen Kinder – weitergeben, vorzugsweise jedoch selbst ins Ziel bringen.

Eins sollte allerdings nach dem Vorangegangenen unstrittig sein, nämlich die Tatsache, dass wir NICHT an einem Tage entstanden sind und unser »Lebensstaffellauf« NICHT mit unserer leiblichen Geburt begonnen hat. Und weil alles zeitenüberschreitend und artenübergreifend zusammenhängt, so sollten wir uns selbst auch zusammenhängend kennenlernen. Andernfalls kommen wir unserer Selbsterkenntnis kaum näher, denn wer sich selbst ausgrenzt, bzw. von anderen begrenzen lässt, der bleibt begrenzt. Und es ist gleichgültig, welche Grenzen es sind; Gene unserer Eltern, unserer Bildung, Verdummung durch Weltanschauungen oder Religionen, Beeinflussung durch unsere Freunde, Unterdrückung durch unsere Lebenspartner oder durch gierige arme Leute mit viel Geld. Es sind die uns verschleiernd-begrenzenden Beeinflussungen, denen wir uns noch NICHT entziehen können, derer wir uns aber unbedingt, unbegrenzt, ohne ein WENN und ABER, bewusst werden müssen! Dabei dürfen wir uns nicht verlaufen oder auf kraft- und/oder zeitraubende Glaubens- bzw. Detail-Diskussionen einlassen. Wollen wir uns vom Grund auf verstehen, dann müssen wir lernen, unser Gesamtbild glaubensfrei zu sehen und dabei unwichtige Details »übersehen« bzw. zeitsparend ausklammern. Andernfalls läuft uns UNSERE Lebenszeit davon. Wenn wir nicht unverzüglich, also sofort, mit unserer Selbstsuche beginnen, dann wird die Zeit das Einzige sein, was uns an unserem Lebensende unwiederbringlich fehlen wird!

Zur Selbsterkenntnis kommt man SELBST, und damit wir uns nicht verlaufen, wäre es von großem Nutzen, wenn uns ein Ortskundiger eine konkrete Wegbeschreibung, eine zeitsparende Abkürzung, einen Staffellaufstab oder eine praktisch erprobte »Gehhilfe« anbieten würde, die uns schließlich zu uns selbst führen könnte. Ganz ohne fremde Hilfe zu sich selbst zu finden, ist erfahrungsmäßig nahezu unmöglich und schon gar nicht unter Zuhilfenahme von Glaubensgehhilfen, denn keine Kirche der Welt ist daran interessiert, ihr Monopol, ihre Steuerzahler zu verlieren. Durch eine Kirche hat noch kein Mensch real, objektiv zu sich selbst gefunden, sondern immer nur SEINE andere Glaubensrichtungen ausschließende Kirche! Wer das NOCH nicht erkannt hat, der könnte es NOCH ändern! Glauben war gestern, als die meisten von uns noch unwissend waren. Heute wissen wir oder wir machen uns wissend, denn das Wissen selbst ist bereits da, allerdings NICHT zusammenhängend oder fachübergreifend zusammengetragen, denn es ist auf sehr viele »Dateien« verteilt.

Im Zeitalter der elektronischen Vernetzung muss keiner von uns glauben, dass die Welt in sieben Tagen erschaffen wurde, dass Noah von jeder Tierart ein weibliches und ein männliches Tier vor der Sintflut im selbstgebauten riesengroßen Holz-Boot (Arche), mit Nahrung und Wasser versorgend, gerettet hat, dass Maria durch einen heiligen »Geist« geschwängert wurde, dass

Jesus von den Toten leiblich auferstanden ist und Homosexualität eine Krankheit sei, dass wir vom Küssen schwanger, bzw. als »Gottesgeschenke« vom Storch gebracht oder NUR als sich naiv vermehrende Ablasskäufer bzw. Kirchensteuerzahler in den UNSEREM Glauben entsprechenden Himmel kommen werden.

Sicherlich klingt es provokant, aber unsere Kinder haben uns NICHT gebeten, gezeugt oder geboren zu werden. Auch wenn es Wunschkinder sind, unsere Kinder tragen keine Verantwortung für unsere Wünsche bzw. für unsere Unaufgeklärtheit – es sind Kirchen, Staaten und andere Erbaristokraten, die es »leider« versäumt haben, uns wahrhaftig aufzuklären. Eine neutral-wahrhafte Aufklärung hat es weltweit noch niemals gegeben, denn Kirchen, Staaten sowie Erbaristokraten und andere armen Leute mit viel Geld, sind auch heute noch nicht im Geringsten daran interessiert, wahrhaftig aufgeklärte Bürger zu haben. Es wäre ihr Untergang! Kein wahrhaftig aufgeklärter Bürger würde sich wehrlos besitzen, betrügen und belügen lassen, wenn er sich der angstmachenden Machenschaften der Machthaber WIRKLICH bewusst wäre. Also gibt es sogenannte Tabuthemen, über die man, wenn überhaupt, nicht direkt, offen und ehrlich spricht- was sich hiermit grundlegend ändern soll. Es soll alles tabu- und glaubensfrei gesagt werden, was schon längst präventiv-aufklärend gesagt werden sollte, aber meistens aus Existenzängsten nicht gesagt wurde, denn ungeschminkte Wahrheit verkauft sich wesentlich schlechter als geschminkte Lügen! Auch wenn bittere Wahrheit heilsamer ist als süße Lügen. Auch wenn sie viele wissen, aber nur wenige hören wollen, die Konfrontation mit der enthüllenden, mit der bloßstellenden Wahrheit ist die einzige Methode, die einige von uns zurück zu unserem Uranfang führen wird.

Unser leiblicher Lebensanfang begann nicht mit unserer Geburt, sondern mit unserer Zeugung, und wir können uns glücklich schätzen, wenn wir verantwortungsvoll und in Liebe gezeugt wurden, denn Zeugung geht auch weniger romantisch vor sich, oft spontan, mal im Auto, mal im Büro und mal auf einem Klo oder anderswo. Tragischerweise, oft von »heißen« Erzeugern mit hormonell vernebeltem Verstand gezeugt, werden so einige unter uns ihr Leben lang, erblich bedingt, vernebelt leben und ihre Gene mit sämtlichen geistigen und körperlichen Behinderungen an ihre Kinder weitergeben.

Als unzählige Sperma- oder Eizellen, die nicht die geringste Chance hatten, zu einer Einheit zu verschmelzen, existieren wir im weitesten Sinne fort, in Form organischer Moleküle, als Bakterien, Algen, Pilze, Flechten und Moose, Pflanzen, Würmer oder Tiere – es kommt ganz und gar darauf an, wohin man uns als Spermium oder Eizelle entsorgt und wer sich »UNSER« einverleibend angenommen hat. Es sind unzählige Mrd. Spermazellen, die keine, nicht die geringste Chance hatten und jemals haben werden, ein menschliches Lebewesen zu werden. Wir, du und ich, haben die unvorstellbar große Chance bekommen, als Spermium in eine Gebärmutter entlassen zu werden. Dann hatten wir noch die Kraft und das riesige Glück, als Spermazelle die Eizelle als erste zu erreichen und in sie einzudringen. Liebevoll, als Ei- und Spermazelle vereint, im Mutterleib behütet, wuchsen wir neun Monate lang heran. Bis alles Gemütliche plötzlich vorbei war, denn es wurde »Licht«. Dieser durch Licht- und Luftreizung verursachte Geburtsschock löste unsere erste Atemzugreaktion aus, die wiederum zur unserer ersten reibungsbedingten Lebensenergieaufnahme führte, zu unserer der Genkombination abhängigen, »hardwarespezifischen« Beseelung.

Diese mystische Lebensenergie ist überall die gleiche, sie macht AUCH uns Menschen NICHT unterschiedlich, bei uns sind es die Genkombinationen (Hardwarekomponenten) unserer Erzeuger, die uns gesünder oder kränker, lernschwächer oder lernstärker, dicker oder dünner, krummbeiniger oder sehbehinderter, schiefzahniger oder fettleibiger als andere nach unserer Geburt werden lassen! Die Lebensenergie selbst ist neutral, sie ermöglicht zwar jegliches Leben, wo irgendwelches Leben möglich ist, doch sie bestimmt NICHT die Richtung, in die sich das Leben entwickeln SOLL, das MUSS zunächst das Elemente, dann das Gene bedingte Leben selbst herausfinden, bzw. das leisten, wozu es situationsbedingt in der Lage ist zu leisten, denn der Urbefehl heißt: **ÜBERLEBE!** Entwickle dich permanent weiter! Gib nicht auf! Bleib dran! Steh auf und gehe weiter, damit du irgendwann zu unserem gemeinsamen Uranfang zurückkehren und somit unser gemeinsames Urvermächtnis anteilig erfüllen wirst!

Alles Lebensnotwendige, was wir an unserem körperlichen Anfang hatten und konnten, war der intuitive Greif-Saug-Schrei-Reflex. Alles, was wir heute wissen und können, haben wir seit unserer Geburt, seit unserem ersten Atemzug gelernt, weil wir LERNFÄHIG gezeugt wurden, alles, nur nicht authentisch zu sein, um in Wahrheit leben zu können. Leider verlieren die meisten von uns schon sehr früh den Zugang zur Wahrhaftigkeit und damit auch zur Gerechtigkeit, den wir als Kleinkind noch hatten. Als Kleinkind wussten wir ganz genau, was ungerecht und was gerecht war. Wir weinten dann oder waren lange Zeit traurig – manchmal sogar bis ins Erwachsenenalter hinein – wenn wir uns als Kinder ungerecht behandelt fühlten. Auch Lügen oder Täuschungen waren uns als Kleinkinder fremd. So etwas wie eine Freimachung durch die Wahrheit benötigten wir als Kleinkinder NICHT, denn als Kleinkinder waren wir noch unschuldig, rein und frei– was wir wieder werden müssen, wenn wir unsere unschuldige kindliche Seele wiederfinden, mit ihr wachsen und mit ihr dauerhaft in Harmonie wieder leben und unseren körperlichen Tod überleben wollen. Damit unsere Seelen uns wieder erreichen können, müssen wir zunächst anhalten und dann umkehren, um ihnen ein ganzes Stück entgegenzukommen, denn wir haben uns bereits verlaufen. Es wird höchste Zeit, dass wir zurückfinden und eins werden! Unsere Seelen stehen uns zwar jederzeit schützend bei, doch sie zwingen uns zu nichts! Sie lassen uns unsere Erfahrungen selbst machen – egal, welche – die liebevoll- schmerzlichen Methoden »vor die Wand laufen lassen« oder »Zuckerbrot und Peitsche«, gehören auch dazu. Doch solange wir den Kontakt zu ihnen nicht bewusst suchen, werden sie sich uns nicht aufdrängen und uns unsere Erfahrungen weiterhin selbst machen lassen. Wir werden viele lehrreiche Lebensfehler machen müssen, um zu lernen, gelehriger zu werden.

Es scheint, dass es sehr viele sogenannte Wahrheiten gibt. Unsere Eltern haben uns oft gelehrt, dass wir nicht lügen und immer die Wahrheit sagen sollen, was uns als Kleinkind noch selbstverständlich, aber für unsere Eltern oft peinlich war. Dann, etwas später kamen die dicken Lügen hinzu, eben zu diesem Zeitpunkt, als unsere Eltern uns lehrten, IHRE Wahrheit zu sagen. So wurde die Wahrheit unserer Eltern zu unserer Wahrheit – auch wenn sie oft gelogen war. Sogenannte »Notlügen sind nicht nur erlaubt, sondern erforderlich, insbesondere Fremden gegenüber«, sagten sie uns, unsere vorbildhaften, nicht NUR christlichen Eltern. Ab diesem Zeitpunkt haben wir immer dann notgelogen, wenn uns das einen Vorteil brachte – auch ohne Notlage! Im Laufe der Jahre kamen dann weitere gelogene Notwahrheiten hinzu: die der Verwandten und Bekannten, die der Freunde und Feinde, die der Glaubens- und Aberglaubens-Lehrer, die der Priester, Gurus und Politiker, die der kirchlichen und politischen Systeme, die der Anwälte und Gerichte. Unsere Köpfe sind voll gelogener Wahrheiten – ein einziger Lügensumpf, aus dem es für viele von uns keine Rettung mehr gibt und nach dem Willen der Mächtigen auch nicht geben soll. Bleiben wir also interessiert und versuchen, wissentlich so zu werden, wie wir es bereits als lernfähig geborene Kleinkinder unwissentlich waren – wiss- und lernbegierig – allerdings ohne dabei leichtgläubig oder naiv zu werden. Lasst uns uns gegenseitig unterstützen, motivieren,

Mut machen, denn einige unter uns werden den schmalen Weg, der zur Wahrheit führt, finden und sie werden es sogar schaffen, wegweisend voranzugehen. Warum sollten nicht wir, du und ich, diejenigen sein, die den Weg ins Zeitlose aus sich selbst finden? Wir wurden ungefragt, völlig unschuldig und NICHT verlogen geboren. Finden wir zu diesem unschuldigen Zustand zurück, dann wird uns auch unsere Umkehr vom Schein zum Sein gelingen!

Leider sind die bewussten und unbewussten Lügen unserer Eltern das Fundament, auf dem unser Leben basiert. Diese anfängliche Programmierung in unseren ersten drei Lebensjahren durch unsere Geschwister, Eltern und Großeltern wird viele von uns bis zu unserem Tod bzw. bis zu unserer eigenen Selbstfindung begleiten und dabei unser Leben maßgeblich mitgestalten. Das Tragische dabei ist, dass unsere Eltern an ihre eigenen Lügenwahrheiten glaubten und weiterhin glauben, denn sie haben ja ihrerseits auch nicht viel Wahres dazugelernt. Es wäre wirklich schön und für alle Selbstsuchenden sicherlich sehr hilfreich, wenn möglichst viele von uns zu diesem kindlich-unschuldigen Zustand zurückfinden und danach anderen bei ihrer Selbstfindung helfen würden. Auch wenn es die meisten von uns NOCH nicht verstehen oder wahrhaben wollen, es ist unsere letzte Chance, gemeinsam menschlicher zu werden. Auch wenn es die meisten von uns NOCH nicht hören wollen, es ist der letzte Aufruf zu unserer gemeinsamen Selbstbesinnungsfahrt. Andernfalls werden sich ständig neue, scheinbar »demokratisch« legitimierte Diktaturen bilden und uns, aufgrund unserer Orientierungslosigkeit, weiterhin mehr eigennützig verführen als uneigennützig führen.

Ein geisteskranker Führer hat mehrmals gesagt, dass Lügen zur Wahrheit werden, wenn sie oft genug wiederholt werden. Nun, zum »Sieg und Heil« haben sie nicht geführt, denn ALLE Lügner zerstören sich am Ende selbst. Auch unsere Eltern sind in ihrem Lügensumpf geboren und aufgewachsen. Noch bevor sie denken oder sprechen konnten, hat IHRE Kirche ihnen ihre unsichtbaren Brandzeichen bei der Taufe auf ihre Stirn geschrieben oder ihre Genitalien sichtbar verstümmelt. Wen wundert es, wenn unsere unwissenden Eltern an und mit uns fortwährend das Gleiche tun.

Wenn wir unsere Kinder schon nicht fragen können, ob sie gezeugt und geboren werden wollen, dann sollten wir zumindest es ihnen selbst überlassen, ob, wann und von wem sie getauft oder beschnitten werden möchten – oder auch nicht! Es wird dann ihre eigene Entscheidung sein und NICHT die der sie »liebenden« Eltern. Wenn wir unsere Kinder nicht um unser, sondern um ihretwillen lieben, warum tun wir ihnen das an? Warum geben wir ihnen UNSERE falschen Identitäten? Warum verstümmeln wir ihre unschuldigen Körper und Seelen? Weil wir sie ihretwegen(?) lieben? Warum lassen wir sie nicht »brandzeichenfrei« erwachsen werden und dann selbst entscheiden, an was oder an wen sie glauben wollen oder nicht? Weil es schon immer so war? Weil die Erde und die gesamte Evolution bis Kopernikus und Galileo »still« stand und für viele lernresistente Leute von heute immer noch stillsteht? Weil auf Fakten basierende Erkenntnisse NUR glaubensfrei, von glaubensfreien Menschen gemacht werden können? Deshalb?

Allerdings sind nicht nur unsere Eltern für unsere Entwicklung wichtig und prägend, sondern auch das Land und das soziale Umfeld, in denen wir aufwachsen. So sollte sich jeder glücklich schätzen, der in einem demokratischen Land geboren wurde, welches er persönlich in seinem Leben noch ein wenig demokratischer, ein wenig ehrlicher machen kann. Wenn es uns gelingt, die Welt ein wenig ehrlicher zu verlassen, als wir sie bei unserer Geburt vorgefunden haben, dann hätte unser Leben einen Sinn! Dann würden wir eine wichtige Lebensspur (Siehe Teil 2: Lebenserfahrungen) hinterlassen, der viele andere folgen könnten. Bereits vor zweitausend Jahren hat uns ein Kinderloser gesagt, dass wir ihm der Wahrheit willen folgen sollten. Als sogenannte Christen tun wir so, als ob wir ihm folgen würden, allerdings nur BIS zum Kreuz und keinen Zentimeter höher. Nur so weit, wie es sich für uns lohnt, denn für unser Verhalten sind weitgehend nur unsere persönlichen Wünsche maßgebend. Meistens sind wir darauf bedacht, den größten Nutzen nur für uns selbst zu ziehen. Die Idee, bei unserem Handeln auch an andere Menschen, an die Zukunft unserer Wunschkinder oder an unsere Umwelt allgemein zu denken, ist eher sehr bescheiden und kommt selten vor. Selbst wenn durch unser Handeln ein Schaden für andere entstehen sollte, verzichten wir nicht auf unseren persönlichen Vorteil – insbesondere diejenigen unter uns, die große Vorbildfunktionen haben wie die heuchlerischen Erbaristokraten, Banker, Konzernbosse, Politiker oder Kirchenführer.

Doch was ist mit uns? Mit dir und mir? Heucheln und lügen wir nicht auch? Oder warum fühlen wir uns schlecht, wenn wir lügen – weil unsere Seelen sich für uns schämen? Tja, Lob und Tadel sind auch hier die Logik der Pädagogik. Das Zeitlose ist es, das über unser schlechtes Gewissen an unseren inneren Richter, an den Spiegel unserer Seelen unaufhörlich appelliert, wahrhaftig und authentisch zu werden, und immer, wenn wir uns beim Lügen schlecht fühlen, hat sein Appell uns erreicht. Wer lügenfreie Wege gehen will, der MUSS sich auch mal verlaufen, anecken oder anderen auf die Füße treten, denn Erneuerungen gibt es ohne Risiko nicht. Erneuerungen setzen Fehlentwicklungen geradezu voraus, denn Erfolge gibt es nur selten ohne vorherige Misserfolge. Wenn Fehler am Ende zur Wahrheit führen, wenn aus ihnen gelernt wird, dann sind sie sinnvoll. Vorausgesetzt, wir vergessen die Fehler nicht und erinnern uns auch noch nach der Wahl daran, was uns beispielsweise »ehrenhafte« Politiker vor der Wahl versprochen haben.

Auch wenn es anstrengend ist, wir müssen Vorurteile überwinden und uns von unseren vielen Scheinidentitäten trennen, denn welche Identitäten auch immer, sie sind meistens der

Grund für Unfrieden und somit für Probleme aller Art. Machen wir identifizierungsfreie Lebens-Rollen daraus, denn mit Rollen, die wir in unserem Leben zu spielen haben, müssen wir uns NICHT identifizieren. Durch Identitätslügen fühlen wir uns zwar als wichtige Persönlichkeiten, doch in Wirklichkeit schaden sie uns nur, denn sie hemmen und behindern uns bei unserer weiteren Selbstentwicklung. Wer durch eine Identitätslüge zu wissen glaubt, wer er ist, der hat seine vielen Ichs noch nicht aufgegeben und sein wahres Selbst noch nicht gefunden, denn um etwas Bestimmtes finden zu können, muss man bereits VORHER wissen, wonach man suchen will. Und warum soll man etwas suchen wollen, von dem man bereits glaubt, es gefunden zu haben – von dem man denkt, es bereits zu kennen, es bereits zu sein? Warum sollten wir Menschen werden wollen, wenn wir uns bereits für Menschen halten – auch wenn wir uns dabei weltweit mehr tierisch als menschlich verhalten. Wir wissen zwar, dass Affen unsere Vorfahren sind, doch Affen wissen NICHT, dass wir ihre Nachfahren sind. Manche Affen ahnen es vielleicht derartig, wie wir es ahnen, mehr zu sein als nur ein Schein.

Auch Wahrheiten, die wir nicht kennen oder wahrhaben wollen, existieren für uns nicht, obwohl sie faktisch da sind. Ob Gilgamesch, Buddha, Jesus, Mohammed, du oder ich sie sagen, die Wahrheit bleibt Wahrheit. Vorausgesetzt, es handelt sich dabei um DIE Wahrheit und nicht nur um profitable »Wahrheiten« verlogener Leute! Auch wenn Kopernikus und Galilei dafür die Sonne anhalten und statt ihrer die Erde in Bewegung setzen mussten, die Wahrheit setzt sich immer durch, auch wenn es manchmal etwas länger dauert. Leider ist die Wahrnehmung der Wahrheit so unterschiedlich wie wir selbst. So kommt es, dass die Wahrheit in dieser Wegbeschreibung zur Selbstfindung öfter aus verschiedenen Blickwinkeln, sozusagen als Variationen des gleichen Grundthemas, wiederholt wird, denn nur durch wiederholendes Training oder Wechsel der Betrachtungsperspektive werden und bleiben wir dauerhaft lernfähig. Schon als Kinder haben wir nicht sofort etwas dauerhaft gelernt, sodass Wiederholungen durchaus geeignete didaktische Mittel sind, um unsere neuronalen Verbindungen zu stärken, um etwas dauerhaft zu lernen. Und wenn wir uns dann an einer Wiederholungsstelle der Wiederholung bewusst werden, dann wird es KEIN ungewollter Zufall sein, sondern deine persönliche Lernzielkontrolle, denn nur das bereits neuronal Abgespeicherte ist bewusst erinnerbar – vielleicht sogar die Buchseite, auf der es geschrieben steht? Achte ein paar Atemwendepunkte lang darauf, bevor du dann weiterliest, denn die Wahrnehmung der Wiederholung kommt völlig automatisch – OHNE dich. Doch DU wirst es sein, der sich des Gedachten deines Denkens als neutraler Beobachter von Mal zu Mal bewusster wird.

Es ist sicherlich richtig, dass es in der persönlichen Wahrnehmung nur die variationsreiche Wahrheit gibt, obwohl sie als Essenz, als »Grundthema« variationslos ist. Doch wie fühlt sie sich an, die einzige, die variationslose, die absolute Wahrheit, und ist sie für uns alle die gleiche? Was passiert mit uns, wenn wir sie, die absolute Wahrheit, tatsächlich finden? Bleiben wir die gleichen wie vor der Suche nach ihr oder wird sie uns verändern?

Wer ein reinigendes Bad nimmt, der wird zwar nass werden, kommt aber gereinigt daraus hervor. Nein, wir werden nicht die gleichen sein, dafür aber ALLE GLEICH. Nach unserer Selbstfindung werden wir ALLE unsere Scheinidentitäten erkennen und angstbefreiend ablegen. Unsere Lebensrollen werden wir zwar weiterhin erfüllen, sogar schneller, gewissenhafter und genauer als zuvor, jedoch ohne sich mit ihnen zu identifizieren! Wir werden NICHT persönlich beleidigt sein, wenn jemand unsere Kinder, unser Haus oder was auch immer wir als »unser« bezeichnen, berechtigt oder unberechtigt kritisiert, denn wir werden augenblicklich wissen, warum er das tut. Wir werden

Menschen werden, die ohne zu lügen und zu betrügen in Gerechtigkeit leben werden – auch wenn uns viele Leute dafür neidvoll hassen werden. **Für uns** wird es sich zunächst so anfühlen, als ob wir unsere unbequemen Lügenkleider und die der anderen ausgezogen hätten, als ob alle bloßgestellt »nackt« wären, jedoch ohne dabei ein Schamgefühl zu empfinden. All das werden wir nicht von heute auf morgen werden. Bei uns kommt es darauf an, wie lange es dauert, bis wir uns von unseren Jahrtausende langen Verschleierungen und Konditionierungen befreien können. Und als Erstes kommt es darauf an, ob wir überhaupt in der Lage sind, unsere verfahrene Situation bewusst zu erkennen. Möglich ist es, denn jeder von uns trägt den Funken des Zeitlosen in sich, weil jeder und jedes den gleichen gemeinsamen Uranfang hat. Jeder von uns kennt die Wahrheit, doch nur wenige sind sich ihrer bewusst. Jeder von uns kann den Sinn des eigenen und somit des allgemeinen Lebens erkennen und verstehen. Möglich ist es – aber nicht im Schlaf – wachen wir also auf, werden wir uns unseres Schlafes bewusst. Verschlafen wir die einmalige Chance zur Selbstfindung NICHT, denn eine zweite Chance wird es für uns sicherlich nicht geben. Lernen wir jetzt, denn später wird es garantiert zu spät sein. Aus Zeitgründen, denn unser Erdenleben ist kurz, könnten wir auf unserer Wahrheits- bzw. auf unserer Selbstsuche ein paar »Falsche Wahrheiten« einfach weglassen – aber welche? Zunächst ALLE, denn bis jetzt hat noch keine, nicht eine einzige sogenannte »Wahrheit« zu unseren Gunsten, zugunsten der Wahrheitssuchenden funktioniert. Oder ist die Welt durch bereits unzählig bestehende »Wahrheiten« etwas ehrlicher, etwas gerechter geworden? Trotz Geboten wie z. B. »Du sollst nicht lügen« – ganz offensichtlich nicht, trotz Grundgesetzen wie »Gleichheit und Gerechtigkeit für jedermann« – ganz offensichtlich nicht! Reißen wir zunächst mittels der Negation unseren eigenen Lügenschleier herab, damit wir sehend werden. Indem wir uns zunächst selbst negieren, lernen wir, uns selbst so zu sehen wie wir sind! Begründete Verneinung zwingt uns, neue Wege zu suchen, Akzeptanz dagegen lässt uns gewohnheitsmäßig alte Lügen-Wege beschreiten, denn alte, ausgetretene Pfade lassen sich wesentlich leichter begehen als neue – auch wenn sie uns von der Wahrheit, von unserem Selbst immer weiter wegführen.

Versuchen wir zunächst selbst zu reifen, »unser eigenes Licht zum Leuchten zu bringen«, dann fallen wir auch anderen Suchenden auf, die uns dann folgen könnten. Versuchen wir es nicht, dann wird sich weiterhin nichts ändern. Wir werden genauso enden wie viele Kulturen vor uns, ohne unser Endziel realisiert zu haben – unsere Rückkehr. Oder würde eine Bakterie Mensch werden können, wenn sie in unserem Sonnensystem vor ca. fünf Mrd. Jahren NICHT versucht hätte, sich weiterzuentwickeln? Noch haben wir etwas Zeit, aber wie lange noch? Unser Urvermächtnis ist die geläuterte Rückkehr zum/ins Zeitlose und ALLES hat seine Reifezeit. UNSERE Reifezeit ist jetzt gekommen, deshalb sollten wir sie auch JETZT nutzen! Es ist UNSERE Zeit, Zeit, die kein anderer außer UNS haben und nutzen kann!

Wir freuen uns zwar über unsere erreichten Lebensziele und sind sogar glücklich darüber, doch über das wichtigste Ziel unseres Lebens, für dessen Erreichen wir unsere ganze Lebensspanne benötigen, sind wir ganz und gar nicht glücklich – im Gegenteil! Wir freuen uns zwar über die Geburt, die den Tod zum Ziel hat, doch über den Tod, der das ewige Leben zum Ziel hat, sind wir traurig und voller Angst, denn alles, was wir nicht kennen, macht uns Angst, insbesondere unser eigener Tod. So wie der Tod zum Leben gehört, so gehört auch das Leben zum Tod, weil das eine das andere bedingt. Nur wer das fremdbestimmte Leben vermeiden kann, der wird auch seinen Tod vermeiden können, denn Selbstgeborene sterben nie, weil sie bereits für ALLE Fremdbestimmungen »tot« sind. Allerdings ist es leichter gesagt als getan, denn um marionettenhaftes Leben vermeiden zu können, müssen wir zunächst wissen, was UNSER

Leben ist. Entdecken wir es, lernen wir es und uns kennen – zunächst in 30-Sekunden-Takten – immer und immer wieder, bis unser Verstand gelernt haben wird, richtig zu ticken. Solange unser Verstand noch lernfähig ist, kann er seine Verschleierungen erkennen, dann wird es taktweise von »Wisch zu Wisch« heller, auch wenn unser Lebensabend beginnt. Selbst wenn unser Verstand bereits alt, festgefahren und »verkalkt« ist, möglich ist es. Womit eine weitere 30-Sekunden-»Entkalkungspause« wünschenswert wäre – bitte jetzt!

Wenn wir im Moment NOCH nicht wissen, wer oder wie viele wir sind, so sollten wir zumindest wissen, wer wir NICHT sind, oder es mindestens herausfinden wollen. Lasst uns gemeinsam die Identitäten beobachten, mit denen unser Verstand konditioniert ist, so objektiv, wie es eben geht, denn nur als passiver Beobachter können wir unseren Verstand kommentarlos wahrnehmen, NICHT analysieren! Achten wir anfänglich NUR auf unsere Atempausen, auf die Wendemomente zwischen unserem Ein- und Ausatmen, dann erfahren wir mehr über unseren persönlichen Verstand UND den der anderen. Dazu müssen wir unseren operativen Verstand zunächst neutral beobachten, um dann herauszufinden, ob er wirklich derjenige ist, für den er sich hält, oder ob es eventuell andere sind, die ihn dominieren, die ihn ständig manipulativ formen und verformen.

Nun sollten wir über alles lügenfrei miteinander reden, denn solange wir unsere rollenbedingten »Kleider und Masken« nicht ablegen, solange werden wir nie erfahren, wie wir und die anderen wirklich sind, denn wir sehen immer nur die »Kleider und Masken« – unsere und die der anderen und nicht die Menschen, die sie tragen! Die »Kleider und Masken«, »die Mützen«, die wir tragen, geben uns eine Art Schutz davor, ein Niemand zu sein. Durch sie bleiben wir weitgehend verschleiert und damit unerkannt, denn wir haben Angst davor, von anderen erkannt zu werden, dabei sind wir nicht anders als sie und sie nicht anders als wir. Wir gehen oft aus und sind gerne unter Leuten, doch wir begegnen uns nicht wirklich. Wir haben »tausend« Freunde im Netz, doch persönlich kennen wir keinen einzigen von ihnen. Wir witzeln über den Tod und werden, insbesondere nachts, von Todesängsten, von Albträumen geplagt. Wir sprechen dann gefällig unauffällig über Belangloses. Keiner mag das schwachsinnige Geschwätz des anderen und doch machen alle mit, höflich und humorvoll – verlogen! Alle lächeln erwartungsvoll, doch kaum einer wagt drogenfrei den ersten Schritt. Alles ist cool und easy, alles ist voll gut und total geil, und jeder ist der Größte – wirklich?

Niemand von uns will ein Niemand sein. Doch wir sind nicht unsere Verkleidung, unsere Bildung, unser Glaube oder Aberglaube, unser Verstand, unsere Familie, unser Konto oder unser Auto, wir sind nichts von diesem, sondern viel, viel mehr! Finden wir es heraus, es lohnt sich! Für die wahrhaftig Suchenden unter uns wird es Zeit, höchste Zeit, dass wir unsere Lügenkleider nach und nach ablegen, unsere Marionettenschnüre, an denen wir hängen, kappen und methodisch lernen, richtungsbestimmend selbst zu gehen – auch wenn wir dabei die folgenden »Gehhilfen« für einen gewissen Zeitraum in Anspruch nehmen. Es ist keine Schande, »gehbehindert« zu sein, es nicht zu wissen, schon, denn wer sein Handicap nicht erkennt, der wird weiterhin seinen Schein für das Sein halten und sich selbst nie wahrhaftig kennenlernen können, denn das Wesen des Scheins ist es, dass er lügt, weil er trügt – er lässt uns äußerlich anders erscheinen, als wir es innerlich sind, denn er ist wie ein schön duftendes Parfüm, das unseren natürlichen Körperduft überdeckt, weswegen wir dann in Wirklichkeit anders duften, als wir uns bzw. uns andere Mitbürger riechen. Er ist wie bunte Schminke, die uns anders erscheinen lässt, als wir es in Wirklichkeit sind.

Unser Innerliches ist uns bereits abhanden gekommen, es wird höchste Zeit, dass wir es wiederfinden. Die Frage dabei ist nur wodurch? Durch unseren nach Spielhallen, insbesondere jedoch nach elektronischen Spiele-Medien süchtig gewordenen Verstand? Sicherlich nicht, denn Süchtige haben keinen klaren Verstand! Es wird Zeit, unseren Verstand zu klären, denn solange er verklärt bleibt, bleiben wir es auch. Und weil unser Verstand momentan NOCH der Einzige ist, der uns helfen kann, sich bzw. uns selbst zu erkennen, müssen wir zunächst ihm helfen, erkenntnisfähig zu werden. Helfen wir ihm, klarsichtig zu werden, reinigen und schärfen wir ihn, dann werden wir sehend das finden, wonach wir seit unserem Urbeginn intuitiv blind suchen und erst gegenwärtig in der Lage sind, real zu finden – uns selbst! Die Frage dabei ist nur, ob wir bereits über genügend erkenntnisfähigen Verstand verfügen, mit dem wir uns selbst erkennen könnten. Doch was noch nicht ist, das ist bereits im Begriff zu werden. Die zuverlässige Erkennungs-Methode dazu heißt: **»Erkenne den Baum an seinen Früchten«**, denn ein kranker Baum trägt keine gesunden Früchte. Es wird höchste Zeit, dass wir bzw. unser Verstand wieder gesund und klarsichtig werden.

METHODE

Wenn wir etwas erreichen, erbauen, entdecken oder erfinden möchten, dann müssen wir zunächst wissen, wonach wir suchen wollen, das Ziel kennen, eine Landkarte oder einen Bauplan haben. Wir müssen uns des Problems bewusst sein, das wir lösen wollen, sowie über problemspezifische Leistungskapazitäten wie z. B. handwerkliches Können oder gewisse kognitive Fähigkeiten verfügen.

Um studieren zu können, sollten wir eine Hochschulzulassung haben. Für den Erwerb einer solchen müssen wir lernfähig geboren sein, was wiederum weitgehend von der Genkombination unserer Eltern abhängig ist, denn nur gute Gene bringen lernfähige »Früchte« hervor. Das war, ist und wird generell immer so bleiben. Um eine Streitschrift wie diese lesen zu können, müssen wir zunächst des Lesens kundig sein. Dann müssen wir noch dialogfähig und bereit sein, uns mit dem GANZEN Inhalt dieser Streitschrift sinnentnehmend auseinandersetzen zu wollen und nicht nur fragmentarisch.

Um etwas erbauen zu können, benötigen wir einen perfekten, also einen fehlerfreien Bauplan. Sind wir intellektuell nicht in der Lage, einen perfekten Bauplan zu erstellen, dann wird beispielsweise auch das Haus fehlerhaft sein, welches wir streng nach diesem Bauplan erbauen werden. Für die bauplanbedingten Baufehler sind dann nicht wir als Handwerker, die sich exakt an den Bauplan gehalten haben, sondern wir als unfähiger Bauplaner verantwortlich. Als Handwerker mögen wir perfekt sein, als Bauplaner müssen wir uns noch verbessern. So wie eine Bildbeschreibung nicht das beschriebene Bild selbst sein kann, so weiß jede Rezeptköchin, dass Theorie und Praxis zwei unterschiedliche »Soßen« sind. Eine erfahrene »Hausfrau« weiß schon beim Lesen eines Rezeptes, ob die Rezeptur das hervorbringt, was sie verspricht. Ein unerfahrener »Hausmann« kocht es einfach exakt nach und wundert sich, dass das Gekochte seinen Gästen nicht schmeckt.

Um etwas Neues entdecken zu können, müssen wir zunächst ein Problem haben und es als solches auch erkennen, denn ohne ein Problem erkannt zu haben, würden wir nie auf die Idee kommen, es lösen zu wollen. Es ist wie mit den Falschfahrern auf einer Autobahn, die sich über die vielen ihnen entgegenkommenden Autos wundern. Um ein Problem erkennen zu können, müssen wir lernfähig, wach UND intelligent sein, wofür wiederum weitgehend die Genkombinationen unserer Eltern verantwortlich sind. Nur mit guten Genkombinationen ausgestattet werden wir Probleme rechtzeitig erkennen und vermeiden oder lösen können.

Wer mit sich zufrieden ist, der wird NICHT nach Lösungen suchen, und wer nicht sucht, der wird auch keine Lösungen finden. Ferner benötigen wir eine zuverlässige Lügen-Erkennungs-Methode wie die vorher genannte **»Baum-Früchte-Methode«**, anhand derer wir erkennen können, ob wir, bzw. unser Verstand und damit auch der Verstand der anderen, lügen oder nicht, denn solange wir Gelogenes nicht von Wahrem unmittelbar unterscheiden können, werden wir keinen Erfolg auf der Suche nach uns selbst haben, denn die Ursachen aller Verblendungen und Verschleierungen sind zunächst kleine Geheimnisse, aus denen dann gewohnheitsbedingt schnell große Lügen werden! Wenn uns einer sagt, dass er »Birnen« vom »Pflaumenbaum« gepflückt hat, dann lügt er, oder er kann aufgrund seines Unwissens einen Pflaumenbaum nicht von einem Birnenbaum unterscheiden. Dann sagt er zwar nicht die Wahrheit, aber er lügt nicht. Er weiß es einfach nicht besser. Ein Lügner dagegen sagt vorsätzlich die Unwahrheit, obwohl er die Wahrheit kennt. Obwohl ein Lügner weiß, dass beispielsweise der Schnee weiß ist, behauptet er, er sei schwarz und schafft es sogar, als Mehrfachmoralist bzw. Politiker oder Kirchendiener uns dies weis zu machen.

Geheimnisse und Lügen sind deshalb so gefährlich, weil sie

uns unberechenbar machen. Einem Lügner kann keiner dauerhaft vertrauen, und ohne Vertrauen gibt es weder Frieden noch Freiheit – weil Gerechtigkeit fehlt. Weil fortwährend gelogen und betrogen wird, vertraut keiner keinem – wir sind gerade dabei, es grundlegend zu ändern. Auch Freundschaften zerbrechen, wenn fortlaufend geheimnisbedingt gelogen wird. Dabei gibt es keinen menschenwürdigen Grund dafür, warum wir fortlaufend lügen oder betrügen sollen – es sei denn, wir sollen daraus lernen, lügenfrei zu werden.

Wir lügen zwar nicht, wenn wir uns etwas Gelogenes ungeprüft als wahr aneignen, dennoch sprechen wir nicht die Wahrheit. Vertraut jemand auf solche von uns ungeprüft weitergegebene »Wahrheit«, dann wird er früher oder später von uns enttäuscht werden, obwohl wir von uns aus gesehen, im guten Glauben gehandelt, nur die »Wahrheit« gesagt haben. Die Lösung des Lügenproblems ist das unmittelbare Erkennen einer Lüge als solche, auch wenn sie uns andere als reine und nichts als die reine Wahrheit präsentieren. Geben wir so eine »Wahrheit« unreflektiert weiter, dann verwässert sie mit jeder weiteren Tradierung und wird zum unerträglichen Tratsch!

Wie wir einen Baum an seinen Früchten erkennen können, so können wir auch einen Menschen an seinen Taten erkennen – am allerbesten in der Not, in der die meisten von uns zuallererst an sich selbst denken. Sonst muss das Gesagte mit den Taten eines Menschen, der nicht lügt, deckungsgleich sein. Wenn wir jemandem etwas erzählen, dann kann er das von uns Gesagte auf den Wahrheitsgehalt hin eindeutig überprüfen und somit klar erkennen, ob wir ihn belogen haben oder nicht und eindeutig feststellen, ob wir eine ehrliche Frucht oder ein verlogenes Früchtchen sind, denn: »Wer einmal lügt, dem glaubt man nicht« und wer sogenannte Notausreden hat, der redet sich selbst ins Aus. Warum sollen wir wählen gehen, wenn wir danach immer wieder systematisch betrogen und belogen werden, wenn Politiker nach der Wahl nicht das halten, was sie vor oder während der Wahl versprechen, wenn aus einem zeitlich begrenzten Solidaritätszuschlag ein dauerhafter Steuernachschlag wird oder aus einer Mautgebühr für wenige, eine Mautgebühr für alle. Sind es wirklich nur Versprecher oder steckt eine methodisch gewollte Absicht dahinter, die uns wahlverdrossen machen SOLL? Nach dem Motto »Was kümmert mich mein Geschwätz von gestern!« »Heute wird gelogen und morgen durch eine sogenannte Notausrede geradegebogen.« Wenn ein Politiker nach der Wahl nicht das hält, was er vor der Wahl versprochen hat, dann hat er absichtlich die Unwahrheit gesagt, dann hat er uns vorsätzlich belogen und somit wieder einmal etwas wahlverdrossener werden lassen. Anhand ihrer Lügen lassen sich nicht nur verlogene Politiker auf ihre Glaubwürdigkeit überprüfen, sondern auch unser eigener Verstand. Erst wenn wir uns gegenseitig vertrauen und nicht fortlaufend enttäuschen, fangen wir an, unser Selbst zu werden. Wir MÜSSEN uns von dieser animalischen, auf Gier, Lug und Betrug basierenden Stufe der Evolution verabschieden und eine menschliche betreten – die der geistigen Erneuerung. Wir schaffen es, weil wir es urvermächtnisbedingt irgendwann schaffen MÜSSEN!

Wenn Kirchendiener Keuschheit schwören, dann aber Kinder zeugen, Kinder vergewaltigen und missbrauchen, dann MÜSSEN wir uns als ehrliche Menschen von ihnen sofort lossagen, alles andere ist Heuchelei, es sei denn, dass wir genauso heuchlerisch-verlogene Früchtchen sind wie sie, denn Toleranz bedeutet Duldung, bedeutet Einverständnis. Angeblich sind Politiker und Kirchendiener Vorbildpersonen, das sind honorige, redliche Menschen, denen wir vertrauen und zu denen wir aufschauen. Ehrlich und aufrichtig. Wären sie wirklich so, wie sie es vorgeben zu sein, dann würden wir sie als Volk lieben und verehren! Wir würden uns an ihnen orientieren und ihnen für ihre Führung dankbar sein – Utopie? Verlogene, Pardon, NUR die aufgrund ihrer Unwissenheit, die Unwahrheit sagenden Politiker und Kirchendiener, warum belügt und betrügt ihr uns fortlaufend? Ihr wollt uns doch damit nicht sagen, dass ihr euch fortlaufend irrt, dass ihr keine Ahnung von dem habt, was ihr sagt oder tut? Dass ihr unterwegs seid, ohne zu wissen, wohin die Reise geht? Nach dem Motto »vergib ihnen, denn die Blinden sehen nicht, wohin sie gehen«? Wäre doch sehr, sehr peinlich, oder? Das wäre denn so, als ob uns Blinde führen bzw. uns den Weg zeigen wollen, den wir gehen sollen. Oder tut ihr es aus methodisch-taktischen Gründen? Damit wir aufgrund unserer ständigen Enttäuschungen über euch auf unser Wahlrecht »verzichten«? Macht Lug und Betrug einen Sinn, wenn ihr dabei NICHT auf euren eigenen Vorteil bedacht wäret? Sollen wir von euch weiterhin lernen, ebenfalls zu lügen und zu betrügen? Oder wozu sollen diese geheimen Lügereien sonst gut sein?

Lügen ergeben keinen Sinn, auch wenn sie den Lügnern kurzfristig einen Vorteil verschaffen, denn ohne Nachteil für den einen gibt es keinen Vorteil für den anderen – wer lügt, der betrügt! Wer diese Lügensinnlosigkeit erkennt, für den sehen Brüderlichkeit, Gerechtigkeit, Freiheit und Nächstenliebe anders aus, wer es nicht erkennt, der wird weiterhin so tun, als ob er ehrlich wäre. Verehrte Vorbilder, warum könnt ihr nicht aufrichtig und wahrhaftig sein, damit auch wir es werden können. Ihr verliert nichts dabei, sondern gewinnt alles! Warum wollt ihr uns den Weg nicht erhellen? Sollen wir weiterhin fortlaufend stolpern? Uns Prellungen zuziehen, damit ihr euch als Heiler ausgeben könnt, als Retter in der Not, Not, die ihr selbst verursacht habt? Belügt uns bitte, bitte nicht! Auch politische oder Glaubensprobleme lassen sich ohne Lug und Trug in öffentlichen Dialogen und NICHT in geheimen Treffen lösen! Sogar effektiv und nachhaltig. Dann ginge es ehrlich um das Problem selbst und nicht darum, welcher Waffenhändler, welcher Kriegstreiber oder andere Lobbyist an welchen Politiker für welchen »Vortrag« wie viel zahlen muss, damit dieser ihm gefällige Politik macht, aus der »selbstlos« spendierende Lobbyisten für sich finanzielle Vorteile ziehen können.

Doch bevor wir beginnen, andere Menschen zu belehren und an ihnen herumnörgeln, sollten wir zuallererst unser eigenes Verhalten überdenken. Wir dürfen uns nicht über Unehrlichkeiten anderer beklagen, solange wir selbst unehrlich sind. Wenn es geschrieben steht, dass man, bevor man den Span aus dem Auge eines anderen entfernt, zunächst den Balken aus seinem eigenen Auge entfernen sollte, dann ist damit genau das gemeint: Keiner sollte den »ersten Stein« werfen, solange er andere und sich selbst betrügt und belügt. Bringen wir zuerst uns selbst ins Reine, bevor wir andere zu reinigen versuchen, denn verschmutzte Hände bringen keine sauberen Ergebnisse hervor. Und bevor wir mit unseren Fingern auf andere Menschen zeigen, sollten wir erkennen, dass drei Finger derselben Hand auf uns weisen.

Im Grunde genommen wissen die meisten von uns, dass wir schlecht sind. Und wir müssen es auch sein, andernfalls würden andere Lügner, die unsere Gutheit für Dummheit halten, uns noch mehr ausnutzen und unterdrücken. Solange wir uns NOCH DIE Wahrheit nicht leisten können, sind Lügen die treibende Kraft unserer Evolution. Sie sind es, die uns wach werden lassen, sie sind es schließlich, die uns zur Wahrhaftigkeit ZWINGEN werden. Bis dahin werden wir weiterhin lügen und betrügen müssen und wachsam darauf achten, selbst nicht belogen und betrogen zu werden. Wir sind NOCH nicht das Endprodukt der Evolution – jedenfalls die meisten von uns sind es noch nicht. Noch sind wir das »krumme Holz«, das sich – wenn überhaupt – nur durch einen schmerzhaften Schnitt begradigen und neu verleimen lässt und nicht durch weiteres verbiegen und/oder belügen.

Verlogen zu sein ist nichts Außergewöhnliches, denn Lügen und Betrügen gehören zum Leben UND insbesondere zum Überleben. Schon als Pflanzen haben wir gelogen, und ohne Lügen und Intrigen wären wir entwicklungsmäßig nicht dort angekommen, wo wir uns heute befinden. Bereits als Bakterien, Algen, Pilze und Pflanzen haben wir verschiedene Überlebensstrategien erfolgreich entwickelt, die auf Lug und Trug basieren. Damit einige Pflanzen ihre Gene weitergeben können, haben sie ihre Geschlechtsteile, die Blüten, insektenähnlich ausgebildet, sodass sie die gewünschten Insekten mit ihrem insektenähnlichen Aussehen »verführen«, ohne sie, wie es eigentlich üblich ist, dafür mit Sex oder anderen Leckereien zu belohnen. Beispielsweise gehören die wunderschönen Orchideen zu den Ober-Betrügerinnen, die mit ihren Blüten das Aussehen von Insekten imitieren. Die Orchideen spezifischen Insekten landen dann auf den insektenähnlichen Blüten, und bevor sie merken, dass sie getäuscht wurden, werden sie mit Blütenstaub beladen, den sie dann brav zur nächsten Blüte transportkostenfrei transportieren. So sind nun mal Parasiten, sie säen und sie ernten nicht, doch das Vertrauen Ehrlicher ernährt sie trotzdem. Natürlich gibt es auch ehrliche Pflanzen. Sie lassen ihre Geschlechtsorgane blühen und duften, oft wunderschön betörend, wobei sie wohlschmeckenden Nektar für die Transporteure bereithalten. Mit ihren Farben und Düften locken sie Insekten an, die sie dann mit ihren Genen bestücken. Für den Transportaufwand entschädigen die gerechten Pflanzen die Insekten mit Nektar. Wir sagen »Eine Hand wäscht die andere« dazu.

Tiere sind im Täuschen und Lügen wesentlich raffinierter als Pflanzen, denn der Verwandtschaftsgrad zu uns ist ja auch wesentlich größer. Wenn ein Dackel z. B. etwas getan hat, was er nicht tun sollte, und Frauchen oder Herrchen ihm laut schimpfend hinterherlaufen, dann kann er plötzlich nur noch auf drei Beinen hüpfen, wobei er ein tief trauriges Gesicht zeigt. Er weiß, »Wehrlose oder Verletzte schlägt man nicht« – zumindest ist es bei den nicht menschlichen Tieren so. Wenn eine Amsel im Garten plötzlich Warnlaute von sich gibt, dann kann es durchaus sein, dass es sich dabei nicht um einen heranfliegenden Raubvogel oder um eine anschleichende Katze handelt, sondern oft nur um Futter- bzw. »Profitgier«, denn »selber essen macht fett«. Ein Wiesel stellt sich »besoffen-dumm an« und torkelt sich »lächerlich machend« an ein verblüfft staunendes Kaninchen so nah heran, dass es sich in die Kehle des Kaninchens verbeißen und es somit töten kann. »Seid wachsam, denn die Schlauen sind nicht so blöd, wie sie ausschauen, und die Blöden nicht so schlau wie ihre Show«. Eine ungefährliche Wüstenklapperschlange macht sich größer, um gefährlicher und imposanter zu wirken, und klappert dabei mit ihrem Schwanz, denn »Klappern gehört zum Geschäft«, nicht nur bei den Schlangen.

Unser genetischer Befehl, **»ÜBERLEBE!«**, lässt uns als Pflanzen, Tiere oder Leute täuschen, lügen und betrügen. Wir müssen es auch, insbesondere wenn wir kleiner, langsamer oder schwächer sind als unsere Artgenossen, als unsere Konkurrenz. Nicht Muskeln, »Köpfchen muss man haben«! Und weil wir artspezifische »Köpfchen« haben, so kämpft jeder nach seiner Art, um artenerhaltend zu überleben – wobei die animalischen Lugs- und Betrugsmethoden artenübergreifend dazugehören.

Ob der Baum gute oder schlechte Früchte trägt, das können wir mit etwas Übung schnell erkennen. Wenn ein Baum schlechte Früchte hervorbringt, dann sind es nicht die Früchte, die für ihre Schlechtigkeiten Verantwortung tragen, sondern zunächst der Baum, der sie hervorbrachte. Sind unsere Taten schlecht, so sind es nicht die Taten, die für ihre Schlechtigkeit Verantwortung tragen, sondern wir, die sie hervorgebracht haben. Schon deshalb müssen wir lernen, die Lügner an deren Lügen möglichst frühzeitig zu erkennen, und sie dann öffentlich bloßstellen. Wir dürfen nicht »höflich« lippenbekenntnisartig ja sagen, wenn wir nein meinen, sonst verlieren wir irgendwann unsere eigene Orientierung; wir hören auf, wahrhaftig und authentisch zu sein. Das geht sogar ziemlich rasch, denn wir gewöhnen uns schnell an vieles – nicht nur an die Lügereien und Betrügereien anderer, sondern auch an unsere eigenen. Sollten wir das Pech haben, von sozial benachteiligten, unterprivilegierten, lernschwachen oder schwachvermögenden Eltern geboren zu werden, dann gewöhnen wir uns auch daran recht schnell, denn »der Apfel fällt nicht weit vom Apfelbaum«. Wir werden orientierungslose Sozialhilfeempfänger, die notgedrungen ein unsoziales Leben fristen werden müssen. Wir werden uns als »Harzer« bezeichnen und uns nichts Menschen-Entwürdigendes dabei denken. Nur weil wir keinen lernstarken Verstand von unseren Eltern vererbt bekommen haben, wird es heißen: »Dumm geboren und nichts dazugelernt«, dabei ist es nicht unsere Schuld, lernschwach geboren zu sein. Das Einzige, wofür wir uns dann als lernschwache »Harzer« interessieren werden, ist unser Recht auf unsere Sozialhilfebezüge oder auf einen Tafelschein, wobei wir auf alle anderen Rechte weitgehend verzichten, selbst auf das Wahlrecht.

Wenn man den Bösen Böses unterstellen würde, dann könnte man durchaus glauben, dass unsere hauptsächlich durch Lug und Betrug der Verantwortlichen und deren Helfern hervorgerufene Wahlverdrossenheit tatsächlich methodisch gewollt ist. Vor den Wahlen werden von Politikern Versprechungen gemacht, von denen wir ahnen, dass sie nach der Wahl NICHT eingehalten werden. Um nicht wieder und wieder enttäuscht zu werden, bleiben auf diese Weise die meisten Nichtwähler den Wahlurnen fern, was ein demokratisches Ungleichgewicht schafft, denn wer als Dauerenttäuschter – und schätzungsweise ist es die Hälfte aller Wähler – nicht zur Wahl geht, der findet auch kein politisches Gehör, doch wer gehört werden WILL, der muss zunächst lernen, seine eigene Lethargie zu überwinden, was ihn dann zum Wahlurnengang veranlassen und seiner Stimme ein politisches Gewicht verschaffen würde. Dann könnten die Schwachen unter uns etwas mehr und die Starken etwas weniger berücksichtigt werden. Dann könnten wir Begriffe wie Brüderlichkeit, Freiheit und Nächstenliebe auch praktisch und nicht nur theoretisch besser verstehen. Doch zum besseren Verstehen benötigen wir einen klaren, einen unverschleierten Verstand, den wir momentan NOCH nicht haben aber am Ende dieser Streitschrift haben werden, denn durch fortgesetzte Entschleierungen wird unser

Verstand tagtäglich klarer und damit erkenntnisfähiger. Schließlich erkennt er auch das, was ihn augenblicklich NOCH dominiert, es sind Pseudowahrheiten bzw. Scheinfakten oder gelogene »Wahrheiten«. Und da alles in unseren Köpfen beginnt, sich alles neuronal interagierend in unseren Köpfen abspielt, so sollten wir als Nächstes unser Denken etwas näher kennenlernen, denn zunächst ist es das Denken selbst, das uns unserer Selbstfindung und somit unserem eigenen Selbst schrittweise näher bringen wird.

DENKEN

Über das Denken sind bereits unzählige Bücher geschrieben worden, sodass eigentlich alles darüber bekannt sein müsste. Eigentlich! Eigentlich müssten wir wissen, warum wir dies oder jenes denken, träumen oder fantasieren. Eigentlich, denn in Wirklichkeit wissen es die meisten von uns nicht. Warum? Weil das Denken so unterschiedlich ist wie wir Denker selbst. Manche denken, sie seien ihr Körper. Andere dagegen halten ihre Gedanken für sich selbst. Nach dem Motto: »Denke ich, also bin ich«. Denke ich nicht, also bin ich nicht? Und wer ist denn bitteschön derjenige, dem es bewusst ist, wenn sein Verstand NICHT denkt, z. B. während einer Meditation oder Remotion, wenn er mit dem Urknallecho, mit der Urknallmelodie, mit dem oszillierenden Urrauschen, das man auch heute noch aus den alten Radios hören und bei den alten Fernsehgeräten hören und als »Schnee« sehen kann, eins wird? Denken gehört zu uns und wir zum Denken, doch wir sind es NICHT, denn wir sind diejenigen, die das Denken ermöglichen.

Gedächtnis und Denken gehören zusammen. Ohne Gedächtnis gibt es kein Denken und ohne Denken kein Gedächtnis des Gedachten. Es ist wie mit der Hardware und der Software eines Computers. Beide funktionieren nicht, wenn sie nicht mit Energie versorgt werden. Unser Gedächtnis speichert alles Mögliche und Unmögliche ab. Alles, was wir sehen oder hören, alles, was wir schmecken oder riechen, wird in unserem Gedächtnis verankert. Auch nur das Gedachte, welches mit frisch Erlebtem und bereits Gespeichertem kombiniert wird, schafft neue Neuronen-Verknüpfungen in unserem Gehirn, die insbesondere nachts automatisch weiterbearbeitet werden. Aus elektrischen Impulsen unserer Sinne werden instabile, flüchtige Gedanken und dann stabiles und schließlich dauerhaftes Gedächtnis in Form von einer ständig miteinander kommunizierenden neuronalen Gehirnmasse. Wobei eine einzige impulsgebende Gehirnzelle genügt, um unser Denken in eine andere Richtung zu lenken. Auch wenn sich der eine oder der andere Richtungswechsel im Nachhinein als falsch erweisen sollte, mystischerweise werden sie in der Summe richtig sein. Auch wenn die Einzelnen, die die Gesellschaft regelmäßig hervorbringt, die Richtung der Gesellschaft kurzfristig bestimmen, so ist es letztlich doch die Gesellschaft, die langfristig die urvermächtnisbedingte Marschrichtung bestimmt.

Unser Gehirn verhält sich wie eine Bakterien- oder Pilzkolonie, wie ein Fisch- oder Vogelschwarm, wie ein Ameisenvolk oder wie eine Gnu-Herde. Es sind immer die einzelnen, meist erfahrenen Tiere (Gehirnzellen), die die Richtung des Schwarmes oder der Herde vorgeben, sodass ihnen dann alle anderen Teilnehmer folgen. Selbst der Tod funktioniert nach diesem Initialzündungsprinzip.

In unserem Gehirn reicht eine einzige Reaktion einer etablierten Zelle aus, damit alle anderen Gehirnzellen ihr folgen. Dieses Initialzündungsprinzip ist überall zu finden, sogar und insbesondere in der Waffentechnik, wo kleine Explosionen große auslösen – bis hin zu einer Atombombenexplosion. Im Ottomotor ist es der elektrischer Zündfunke, der das Benzingemisch zum Explodieren bringt. Diese »Überlebensmuster« haben wir ursprünglich von unseren Urvorfahren, den Bakterien, und weit, weit davor übernommen und, weil sie sich evolutionär bewährt haben, bis heute beibehalten.

Schwärme und Herden sind Überlebenskünstler, die es seit dem Anfang des Lebens gibt, da kommt es auf einen mehr oder weniger gar nicht an, da zählt nur das Fortbestehen der Art oder Masse.

Selbst wenn wir einen Schlaganfall überlebend erleiden sollten, wird unsere restliche, noch intakte Gehirnmasse versuchen, aufgabenübergreifend zu überleben, indem sie nach und nach lernt, sich die Aufgaben der nicht intakten Gehirnareale anzueignen.

Am dauerhaftesten speichert unser Gedächtnis intensiv Erlebtes ab. Je aufregender ein Erlebnis ist, desto schneller und intensiver wird es abgespeichert, desto stabilere synaptische Verbindungen entstehen in unseren Gehirnen, und desto länger bleibt es als etablierte Erinnerung in Form von Gehirnzellen in unserem Gehirn erhalten. Was wir in jungen Jahren intensiv erleben, wird erst in alten Jahren, oft sogar erst auf dem Sterbebett als ein traumartig, immer weiter in die Vergangenheit bis zu unserer Geburt reichender, im Geiste vorbeiziehender Film des eigenen Lebens gesehen. Als ob es sich um eine Zusammenfassung, um eine Inventur unseres Lebens handeln würde. So, als ob unsere Seele uns ein allerletztes Mal nach dem Sinn unseres Lebens fragen würde.

Den ersten Kuss oder den ersten Orgasmus vergisst keiner. An einen schmerzhaften Unfall oder an eine Beschneidung erinnern wir uns dann nicht nur im Wachzustand, sondern auch in unseren Träumen. Eine schmerzhafte Beschneidung verfolgt uns unser Leben lang und es ist nicht NUR eine physische Verstümmelung, sondern auch psychische.

Immer wenn Schmerzen und Aufregung, immer wenn große Emotionen mit dem persönlich Erlebten einhergehen, ist die Einprägung bzw. ist die Etablierung in unseren Gehirnzellen am stärksten, dann ist selbst mit drei Jahren Erlebtes auf dem Sterbebett erinnerbar. Natürlich lernen wir auch ohne schockartige Begleitungen. In jungen Jahren genügt es, interessiert zu sein oder durch einen Lehrer motiviert zu werden, denn in jungen Jahren sind unsere Gehirnspeicher noch weitgehend leer und deren Speicherkapazitäten unvorstellbar riesig. Im Jugend- oder im Erwachsenenalter reichen unserem Gehirn ein paar Wiederholungen aus, um das zu Lernende abzuspeichern. In alten Jahren ist es umgekehrt: Je älter wir werden, desto weniger funktionierende Speicherkapazitäten haben unsere Gehirne, desto mehr Speicherplätze sind belegt oder verkümmert und es kommen kaum lernfähige hinzu. Unsere Computer werden immer langsamer. Selbst mehrfache Wiederholungen haben dann nur eine begrenzte Chance auf Abspeicherung.

Je älter wir werden, desto uninteressierter sind wir. Irgendwann leben wir nur noch uns ständig wiederholend und kommen in unseren Köpfen nicht wirklich voran. Das ist auch der Grund dafür, dass im Alter die Zeit scheinbar immer schneller vergeht. Kurz vor unserem Ruhestand machen wir uns viele Gedanken darüber, was wir mit der vielen Ruhestandzeit anfangen werden. Bereits etwa zwei Jahre später wundern wir uns erneut, nur umgekehrt, diesmal über die wenige Ruhestandzeit, die uns persönlich zur Verfügung steht. Dann fragen wir uns oft, wo die Zeit wohl geblieben ist, die wir als junge Menschen noch unbegrenzt zu haben glaubten. Irgendwann geben wir dann auf, weil wir als traurige Seele erkennen, dass wir unsere Rückkehr ohne unser Denken nicht werden realisieren können. Schließlich stirbt unser Körper, seine Gedanken und wir mit ihm, so, als ob wir nie existiert hätten, so, als ob unser Leben völlig wertlos gewesen wäre – es sei denn, dass wir bis dahin MEHR als unsere Gedanken geworden sind.

Als Kind können wir uns mehrere Sprachen spielend ohne zu büffeln gleichzeitig aneignen. Doch je älter wir werden, desto schwieriger wird es für uns, auch nur eine einzige Fremdsprache zu lernen. Viele Rentner versuchen es, leider mit wenig Erfolg, denn im Alter, so etwa ab dem 65. Lebensjahr oder sogar wesentlich früher, werden nicht nur unsere Körper eindeutig leistungsschwächer, sondern auch unsere Gehirne.

Beim Lernen werden neue Nervenverbindungen in unseren Gehirnen gebildet, und je mehr neue Nervenverbindungen in jungen, in kindlichen Jahren gebildet werden, desto leichter werden wir unser ganzes Leben lang lernen können. Daran sollten alle Eltern unbedingt vor der Nachwuchszeugung denken, denn »was Hänschen nicht lernt, das lernt Hans nimmermehr«! Alles, was unser Gehirn in den ersten Jahren sehr gut kann, ist lernen. Das Lernen muss nicht erst gelernt werden, es muss nur genügend interessante Informationen rechtzeitig bereitgestellt bekommen: von uns Eltern, den Kindergärten, Schulen und insbesondere von der weichenstellenden, glaubensfreien Bildungspolitik, die einheitlich, also nicht von den Ländern oder gar Gemeinden, sondern vom Bund bestimmt werden sollte. Dann gäbe es Richtlinien, die ALLE einhalten müssten, dann gäbe es weniger Glaubende und mehr Wissende. Dann könnten auch die Ursachen für Terror deutlich erkannt, benannt und verbannt werden: auf eindeutig falschen, auf nachgewiesenermaßen unwahren »Fakten« basierendem Glauben und Aberglauben. Leider werden auch falsche Informationen, wenn nicht erkannt, als wahr abgespeichert, was für unser späteres Leben fatale Folgen haben wird, denn es ist so, als ob wir zwar richtig, aber mit falschen Zahlen rechnen würden. Wir werden dann unser Leben lang unterwegs sein, aber nirgendwo wahrhaftig ankommen, denn wer Scheinfakten für wahr hält, der rechnet mit falschen Zahlen. Der wird sein Leben lang »rechnen«, aber kein lebenswertes Ergebnis erzielen können. Sein Leben wird weitgehend wertlos enden – ohne die einmalige Chance genutzt zu haben, wertvoll werden zu können.

Es ist richtig, dass wir im Alter, bereits schon ab ca. 25 Jahren, unsere Gedächtnisfähigkeit nach und nach immer mehr verlieren und dass das Lernen uns mit weiter zunehmendem Alter immer schwerer fällt. Wenn wir in jungen Jahren neunzig Prozent der Informationen noch abspeichern konnten, so sind es im Alter nur noch zehn Prozent oder weniger. Im Alter vergessen wir das Gelernte weitgehend bzw. wir speichern es erst gar nicht dauerhaft ab, es sei denn, wir zwingen unser Gehirn zum Trainieren, TÄGLICH. Dabei kommt es gar nicht darauf an, es stundenlang zu malträtieren – eine Viertelstunde Remotionstraining täglich würde genügen, doch darüber sprechen wir später. Für den Anfang reichen uns zunächst unsere sich permanent wiederholenden 30-Sekunden-Remotionspausen aus – bitte jetzt.

Im Alter kann sich unser Kurzzeit-Gedächtnis nicht einmal

merken, wo wir unsere Brille vor einer Minute abgelegt oder was wir am Vortag gegessen haben. Selbst unser Langzeitgedächtnis wird nach und nach »eingekapselt«, als ob unsere Lebenserfahrungen wertlos wären, als ob unser Leben keinen Sinn gehabt hätte. So, als ob einer mit einem Radiergummi eine nicht gelungene »Lebenszeichnung« ausradieren oder sich schämend unkenntlich machen würde, oder als ob sich unsere Seele aus unserem CHANCENLOSEN Körper zurückziehen und uns aufgeben würde. Die meisten von uns erleben es, wie unser Gedächtnis nachlässt, doch wir überleben es nicht, obwohl wir es könnten – wenn wir denn wären, doch glücklicherweise sind wir gerade dabei zu werden.

Unser Gedächtnis ist bei unserer Geburt wie ein leeres Blatt Papier. Alle möglichen und unmöglichen Lebenserfahrungen und Lebensfantasien werden dort aufgezeichnet – bis das leere Blatt irgendwann mit viel Sinn und noch mehr Unsinn vollgeschmiert ist! Natürlich wird vieles gelöscht oder überschrieben, einiges ausradiert und anderes integriert. Insbesondere nachts, wenn wir träumen, ist unser Gehirn mit Aufräum- und Integrationsarbeiten sehr beschäftigt.

Da unser Gedächtnis zunächst ein reiner Speicher ist, der nicht zwischen wahr und unwahr, zwischen falsch und richtig unterscheiden kann, so ist es sehr wichtig, dass wir möglichst wenige Fantasien oder Pseudowahrheiten abspeichern, andernfalls kommt unser Gedächtnis in Bedrängnis, weil es nicht gelernt hat, Wahres vom Unwahrem zu unterscheiden, weil es falsche Zahlen für richtige hält. Das Ergebnis sind dann Albträume und vorzeitiges Altern – unsere Hardware verkümmert und unsere Software verabschiedet sich dann vorzeitig. Es ist wie mit einem Computer, wenn dessen Komponenten altern und somit die Software lahmlegen.

Obwohl über das Denken und das Gedächtnis immer noch geforscht und nachgedacht wird, so ist es doch relativ einfach zu verstehen. Wir müssen es nur neutral und unbeschränkt – nicht denkend – zu beobachten lernen! Oder sind wir tatsächlich so beschränkt, dass wir unser EIGENES Denken nicht vollständig verstehen können? Wenn ja, dann sollten, dann müssen wir uns fragen, welche Schranken es sind, die uns bzw. unser Denken beschränken und ist es uns selbst möglich, diese Schranken niederzureißen? Ja, Remotion macht es tatsächlich möglich, Schritt für Schritt, Bildungs- und Glaubensstatus unabhängig, unserem genetisch bedingten Lernpotenzial entsprechend.

Unser Denken ist durch politische, religiöse, familiäre, materielle oder genetische Einschränkungen begrenzt und dennoch ist unser Denken anfänglich das einzige uns verfügbare Werkzeug, mit dem wir unseren eigenen »Tempel« selbst erbauen können – lernen wir seine Handhabung zu beherrschen, lernen wir es kennen. Eine andere Möglichkeit haben wir nicht, denn sobald wir uns von anderen sagen lassen, wer WIR sind, werden wir nur eine »Beschreibung« eines anderen sein, jedoch niemals wir selbst. Ein Freund wird uns anders beschreiben als ein Feind und ein Polizist wird uns mit anderen Augen sehen als unsere Eltern.

Leider identifizieren wir uns mit UNSEREM Denken, denn etwas anderes, etwas was ÜBER oder AUSSERHALB unseres Denkens steht, kennen, haben und sind wir NOCH nicht. Wir sagen oft, »ich denke …«, allerdings fragen wir uns dabei nicht, wer das »Ich« ist, das denkt oder denken lässt? Leider ist für die meisten von uns das denkende oder denken lassende Ich noch mit uns identisch. Wir sagen zwar »MEIN Fuß, MEINE Hand, MEIN Verstand, MEINE Gedanken usw.«, doch zwischen dem BESITZER »MEIN« und seinem BESITZ unterscheiden wir noch nicht. Wenn unsere Körper sterben, dann sterben auch wir als seine Besitzer? Ja – es sei denn, dass wir bis dahin mehr geworden sind als nur unser körperbehaftetes Denken. Für uns ist unser Körper identisch mit uns selbst. Wir identifizieren uns mit unserem Körper, mit unserem Verstand, mit unseren Fantasien, mit unserem Denken und Träumen. Wir urinieren nachts ins Bett, nur weil wir träumen, auf einer Toilette zu sein. Nachts haben wir einen Orgasmus, nur weil wir vom Sex träumen. Und wir träumen vom Sex, weil wir längere Zeit keinen Sex hatten oder uns am Vorabend einen aufregenden Liebesfilm angesehen haben.

Genau hier, an dieser Stelle, unterscheiden wir uns von einem Selbst-, von einem Neugeborenen. Im Gegensatz zu uns weiß ein Selbst- oder Neugeborener, wann SEIN Verstand diesen oder jenen Gedanken denkt, BEVOR er ausgesprochen oder ausgeführt wird, BEVOR er »Gestalt« annimmt, BEVOR er von ihm Besitz ergreifen kann, BEVOR er zum Problem wird. Eine ständig bewusste Selbstpräsenz gelingt auch einem Selbstgeborenen zwar NICHT immer, aber oft genug, um peinliche Situationen oder unkontrollierte Gedankenausritte seines Verstandes zu vermeiden. Anfangs vereinzelt, dann immer häufiger und länger, bis es schließlich auch anderen eindeutig auffällt. Eigentlich kennen wir das aus eigener Erfahrung, nur umgekehrt, denn viele von uns reden, bevor sie nachdenken, BEVOR ihnen bewusst wird, dass sie gedacht werden, dass es ihr Verstand ist, der denkt, und NICHT sie. Manche Leute rufen andere Leute an und telefonieren dann stundenlang miteinander, legen auf und rufen gleich wieder an – ohne einen bestimmten Grund, als ob ihnen die Themen nie ausgehen würden, einfach nur so, um unbedacht zu tratschen – am liebsten über Belangloses oder über andere Leute.

Am gedeckten Tisch sitzend weiß ein Selbstgeborener, dass eine bestimmte Arm- oder Handbewegung die Serviette oder den vor ihm liegenden Teller um- oder niederwerfen würde. Allerdings ist er in der Lage, die Situation bereits vor der Tat in Gedanken wahrzunehmen und somit die missliche Bewegung zu vermeiden. Wir, jedenfalls die meisten von uns, merken einen »Ausrutscher« meistens erst dann, wenn er ausgerutscht ist, wenn es zu spät ist, wenn wir das »Porzellan« zerschlagen haben. Doch »Scherben bringen Glück«, denn durch einen Scherben-Schock lernen wir auf automatische Weise, nächstes Mal etwas aufmerksamer zu werden – vorausgesetzt, wir sind lernfähig geboren worden. Und je größer der Schock, je teurer das Porzellan, desto einprägsamer wird die Lektion sein, desto etablierter bleibt sie in unserem Gedächtnis haften. Bis dahin merken wir solche Peinlichkeiten meistens erst hinterher, wenn wir etwas Peinliches gesagt oder getan haben, wenn uns unsere Gedanken als Sprache hörbar »herausrutschen«, oder noch schlimmer; erst wenn uns andere darauf hinweisen. Bis dahin werden wir uns weiterhin für alles Peinliche entschuldigen, und je peinlicher es uns sein wird, desto nachhaltiger werden wir lernen auf natürlich-unwissende, auf evolutionäre Art schrittweise etwas bewusster, ein kleinwenig wacher zu werden.

Man sagt: »Gut Ding will Weile haben« oder Evolutionsmühlen mahlen langsam. Die Evolution kennt KEINE Zeit, sie nimmt alles so wie, wo und wann es kommt und macht zeitlich und örtlich angepasst das relativ Optimale daraus. Auch natürliche Bewusstwerdung bzw. Selbstgeburt funktioniert nach dem gleichen evolutionären Prinzip. Remotion beschleunigt diesen natürlichen Prozess unserer Menschwerdung um ein Vielfaches, sodass wir hier und jetzt das erreichen können, was vielen von uns erst in ferner Zukunft möglich sein wird – vorausgesetzt, dass unsere Erde und wir als unsere Nachgeneration/en, bzw. unsere weiterentwickelte Art bis dahin noch existieren werden. Ob wir dann günstigere oder ungünstigere Zeiten für unsere Selbstfindung als unsere Nachkommen haben werden, das wissen wir HEUTE nicht, weshalb wir die Zeit HEUTE optimal nutzen sollten, denn es ist unsere, es ist deine und es ist meine Zeit, es ist die Zeit, in der wir JETZT leben. Vergeuden wir sie nicht! Der Morgen wird kommen, das ist ziemlich gewiss. Mit uns oder ohne uns, das ist nicht mehr so gewiss! Es ist zwar wahrscheinlich, doch absolut sicher ist es nicht, dass wir am kommenden Morgen aufwachen oder diese Rückwegbeschreibung bis zum Ende lesen werden. Und wenn ja, dann wird es nicht die Zeit von JETZT sein.

Ein Selbstgeborener denkt nicht, sondern sein Verstand, er ist auch nicht erschöpft oder hungrig, sondern sein Körper. Bei uns ist es umgekehrt: ICH denke, ICH bin erschöpft, ICH habe Hunger, ICH habe Schmerzen – auch wenn es nur der kleine Zeh ist oder eine Nagelbettentzündung, ICH, ICH, ICH – weil wir, weil unser Verstand und unser Körper noch mit uns identisch sind.

Ein Selbstgeborener dagegen kann z. B. hungerbedingte Körpersignale bereits in ihren Anfangsstadien, während der Körper diese Signale zum Verstand sendet, wahrnehmen und für eine gewisse Zeit oder sogar dauerhaft unterdrücken! Er kann Tage, Wochen, ja sogar monatelang wie ein Kaiserpinguin fasten, ohne zu hungern. Er kann den Hungergedanken seines Körpers bereits im Entstehungsstadium wahrnehmen und rechtzeitig zurückweisen, sodass das Hungergefühl erst gar nicht aufkommt. Für den Körper selbst ist Fasten kein Problem, denn er hat es bereits vor Jahrmillionen gelernt, seinen Überlebensinstinkt in Notsituationen, ohne dabei gesundheitliche Schäden zu nehmen, zu mobilisieren und es bis heute NICHT verlernt! Im Gegenteil, Fasten kann unseren Körper sogar vom Krebs heilen, denn beim Fasten werden die »Letzten die Ersten sein«, also die neuen, oft krankheitsverursachenden Zellen zwecks Heilung oder prophylaktisch als erste abgebaut, denn was sich Jahrmillionen bewährt hat, das behält unser Körper vorrangig bei. Insofern könnte jeder von uns eine bis 40 Tage lange Fastenkur im Jahr durchführen – der körperlichen und geistigen Gesundheit zu Liebe, denn Fasten hat einen meditativen und somit Körper UND Geist gesundmachenden Charakter – allerdings muss Fasten zuerst in unseren Köpfen beginnen, mit Nahrungsverzicht und NICHT mit Nahrungsentzug, wie es beim Hungern der Fall ist.

Ein Selbstgeborener weiß, dass sein Körper ein Zeitgedächtnis hat, welches SEINEN Verstand zu gewissen Zeiten an Bestimmtes denken lässt. Zum Beispiel um die Mittagszeit an das Mittagessen oder um eine bestimmte Zeit an das Schlafengehen oder Aufwachen. Er weiß, dass sein Körper ein »Automat« ist, der in gewissen Situationen bestimmte Verhaltensweisen zeigt, und warum er dies tun MUSS – nicht erst seit Iwan Pawlow und seiner Entdeckung der bedingten Reflexe durch Konditionierungen, sondern weit, weit davor. Ein Selbstgeborener weiß, dass sein Körper unter anderem ein Geruchs-, ein Seh- und ein Gehörgedächtnis hat. Deshalb weiß er auch, dass sein »Computer« an Essen denken muss, wenn sein Geruchsgedächtnis ihm einen bekannten Essensduft signalisiert. Dass es bei einem bestimmten Duft diese oder jene duftspezifische Speise geben wird, sodass sein Körper mit der Vorbereitung der Nahrungsaufnahme beginnen kann, dem Speichelfluss. Wer diese Signale vor/beim Fasten frühzeitig wahrnehmen und somit rechtzeitig »ausschalten« kann, der kann so lange hungergefühlfrei fasten, bis sein Körper stirbt!

Der Hauptunterschied zwischen einem Selbstgeborenen und uns ist noch der, dass wir unsere Gedanken erst dann wahrnehmen, wenn unsere Gedanken uns eine Zeit lang haben denken oder meistens erst dann, wenn sie uns tätig werden lassen. Unser Unvermögen, den ANFANG eines Gedankens wahrzunehmen und dadurch eventuell Taten zu verhindern, nennen wir dann kreative »Spontaneität«, als ob unbedachtes, oft hormonell bestimmtes, spontanes Handeln etwas ganz Besonderes wäre. Wir fahren zu schnell, weil wir es, durch Adrenalin beeinflusst, »eilig« haben, und wir haben Sex, weil wir, Oxytocin gesteuert, darauf Lust haben MÜSSEN – sogar mit uns selbst.

Weil es in uns NOCH kein selbstbewusstes Selbst gibt, das die Konsequenzen unserer unbedachten Handlungen bedenken könnte, so verhalten wir uns weitgehend fremdgesteuert. Dass wir dabei als lernschwach geborene nur wenig Verstand in unseren Gehirnen haben können, versteht sich eigentlich von selbst, denn keiner wird wissend geboren, wobei Wissen die einzige Medizin ist, der einzige Schutz, der uns vor naiver Leichtgläubigkeit bzw. durch bestimmte Bildungspolitik absichtlich gewollten Verdummung schützen kann. So haben sich Soldaten der letzten Jahrhunderte, Soldaten, die nicht einmal wählen durften, für ihr »Vaterland«, für ihre Herren oder ihre Religionen, auf Schlachtfeldern gegenseitig abschlachten lassen. Oder warum werden naive junge Leute, auch heute noch, in Kriegen zu heldenhaften Mördern, die von uns schlauen Alten dann hinterher für ihre unmenschliche Taten mit einem Stückchen Buntblech auszeichnet werden, mit dem sie sich dann bedenkenlos voller Stolz brüsten? Wenn zwei das Gleiche tun, dann ist es noch lange nicht dasselbe, denn der eine wird zum Mörder und der andere zum Helden oder umgekehrt, es kommt immer auf den eigenen Standpunkt an. Dass Frauen und Männer, Söhne und Töchter, Mütter und Väter der Ermordeten genauso leiden, wie WIR beim Verlust eines eigenen Familienangehörigen leiden würden, das scheint uns und unsere Befehlsgeber nicht ernsthaft zu interessieren. SOLLTE es ABER! Denn nur die Anständigen werden auch anständig sterben, um weiterzuleben. Es ist anständiger, das eigene Leben für das Leben eines anderen Menschen zu geben, als einen anderen Menschen für sein eigenes Leben zu tauschen. Wir als Unanständige tun es, um selbst zu überleben. Aber wozu wollen wir denn als Unanständige überleben? Um noch mehr Ungerechtigkeiten zu verbreiten? Um weitere potenzielle Mörder oder Kriegstreiber zu zeugen? Um das Mutterland am Südpol zu verteidigen? Weil uns das sogenannte Vaterland durch unsere unkontrollierte Vermehrung zu klein geworden ist? Dafür? Dafür sollen wir massenhaft überleben? Zunächst ja, denn die Masse ist es, die einzelne Anständige hervorbringt, welche dann vielen Unanständigen als wegweisend leuchtendes Beispiel dienen könnten. Welche laut und ohne Mehrfachmoral das sagen werden, was der Zeit angemessen eindringlich gesagt werden muss – auch wenn es die Unanständigen nicht hören wollen aber sollen!

Im Zweiten Weltkrieg haben wir, die heldenhaften deutschen Soldaten, uns zuerst in Polen und dann auf der ganzen Welt »verteidigt« und dabei etwa 60.000.000 unschuldige Menschen mit ermordet. Heute »verteidigen« wir uns, die stolzen deutschen Soldaten, und andere heldenhafte stolze Nationen u. a. in Afghanistan oder Syrien und morgen auf dem Mars oder auf der Venus oder ...?

Einige von uns kommen schließlich als Leichen zurück und werden dann posthum – wenn wir tot sein werden – mit einem Stückchen Buntblech ausgezeichnet, welches andere dann später auf einem Flohmarkt für ein paar Cent erwerben werden. Alle sind dann traurig oder stolz, die Frauen, die Kinder, die Eltern und die ganze Nation – je nachdem, auf welcher Seite wir stehen, auf der der Opfer oder auf der der Geopferten. Das System bezeichnet diese Dummheit als Tapferkeit vor dem »Feind« oder als Märtyrertum. Damit heutzutage sich kein stolzer Vergnügungs-Knopf-Drücker-Soldat als Mörder ein schlechtes Gewissen machen muss, wenn er beispielsweise in Afghanistan oder Pakistan – meistens aus Versehen – völlig unschuldige Menschen durch eine von ihm aus Deutschland gesteuerte Drohne ermordet, tut er das per Vergnügungs-Knopf (Joystick)- wie ein hirnloser Terrorist?

Sind wir bereits wahnsinnig geworden und merken es nicht? Warum will mein Verstand diese »Normalität« nicht einfach akzeptieren und für gut befinden wie der von Millionen anderer? Fragt sich denn keiner von uns, wie es den Witwen, den Waisenkindern und den Eltern geht, deren Söhne UNSERE »tapferen und stolzen Soldaten« in sogenannten »Verteidigungskriegen« oder als hirnlose Terroristen leidbringend ermordet haben? Hört denn keiner von uns den Schmerzensschrei der Hinterbliebenen? Sind wir wirklich so schwerhörig geworden, dass wir laut angebrüllt werden müssen, um das zu hören, was wir

NICHT hören wollen, aber ganz, ganz dringend hören sollen? Da die meisten von uns NICHT taub geboren wurden, so liegt es nahe, dass wir erst nach unserer Geburt schwerhörig geworden sind oder gemacht wurden – wenn ja, dann durch wen und warum?

Haben wir, die pflichtbewussten stolzen deutschen Zyklon-B-Lieferanten oder KZ-Gaskammererbauer im Zweiten Weltkrieg aufgrund unserer Taubheit die Todesschreie der Vergasten, der qualvoll Sterbenden, wirklich nicht gehört? Sehen wir denn nicht, wie unanständig, ungerecht und unmenschlich wir gemacht werden können? Wie alte Politiker, die oft nicht besonders lange zu leben haben, ihrer starrsinnigen »Macht« wegen junge Soldaten in sinnlosen Kriegen morden und ermorden lassen? Sehen wir denn nicht, wie Systeme unsere Gedanken manipulieren und uns dann als Marionetten missbräuchlich »verheizen«? Müssen wir erst einen Dritten Weltkrieg, der schlimmer sein könnte als der Erste und Zweite Weltkrieg zusammen, vereinzelt überleben, um gemeinsam daraus zu lernen, dauerhaft anständig zu werden? Wahrscheinlich, wenn danach das Böse aufhört sich als Gutes zu tarnen. Bis dahin könnten sich Politiker lobbyfrei für einen gerechten Frieden einsetzen, dann ginge es um einen gerechten Frieden und nicht darum, »wer, wen, wie übers Ohr hauen kann«, doch Politiker sind Mehrfachticker, eben »Polyticker«. Wir sollten weniger auf ihre Worte achten und mehr darauf was sie lautlos sagen, mehr auf die »Früchte«, die sie hervorbringen, denn nicht alles ist harmlos, was harmlos zu sein scheint und nicht alles ist wahr, was uns Politiker als wahr verkünden.

Meine Mutter, die während des Zweiten Weltkriegs von russischen Soldaten und danach von polnischen Lüstlingen wiederholt misshandelt und vergewaltigt wurde, und mein Vater, der von den stolzen deutschen NS-Leuten, mit denen er als Kind zusammen gespielt hatte, für 12 Jahre im Konzentrationslager Ausschwitz interniert wurde, haben weitgehend übereinstimmend, sinngemäß Folgendes gesagt:

»Unsere wahren Feinde sind nicht vor uns, sondern HINTER uns. Die uniformierten und insbesondere die nicht uniformierten Politiker, die unser Denken manipulieren, sind die wahren Mörder und Verbrecher, nicht wir, die befehlsbedingt einen Gewehrabzug betätigen! Wenn ein Uniformierter, ein Mützenträger dir sagt, dass er hinter dir steht, so glaubst du in deiner leichtgläubigen Naivität, dass er deinen Rücken stärkt, dabei missbraucht er dich nur als Schutzschild. Nicht die unschuldigen, dir völlig unbekannten Soldaten vor dir, deren Familien du zu Witwen und Waisen machen könntest, sind deine Feinde, sondern diejenigen, die hinter dir stehen, die hinter dir Schutz suchen. Wenn deine Vorgesetzten dich zum Schießen zwingen und du keine andere Wahl hast, dann schieße nach hinten, dort triffst du bestimmt die wahren Schuldigen, auch wenn sie dich dafür erhängen oder erschießen sollten. Für deinen Seelenfrieden ist es besser, unschuldig ermordet zu werden, als schuldig zum Mörder zu werden«.

Uns kann ein System täuschen, belügen und betrügen, einen Selbstgeborenen nicht. Uns braucht ein System nur eine beliebige Autoritätsmütze aufsetzen oder in eine universale Form, sogenannte Uniform stecken und schon sind wir ein stolzer WICHTIG, schon identifizieren wir uns als naive Leute mit der »Mütze«, der Uniform, dem Titel, dem Amt, dem ..., die wir tragen oder inne haben.

Leider denken die meisten von uns nur das, was wir bildungsbedingt denken sollen, denn einen eigenen Willen, ein eigenes Verantwortungsbewusstsein haben wir als uni-formierte Masse nicht. Wir lassen uns gerne dressieren und sind stolz darauf, ein »Stöckchen« apportieren zu dürfen, ein besinnungsloser, ein stolzer Mörder zu sein. Zur Besinnung gekommen, bleiben wir dann unser Leben lang traumatisiert wie viele Krieg- und Auschwitz-Überlebende oder Afghanistanrückkehrer!

Ein Selbst- oder Neugeborener lässt sich eher unschuldig ermorden, als schuldig zum Mörder machen. Moslems töten »ehrenhaft« Christen, und nur Christen lieben den Nächsten zum Totschlagen gern. Nur lernschwach UND durch falsche »Fakten« lernresistent gemachte Christen und/oder Moslems können HEILIGE Kriege führen, ganz normal begabte Menschen tun so etwas nicht, es sei denn, dass Schwachsinn auch heute noch für ganz normale Begabung gehalten wird. Alle diese schrecklichen Morde und Verbrechen gegen die Menschheit und gegen die Natur insgesamt gäbe es nicht, wenn unser Denken NICHT manipuliert werden könnte – wenn bestimmte Reize NICHT bestimmte Reaktionen hervorrufen würden. Doch was verunreinigt, was konditioniert werden kann, das könnte auch endkonditioniert werden – wir arbeiten bereits daran.

Was oder wie unsere Zukunft sein wird, das bestimmen WIR jetzt, HEUTE, du UND ich! Entweder wir schaffen es uns rechtzeitig vom »Kopf auf die Beine« zu stellen oder wir gehen als Menschheit wieder einmal unter – wie die Neandertaler, die Wikinger, die Mayas und viele andere Kulturen zuvor. Entweder wir schaffen die **GIER** der armen Leute mit viel Geld ab oder sie schafft uns alle ab. So könnte das neue Zeitalter der Bewusstwerdung, das gerade begonnen hat, schneller enden, als es begann. Entweder wir ändern unsere Denkweise und werden uns unseres Denkens bewusst, indem wir lernen, es neutral zu beobachten, oder wir bleiben bis zu unserem gemeinsamen Untergang fremdgedacht. Da Demokratien auf Mehrheiten basieren, es aber mehr unwissende Leute als wissende Menschen gibt, so müssen wir darauf bedacht sein, dass den Unwissenden unter uns mehr ehrliches Wissen zukommt. Und weil neutrales Wissen nur durch auf nicht gelogenen »Fakten« basierender Bildung erworben werden kann und alles zunächst in unseren Köpfen beginnt, so sollten wir als Erstes darauf achten, dass KEINE falschen »Fakten« unser Denken dominieren, bzw. beherrschen, denn WIR sind NICHT unser Denken, sondern die denken Lassenden. Weshalb wir uns selbst wahrheitsgetreu kennenlernen sollten. Einen anderen Weg zum Selbsterkennen gibt es nicht!!

Da wir mehrere Sinne haben, so gibt es logischerweise auch sinnesspezifische Gedanken, deren Ursprünge sich den einzelnen Sinnesorganen zuordnen lassen können. So löst der Tastsinn keinen unmittelbaren Gedanken über den Geschmack aus und umgekehrt, kein Geschmackssinn löst einen unmittelbaren Gedanken über die Beschaffenheit einer Oberfläche aus. Unser Gehörsinn löst keinen Gedanken über die Farbe eines Geräusches aus und unsere Augen rufen keine Gedanken über ein Geräusch hervor; wenn es blitzt, dann tut es bereits unser konditioniertes Gehirn, denn es hat aufgrund von Erfahrungen gelernt, dass nach einem Blitz meistens ein Donner folgt, und je kürzer die Abstände zwischen den beiden sind, desto näher sind die Einschläge bzw. die reibungsbedingten elektrischen Entladungen, so etwa 330 Meter pro Sekunde entfernt.

Jede Sinneswahrnehmung ruft sinnesspezifische Gedanken hervor, vorausgesetzt, wir sind wach genug, um ihren Anfang wahrzunehmen und nicht erst später, wenn aus dem Anfangsgedanken sich ein ganz anderer Gedanke entwickelt – wenn wir zugeschlagen, geschossen oder einen unschuldige Menschen tötenden »Freudehebel«, einen Joystick gedrückt haben.

Wer den Ursprung seiner Gedanken wahrnehmen kann, der kann auch deren Ende und deren Ausgang bestimmen bzw. kontrollieren. Dazu im Folgenden ein paar Beispiele:

Angenommen, unsere Nase signalisiert unserem Gehirn einen bestimmten Duft, doch in diesem Moment sind wir nicht wach genug oder mit anderen Dingen derartig intensiv beschäftigt, dass wir ihn nicht bewusst wahrnehmen. In diesem Falle speichert unser »Computer« diese identifizierte Duftinformation ab und »erinnert« uns dann nachts an sie, während wir träumen.

Diese unbewusst identifizierten Dufterinnerungen können

frisch oder alt, bzw. sogar uralt sein, denn Duftortungen waren in unserer gesamten Entstehungsgeschichte entwicklungsrelevant. Schon als Spermazelle haben wir gerochen, wo es zur Eizelle langgeht – und das ohne Nase und deren Riechrezeptoren! Sogar Pflanzen, Flechten, Algen oder Einzeller haben ihre artspezifische Duftsprache, über die sie miteinander kommunizieren – auch mit uns – auch wenn wir sie vor langer Zeit verlernt haben zu verstehen. Wir träumen dann möglicherweise von einer Duftwiese, auf der wir uns mit unserer Jugendfreundin einen Sonnenbrand zugezogen haben, oder bleiben bei diesem uns bekannten Duftgedanken und fügen einen naheliegenden hinzu. Unser »Computer« fragt sich nämlich, von uns, dem Beobachter, unbemerkt, wo und in welcher Situation er diesen Duft bereits wahrgenommen hat, und so erinnert er sich automatisch an jemanden, der uns die Herkunft dieses Duftes erklärt hat, oder an die Situation, in der wir diesen Duft irgendwann zum ersten Mal gerochen haben. So kommt es, dass wir dann an jemanden träumend denken, den wir schon seit Jahren nicht mehr gesehen haben oder an etwas, von dem wir aktuell nicht einmal wissen, dass es das gibt oder jemals gab. Ob Düfte oder Geräusche, ob akustische oder visuelle Signale – irgendwann durch irgendwas oder irgendwen einprägsam abgespeichert, können sie in uns posthypnotisch duftspezifische Gedanken bzw. Träume auslösen, die nicht nur Duftforschern, sondern auch uns zu denken geben sollten! Natürlich funktioniert unser Denken mit anderen Empfindungen wie Farben oder Geräuschen genauso. Stellen wir uns vor, wir waren im Urlaub, bei Freunden oder Bekannten, wo ständig ein bestimmtes Musikstück zu hören war. Wenn wir dann nach Hause kommen und dieses bestimmte Musikstück hören, dann werden wir uns ganz automatisch an die bereits posthypnotisch erlebte Situation erinnern. Wir werden schimpfen oder uns erfreuen, je nachdem, was wir damals in dieser bestimmten Situation erlebten bzw. womit sich unser Gehirn automatisch programmiert hat.

Sind wir bzw. unser Gehirn wirklich so einfach zu programmieren bzw. zu konditionieren – durch Sinneseindrücke, durch Erfahrungen, durch Erlebtes, durch Gelerntes, durch Dressur, Erziehung und militärischen Drill? Leider ja! Autogenes Training, Suggestion oder Hypnose beweisen es! Wir kommen schon bald darauf. Leider dressieren und erziehen uns unsere Systeme schon in frühen Jahren absichtlich zielorientiert, also so, wie sie uns später haben möchten – meistens gehorsam und nicht hinterfragend, marionettenhaft. Wenn sie dann unsere Gehirne nach ihren Vorstellungen geformt haben, dann können wir uns hinterher nur noch marionettenhaft der Dressur entsprechend systemkonform verhalten.

Diese Gehirnverschmutzung beginnt bereits kurz nach unserer Geburt und ist in den ersten Lebensjahren sehr intensiv und somit lebensprägend. Die Familien-Gesellschafts-Kirchen- und politischen Systeme »programmieren« bzw. suggerieren uns, etwas zu sein, was wir in Wirklichkeit gar nicht sind. Wir glauben zwar, alles tun zu können, was wir wollen, allerdings ohne zu wissen, dass WIR es fremdbestimmt nur sollen. Wir denken dann, was wir denken sollen und nicht selber wollen, denn Wollen setzt einen autonom Wollenden voraus, den es im jungen, im unerfahrenen Alter noch gar nicht geben kann. Irgendwann, mit etwa fünfundzwanzig Jahren oder sogar wesentlich früher, geben wir uns der Fremdbestimmung gänzlich hin und werden selbst zu »Dompteuren«.

Da die meisten von uns sich mit dem, was wir für das eigene Denken halten, identifizieren, so glauben wir schließlich auch an die »Mützen«, die wir tragen. Wir glauben, wir seien unser Gedächtnis bedingtes Denken, die Summe der neuronal abgespeicherten Informationen. Nach dem bereits genannten Motto »Denke ich, also bin ich« stehen wir dann zu uns bzw. zu dem, wofür wir uns selbst momentan zu halten haben – heute sind wir ein scheinheiliger Christ, morgen ein verblendeter Moslem, übermorgen ein fanatischer Hindu und über-übermorgen ein gewaltsamer Attentäter, Gotteskrieger, Waffen- oder Giftgaslieferant ... Wobei wir jedes Mal glauben, das Richtige zu tun oder das Richtige zu sein! Das wissen auch die Systeme und nutzen es zu ihrem Vorteil manipulativ aus. Der große Trick der Systeme besteht lediglich darin, uns möglichst frühzeitig das »richtige« Denken, die »richtige« Identität rechtzeitig beizubringen, und schon hat man uns dann dort, wo man uns haben will: auf der »richtigen« Seite, nämlich auf ihrer, also auf der Seite der jeweilig herrschenden kirchlichen und politischen Systeme. Wir verhalten uns dann systemkonform, unserer Gehirnverschmutzung bzw. unserer Konditionierungen entsprechend, eben so, wie man es von uns erwartet: marionettenhaft, ohne eine eigene wahrhafte Identität zu haben. Wir sind dann NUR das »krumme Holz«, das bedarfsorientiert, wo und als was auch immer, von den jeweils Herrschenden verheizt werden kann.

Wir haben dann viele Gesichter, doch unser wahrhaftiges Gesicht kennen wir leider nicht. Natürlich wehren wir uns instinktiv gegen diese falschen Identitätszwänge, gegen die systembedingt verordnete Gehirnverschmutzung, allerdings nicht besonders weit über unsere pubertäre Zeit hinaus, also über die Zeit hinaus, in der Eltern ihren Kindern Schwierigkeiten machen, denn dann übernehmen unsere Sexualhormone weitgehend das Kommando über uns. Mit etwa zwanzig bis dreißig Jahren sind dann die meisten unter uns erwachsen und an Selbstfindung nicht besonders interessiert, denn wir »wissen« ja dann bereits, wer, was oder wie viele wir sind, welchen Vereinen wir angehören, welche Feinde wir haben und bekämpfen sollen. Menschen, die wir nie gesehen haben, Länder, die wir nie kennengelernt haben, Gläubige, deren »heilige« Bücher wir nie gelesen haben, sind dann unsere Feinde, gegen die wir uns in DEREN Ländern präventiv verteidigen. Das wäre dann so, als ob ich dir, rein vorsorglich, eine Faust ins Gesicht schlagen oder dich mit einem Messer niederstechen würde, nur weil ich der Annahme wäre, dass du eventuell mein gefährlicher Feind oder ein potenzieller Terrorist sein könntest. Verstehst du das? Träumen wir oder wie gläubig, verblendet UND naiv müssen wir sein, dass uns unsere Politiker gegenwärtig dermaßen unverschämte Lügen als wahr verkaufen können? Damals, in den 60er Jahren, gingen wir zu Tausenden auf die Straßen, um gegen einen Krieg oder ein paar Pershing-Raketen zu demonstrieren. Heute gibt es »tausend« Kriege und »abertausende« Raketen, jedoch nur wenige Demonstranten, denn wir gehen lieber einkaufen oder anderen Vergnügungen nach. Wir konsumieren mehr, als es unsere Körper verkraften können, und so kommt es, dass wir keine Kraft zum Demonstrieren oder Protestieren haben, denn »volle Bäuche studieren, protestieren und demonstrieren NICHT gerne«. Das wissen auch die uns beherrschenden Systeme!

Selbst an Selbstfindung sind nur wenige interessiert, scheinbar genügt es uns, selbstvergnügt statt selbstverwirklicht zu sein. So ändern sich die Zeiten und wir uns mit ihnen. Weil wir fortlaufend belogen und betrogen werden, resignieren wir gemeinsam und sterben schließlich einsam. Wir konsumieren statt zu protestieren, wir wehren uns nicht, weil unser Fastfood uns nicht wacher, sondern immer müder werden lässt. Unsere übergewichtigen Körper sind träge und unser Verstand lethargisch geworden. Und weil wir bereits seit unserer Geburt genau »wissen« wer wir sind, so wäre es unlogisch, nach jemandem zu suchen, den es bereits gibt – ist doch logisch oder etwa nicht? Diese absichtliche Programmierung mit gelogenen »Fakten« führt dann dazu, dass wir uns unser Leben lang für jemanden halten werden, der wir in Wirklichkeit nicht sind. Es ist wie beim Rechnen mit falschen Zahlen, wir werden zwar unser Leben lang richtig rechnen, aber fortlaufend falsche Ergebnisse erzielen.

Da alles interagierend in unseren Gehirnen beginnt, so sollten wir vorher wissen, was hinterher herauskommen soll. Wir sollten das Ziel kennen, BEVOR wir uns auf den Weg machen.

Andernfalls werden wir noch dann unterwegs sein, wenn andere bereits zurückgekehrt sein werden. Wenn wir realistisch denken wollen, dann dürfen wir keine unrealistischen, keine gelogenen, keine unwahren oder geheuchelten Informationen in unsere Köpfe hineinlassen. Wenn unser Denken authentisch wird, dann werden wir es auch, denn Gedanken sind Taten und Taten sind Gedanken, die OFT träumerisch beginnen.

TRÄUMEN

Träumen ist wie Denken, nur ohne uns als Beobachter. Der Hauptunterschied zum Denken ist der, dass Träumen weitgehend automatisch stattfindet und wir so gut wie keinen bewussten Einfluss auf den Trauminhalt haben, während wir als Denker auch selbst entscheiden können, worüber wir nachdenken, ja NACHDENKEN, denn das Vordenken findet auf einer anderen Ebene statt, doch dazu kommen wir noch. Auf der Traumebene sind wir weder der Nach- noch der Vordenkende, im Traum SIND WIR der geträumte Traum, denn während unseres Träumens sind wir als Beobachter nur selten, meistens jedoch gar nicht vorhanden. Es scheint, als ob das Träumen ohne uns stattfinden würde. Und wenn dem so wäre, wo befinden wir uns, während unser Verstand träumt?

Stellen wir uns vor, jemand würde unseren Körper und damit auch unseren träumenden Verstand während unseres Träumens blitzschnell töten. Dann wäre alles so, wie es vor unserer Geburt war. Nichts, denn uns als Beobachter, als den Verstand-Besitzer gab es VOR unserer Geburt nicht als sich selbst wahrnehmend. Wir fangen erst etwa mit drei Jahren an zu »existieren«, wenn unser Verstand sich selbst mit sich selbst zu identifizieren beginnt und unsere andersdimensionierte Seele uns ab dann unsere Lebenserfahrungen weitgehend selbst erfahren lässt. Dann beginnen wir unser Verstand zu werden, wobei wir uns als unsere andersdimensionierte Seele nach und nach immer mehr zurückziehen. Schließlich werden wir erwachsen und weitgehend nur noch körperlich als unser Verstand existent. Stirbt unser Verstand, dann stirbt alles von uns Gelernte, dann sterben auch alle unseren Lebenserfahrungen, die wir bis dahin gemacht haben. So, als ob unsere Lebenserfahrungen sinnlos und somit keinem vom Nutzen wären? Nein, denn auch scheinbar Nutzloses kann einen Sinn haben! Wir erfahren es, wenn wir fortfahren, erfahrener zu werden.

Sind es persönliche, ausschließlich in unserem Verstand entstandene Träume, die wir träumen, oder gibt es so etwas wie kollektive Träume. Träume, die andere Personen an anderen Orten träumend denken? Kann sein, dass wir auch das träumen können, was andere Menschen denken und andere Menschen das träumen können, was wir denken?

Im Traum, während des Schlafens, »hören, sprechen und sehen« wir, wobei wir das Gehörte, Gesprochene und Gesehene sind. Als ob unser Verstand ohne uns Rollenspiele mit sich selbst spielen würde. Lernen wir, ein Zuschauer unserer eigenen Träume zu werden. Es ist mehr als nur interessant zu beobachten, womit sich unser Verstand nachts träumend beschäftigt und WARUM. Unsere 30-Sekunden-Atempausen-Remotion hilft uns nach und nach, ein Beobachter unserer eigenen Gedanken UND Träume zu werden. Somit wäre eine weitere Übungspause durchaus sofort angebracht. Oder wollen wir unser restliches Leben lang nur unbewusste Träumer bleiben?

Wer nur der Unterhaltung oder dem Zeitvertreib wegen das Vorliegende liest, ohne dabei zu konkreten Erkenntnissen zu kommen, der kann es unterhaltsamer mit schöneren Texten und wohlklingenderen Worten leichter und einfacher haben, auch OHNE dabei über sich selbst nachzudenken bzw. lernen zu wollen, denn lernen setzt einen Lernen-Wollenden voraus und gerade das wollen die meisten Leute nicht – selbsterkennend lernen. Schade! Entweder wollen wir wissend das werden, was wir in unserer Lebenszeit wirklich werden können – Geist-Menschen – oder das bleiben, was wir unwissend bereits sind, ein Übergang vom Affen zum Menschen hin. »Ein bisschen schwanger geht nicht« und »baden, ohne nass zu werden« auch nicht. Also machen wir es richtig und üben unvoreingenommen regelmäßig weiter, oder gar nicht, alles andere wäre nur geheuchelt und somit reine Zeitverschwendung.

Einige Selbstsuchende ahnen ES bereits, doch NOCH ahnen sie nicht, dass unsere »Ahnen« es uns sogar artenübergreifend im Traum ahnen lassen – unglaublich? Ja, aber wahr! Doch das ist eine andere, eine andersdimensionierte Wahrnehmung, eine unglaubliche Erfahrung, die NUR glaubensfrei erfahren werden kann und die einige Selbstsuchende erst am Ende dieser Rückwegbeschreibung bewusst erfahren werden. Es ist wie in der Schule, um rechnen oder lesen zu können, müssen wir zunächst die Ziffern oder Buchstaben kennenlernen.

Unmittelbar bevor wir einschlafen, sind WIR noch als müder Beobachter vorhanden. Allerdings dauert es dann nur wenige Augenblicke, bis unser Wach-Schlafschalter auf »Wartungsmodus« umgelegt wird und wir zum Träumenden werden, zum Traum selbst. Es ist immer der Moment, wenn unser Verstand anfängt, in Bildern zu denken, wenn wir noch unser eigenes Schnarchen vorübergehend hören, wenn unsere Augen sich nicht bewegen, weil sie stehende Bilder »sehen«, dann schlafen wir bereits, auch wenn wir dabei einen Moment lang denken bzw. träumen, wach zu sein. Der »Wartungsmodus« ist lebenswichtig, weil keiner von uns längere Zeit ohne Schlaf überleben würde, es sei denn, wir könnten, wie unsere fernen Urvorfahren, die Zugvögel, Wale oder Delfine, mal mit der linken und dann mit der rechten Hirnseite, abwechselnd schlafen. Auf unserer Tier-Sein-Ebene können wir das noch. Auf der Mensch-Ebene können wir das nicht. Wir könnten es aber, wenn auch mühsam, ähnlich wie beim Fasten, wieder reaktivieren, denn unsere Urüberlebensinstinkte sind auch noch nach Millionen von Jahren in Notsituationen reaktivierungsfähig.

Kurz vor dem Einschlafen – es sind nur Bruchteile einer Sekunde – nehmen wir noch unsere Umgebung sinnesspezifisch wahr – bis der »Einschlafschalter bzw. Sinnesabschaltschalter«, von uns unbemerkt, plötzlich von ON auf OFF umgelegt wird. Es ist der Augenblick, wenn wir ausatmen und das Einatmen einige Sekunden verzögern, sodass die Kohlendioxidkonzentration der Ausatmungsreserveluft in unseren Lungen und folglich auch in unserem Blut zunimmt. Dann werden die Rezeptoren unserer Sinne und damit unsere sinnesspezifischen Wahrnehmungen abgeschaltet und wir mit ihnen. Wachen wir wenige Sekunden danach wieder auf, dann atmen wir zunächst die kohlendioxidhaltige, uns schlafen lassende Ausatmungsreserveluft pressend aus und beginnen dann, mit unserer normalen Atemfrequenz von ca. 10 bis 15 Atemzyklen pro Minute kontinuierlich weiterzuatmen. Wachen wir nicht unmittelbar nach dem Einschlafen auf, dann bleibt der »Einschlafschalter bzw. Sinnesabschaltschalter« unserer Sinne uns deaktivierend aktiv und wir schlafen dann recht schnell und tief ein. Dann »verreisen« wir in eine Traum-Realität, dann wird unser Posten als Beobachter plötzlich leer, und die beobachterabwesende Traumzeit beginnt. Manchmal nur kurz, dann sind wir wieder wach und können lange Zeit nicht einschlafen. Es kommt ganz darauf an, wie aufregend oder erlebnisintensiv unsere »Reise« war, wie alt, wie gesund und wie viele und welche Flüssigkeiten wir vor unserem Einschlafen zu uns genommen haben, schlafen wir träumend durch, bis auf ein, zweimal pro Nacht, in der wir auf die Toilette gehen und unsere Blase entleeren müssen. Es kommt öfter vor, dass wir während unserer nächtlichen »Boxenstopps« unsere Traumreise nicht unterbrechen und nach dem Wiederhinlegen ganz einfach weiterträumen und weiter, die ganze Nacht, UNUNTERBROCHEN!

Viele von uns denken, dass sie während einer Nacht »tausend« Träume geträumt haben. Dem ist aber nicht so, denn schlafend ist unser Verstand nicht so agil wie am Tage. Im Traum spielt sich alles im Zeitlupentempo ab, allerdings bekommen wir es nicht direkt mit, denn wir sind die »Zeitlupe«. Es ist wie mit der mit Badewasser gefüllten Badewanne, sobald wir uns hineinlegen, merken wir nicht, dass wir nass sind. Oder wie mit dem Urknallecho. Wenn wir uns mit ihm vereinen, wenn wir mit ihm eins werden, dann hören wir scheinbar auf zu existieren, obwohl wir faktisch präsent vorhanden sind. Doch der Schein trügt, nicht das Badewasser oder das Urknallecho lösen sich auf, sondern wir uns mit ihnen vereinigend. Ähnlich wie während einer Ballonfahrt, wo der Wind scheinbar aufhört zu wehen.

Im Angsttraum, wenn uns jemand verfolgt oder bedroht, kommen wir aufgrund unserer nächtlichen Lähmung nicht flott voran, denn wir können, kohlendioxidbedingt leicht narkotisiert, nicht einfach weglaufen oder uns wegdrehen, weil unser »Motor« sich im »Schongang«, sozusagen im »Leerlauf« befindet. Selbst der nächtliche Hilferuf kommt uns dann nicht flott und deutlich über die Lippen. Es ist ein gepresster, gequälter, meist recht leiser Hilferuf, und wir sind dann froh, wenn wir jemanden neben uns liegen haben, der uns wachrüttelt, unsere Hand liebevoll streichelt und uns versichert, dass wir nur geträumt haben. Das Träumen selbst erleben wir als unser Verstand sinnesspezifisch, hauptsächlich als Sprechen, Hören und in Bildern. Im Traum sprechen wir grundsätzlich nicht laut, sondern nur gedanklich, das wissen wir allerdings im Traum nicht, denn WIR sind ja »verreist« und somit als Traumbeobachter gar nicht anwesend. Natürlich sprechen und hören wir im Traum auch anderen neuronal zu, streiten und kommunizieren mit ihnen: essen, trinken, spielen und machen Liebe.

In unserem Wachzustand empfangen unsere Ohrmuscheln alle möglichen Geräusche und lenken dann diese verstärkt zum Innenohr, wo sie letztlich zu elektrischen Impulsen verarbeitet über Nervenbahnen in unseren Gehirnen unter »Vorbehalt« abgespeichert werden. Während unseres Träumens werden die vorbehaltlich abgespeicherten Geräusch-Impulse, je nach Relevanz, eingestuft, gespeichert oder gelöscht. Für unseren Verstand ist das eine schwere Arbeit, weshalb er im Traumzustand fast die gleiche Menge an Energie verbraucht wie im Wachzustand!

Alles, was unsere Sinnesorgane wahrnehmen, verarbeiten und an unsere Gehirne weiterleiten, wird von diesen »digitalisiert«, sortiert, erweitert, reduziert und nach Wichtigkeit eingelagert, sozusagen CD-mäßig gebrannt und abgespeichert. Was unser Verstand im Schlaf als »WIR« wahrnimmt, sind keine Live-wahrnehmungen, sondern bereits bearbeitete »CD-Wiedergaben«, die wir dann im Traum für wahr, für uns selbst halten. Wir sind dann das Orchester und die Musik, die es spielt, wobei wir uns träumend überhaupt nicht wundern, wenn das Orchester unvollständig gekleidet ist, wenn wir keine Noten lesen können oder falsch spielen. Wir wundern uns auch nicht, wenn wir im Traum heiße Glut anfassen oder uns diese in die Taschen stecken, ohne dabei Feuer zu fangen. Wir legen uns auch in eine bis zum Rand mit Eiswürfeln gefüllte Badewanne oder gehen nackt im Schnee spazieren, ohne dabei zu frieren, wir arbeiten schwer, treiben Sport oder steigen Treppen ohne »aus der Puste zu kommen«. Selbst chirurgische Eingriffe, wie das Amputieren eines Körperteiles sind im Traum schmerzlos. Was dann eine Erkennungsmethode, bzw. die »Früchte« wären, an denen wir erkennen könnten, ob WIR die Traumbeobachter oder der Traum selbst sind.

Meistens können wir nur das träumen, was von unserem Verstand bereits gelernt wurde. Träumend kann er vieles miteinander kombinieren und neu verknüpfen, sodass daraus sogar etwas real Nutzbares entstehen kann. Selbst real funktionierende Erfindungen sind möglich – allerdings nur selten, meistens sind es kindesartige Fantasien, die in unserer jetzigen, materiell-körperlichen Lebensdimension nicht funktionieren, wie z. B. ein Perpetuum mobile, Fliegen ohne Flügel oder Sehen ohne Licht.

Auch Andeutungen, welcher Art auch immer, werden nachts fertiggedacht bzw. fertiggeträumt. Ob es suggestive Andeutungen in der Werbung sind, in Filmen, in Gesprächen oder durch Aussehen bzw. Kleidung hervorgerufene, sie werden im Traum, meistens unrealistisch, fertiggedacht. Auch tagsüber unbewusst aufgenommene Andeutungen oder Eindrücke werden träumend realisiert. Oft sind es sexuelle Eindrücke, wie schöner Po oder hübsche Beine, ansprechende Figur oder schöne Augen, die wir tagsüber unbewusst oder bewusst als reizende Andeutungen aufnehmen und nachts fantasievoll ergänzen, träumend realisieren. Dann werden Wünsche wahr, die im wachen Zustand, aus welchen Gründen auch immer, nicht realisiert werden können. Auch Wünsche, von denen wir nicht einmal wissen, dass wir sie hatten oder haben, werden träumend erfüllt. Selbst »geheime«, weit zurückliegende Wünsche, die ANDERE von uns irgendwann erfüllt haben wollten, können uns zeitversetzt im Traum offenbart werden und umgekehrt. Auch unsere gegenwärtigen UND sogar zig Jahre zurückliegenden Wünsche können von anderen geträumt werden – ohne dass sie oder wir davon bewusst Kenntnis bekommen. Klingt zunächst unglaublich, wird aber für einige unter uns wahr werden!

Hat unser Verstand unrealisierbare Wünsche oder Probleme intensiv abgespeichert, dann werden diese im Traum unreal erfüllt oder gelöscht werden, denn was im Traum NICHT erfüllt oder NICHT gelöscht wird, das »brennt« sich in unserem Verstand fest, was dann langfristig, meistens unbewusst, zu realen Problemen führen wird, denn je mehr Speicherkapazitäten unseres Verstandes erstarren, desto unbeweglicher wird er. Richtig problematisch wird es für unseren Verstand, wenn er Unrichtiges als richtig, Geglaubtes als Wissen, also Unwahres als wahr abspeichert. Dann bekommt er unlösbare Probleme und wir mit ihm oder wir ALS er, denn dort gibt es NOCH keinen, der seine Probleme erkennen könnte – dazu müssten er bzw. wir erst selbst sein, ein Selbst, das sich seiner selbst und somit der Aktivitäten seines Verstandes bewusst wäre.

So unterschiedlich, so individuell, wie wir sind, so unterschiedlich sind auch unsere Träume. Jeder von uns träumt seinen eigenen, ihm spezifischen Traum. Ob Erwachsene, Jugendliche oder Kinder, ob Weibchen oder Männchen, ob Behinderte oder Gesunde, ob Menschen oder Tiere, alle träumen ihren ihrem Entwicklungsstadium entsprechenden spezifischen Traum. Da gibt es viel zu deuten, denn je nachdem, wie die Inhalte unseres Verstandes miteinander kombiniert werden, es kommt immer etwas anderes heraus, es sei denn, dass wir NICHT der Traum selbst sind, sondern seine neutralen Beobachter. Dann erübrigt sich jede Traumdeutung, denn dann werden wir unmittelbar wissen, was unser Verstand träumt und WARUM er es tut. Wer seinen Verstand während seines eigenen Träumens beobachten will, der muss erst selbst zum Selbst werden, bis dahin werden wir im Traum das sein, was wir träumen. Irgendwer oder Irgendetwas, nur nicht wir selbst.

Manche von uns halten im Traum die Luft VOR dem Ausatmen an und geben dann beim Ausatmen stöhnend-gepresste Angstgeräusche von sich, denn auch Traumprobleme sind oft nicht einfach oder leicht zu lösen und es ist nicht ungefährlich, denn unser Körper fühlt sich dabei oft lebensbedroht. Die Ursache für unser nächtliches Luftanhalten ist die gleiche Konzentration wie bei Anstrengungen oder in bedrohlichen Angstsituationen allgemein. Unser träumender Verstand ist dermaßen auf die anstrengende Situation konzentriert, dass er das Atmen »vergisst«. In Wirklichkeit halten wir die Luft instinktiv, also evolutionsbedingt an, weil wir unseren Körper anspannen und somit kurzzeitig kampf- oder fluchtbereit machen, denn wir sind immer noch keine friedlichen Lebewesen. In unserem Tierstadium kam es auf Bruchteile von Sekunden an, die über Leben oder Tod entschieden haben. Da blieb uns keine Zeit zum Atmen. Dieses konzentrationsbedingte Verhalten haben wir seit unserer Entstehung nicht »vergessen« und als Urinstinkt sogar nachtsüber beibehalten. Ferner stirbt man als Unterlegener schneller und schmerzfreier, wenn man aufgrund der Überanstrengung durch Sauerstoffmangel und damit verbundenem Kohlendioxidüberschuss das Bewusstsein schneller verliert. Es handelt sich dabei um eine Art evolutionäre Kohlendioxidnarkose, um eine Art natürliche Sterbehilfe, die schnell aussichtslos lebenserhaltende Maßnahmen »human« auf ein Minimum reduziert: Eine vom Löwen gehetzte und somit unter Atemnot und unter Sauerstoffmangel und Kohlendioxidüberschuss leidende Gazelle stirbt nach einer durch den Löwenbiss verursachte Kehlen-Quetschung innerhalb von wenigen Sekunden – nahezu schmerzlos! Es ist wie bei einer Kunststofftasche, die wir uns über unseren Kopf ziehen und am Hals luftdicht verschließen würden. Auch wir würden dann, Sauerstoffmangel und Kohlendioxidüberschuss bedingt, unser körperbedingtes Bewusstsein rasch verlieren und schließlich schmerzfrei in die andere Dimension als körperbefreites Bewusstsein verreisen. Es wäre ähnlich wie bei den Traumreisen – nur »etwas« länger.

Ob wir jagen oder flüchten, laufen oder kämpfen, meistens atmen wir kurz davor ein und pressen dann unseren Brustkorb zusammen. Dabei entsteht durch die Kontraktion von Brustkorb und Zwergfell höherer Druck in unserem Brustkorb, was zur kurzzeitig besseren Sauerstoffaufnahme führt und damit zur erhöhten Verbrennung bzw. zur kurzfristig erhöhten Energieproduktion, bei der Wärme freigesetzt wird. Danach transpirieren unsere Körper, um nicht überhitzt zu werden, denn durch Schwitzen kommt es zur erhöhten Verdunstung auf unserer Haut und somit zur Abkühlung durch Verdunstungskälte, was wiederum zum Temperaturausgleich unserer Körper führt. So können wir dann kurzfristig mehr Leistung erbringen – angreifen, ausdauernd jagen, uns kämpfend zur Wehr setzen oder flüchten. Beim intensiven Denken und Träumen ist es nicht viel anders, denn unser Gehirn verbrennt beim Denken oder Träumen fast die Hälfte unseres Gesamtenergievorrates, was jede Menge Wärmefreisetzung bedeutet und somit intensives Schwitzen zur Körperkühlung nach sich zieht. Weil beim intensiven Träumen oder Denken hohe Hirnleistungen erbracht werden, ist es nicht verwunderlich, dass wir nachts, unbeweglich in unseren Betten liegend, transpirieren oder dass manche Büros unangenehm nach Schweiß duften, obwohl sich die Angestellten dabei kaum bewegungsfreudig anstellen.

Im Traum ist es nicht viel anders als beim Denken, auch hierbei leistet unser Gehirn schwere Aufräumarbeiten. Auch im Traum suchen wir nach Worten und Begriffen, die uns per se nicht einfallen wollen, sodass wir uns immer weiter und immer mehr durch Anspannung anstrengen. Durch diese nächtliche Anstrengung werden unsere Lungen- und Herzblutgefäße zusätzlich belastet, sodass mancher von uns solch eine traumintensive Nacht nicht überleben wird. Herzinfarkt oder Schlaganfall ereignen sich oft nachts, wenn unsere Körper scheinbar gemütlich und entspannt träumend in warmen Betten liegen.

Auch einige Kleinkinder und Babys sterben träumend. Der Kindstod ist immer noch ein gefürchtetes Rätsel. Auch Kleinkinder haben Angstträume und halten dabei intuitiv wie wir Erwachsenen die Luft an. Da ihr kleines, untrainiertes Herz noch nicht vollständig entwickelt ist und die Brustknochen noch weich sind, so wirkt sich bei ihnen eine Bauchlage druckbelastender als bei uns Erwachsenen aus. Und so kommt es, dass ein Albtraum träumendes Kleinkind, durch die Nachtlähmung bedingt, keine Kraft hat, sich umzudrehen. Das träumende Kleinkind könnte sich einfach umdrehen und alles wäre gut, doch gerade das kann es genetisch bedingt genau so wenig wie wir, nur ein wenig weniger.

Was das im Traum Nicht-Weglaufen- oder sich Nicht-Umdrehen-Können betrifft, so ist auch das urgenetisch bedingt. Als junger, noch flugunfähiger Vogel würden wir bereits bei unserem ersten Traum-Weglauf- oder Traum-Umdrehversuch aus dem Nest fallen. Als ein im Baum lebender Affe hätten wir bei unserem nächtlichen Traum-Weglaufen oder Umdrehen-KÖNNEN keine guten Chancen, in unserem Blätter- und Äste-

Nest am nächsten Morgen aufzuwachen, sondern zwischen den Zähnen eines unter dem Baum wartenden Raubtieres – was dann kein Traum wäre.

Auch wenn einige wenige nachts aus dem Bett fallen, so wachen doch die meisten von uns genau an der Stelle auf, an der sie eingeschlafen sind – auch wenn es nur eine schmale Bank ist. Kinder liegen vielleicht mit dem Kopf am Fußende des Bettes, doch allgemein bleiben alle Träumenden im »Nest«.

Im Traum ist alles möglich, kein Unsinn blöd und kein Blödsinn unsinnig genug, um widerspruchsbedingt sich wundernd aufzuwachen, weil der Zensor bzw. der Beobachter, der im Wachzustand ab und zu da ist, im Traum einfach gänzlich fehlt – verreist ist.

Bei einem Selbstgeborenen ist es anders, meistens weiß er, dass er träumt, denn er ist auch der identifizierungsfreie Beobachter und somit Zensor seiner Träume. Wenn sein Verstand im Traum nicht lesen kann, wenn Vergangenheit, Gegenwart und Zukunft gleichzeitig in demselben Traumbild ablaufen, wenn aus einem Fahrrad ein Motorrad und dann ein Auto während der gleichen Traumfahrt werden, dann weiß er sogar ganz gewiss, dass sein Verstand nur träumt und nicht ER.

Manchmal, wenn unsere Blase überfüllt ist, träumen wir auf einer Toilette zu sein, um zu urinieren. Diejenigen unter uns, die ein sehr geringes Selbst haben, urinieren dann einfach im Bett. Diejenigen unter uns, die bereits ein gewisses Selbst haben, sind dermaßen geschockt, dass sie augenblicklich aufwachen und auf die Toilette gehen, um dort real zu Ende zu urinieren. Mit den nächtlichen »Ergüssen« ist es nicht anders. Wir haben träumend Sex, und kommen zum Orgasmus, vorausgesetzt wir sind neutral und damit liebevoll, aber nicht »verklemmt«, für alles offen erzogen worden, andernfalls werden wir kurz davor uns schämend oder bedauernd zugleich aufwachen.

So lange wir nicht selbst geboren werden, werden wir auch nicht Herr unseres träumenden Denkens sein, denn unlogische Widersprüche können nur von logisch Denkenden erkannt werden. Bis dahin werden wir weiterhin viel Unsinn träumen, ohne uns dabei über seine Unlogik zu wundern. Im Traum können wir unter Wasser atmen und fliegen ohne Flügel, wie wir es im Mutterleib, wie wir es als Fische und Vögel ja auch in Urzeiten konnten. Wir stoßen uns einfach ab, überfliegen schwimmhaft fliegend ein Tal oder einen breiten Fluss, wie ein Drachenflieger, nur ohne Drachen. Im Traum ist sogar Unbekanntes bekannt. Plötzlich tauchen Gegenstände, längst ausgestorbene Pflanzen und Tiere auf, die wir noch NIE(?) gesehen oder gekannt haben, sodass wir uns ernsthaft fragen sollten, ob »Träume wirklich nur Schäume sind« oder auch eine anders dimensionierte, aus Urzeiten und Gegenwart bestehende parallele Realität? Es kann durchaus vorkommen, dass wir und ein anderssprachiger Mensch am anderen Ende unserer Erde zugleich mit einer wichtigen Problemlösung aufwachen und sie uns dann gleichzeitig patentrechtlich schützen lassen werden. Wir sprechen dann von der Duplizität der Ereignisse, wenn an verschiedenen Orten der Welt völlig unbekannte, verschiedene Sprachen sprechende Menschen die gleichen Problemlösungen zum gleichen Zeitpunkt finden. Zunächst scheint es Spionage oder ein Zufall zu sein, wenn z. B. Nobelpreise geteilt werden. Doch der Schein trügt, denn es gibt einen für uns NOCH geheimen, unsere Vorstellungsdimension überschreitenden »anders realen Ort«, an dem sich viele reale Träume treffen – NICHT Träumende!

Manche Menschen denken, was andere träumen, und andere träumen, was manche Menschen denken. Auch wir! Auch wir träumen, was andere denken oder sogar vor langer Zeit über uns gedacht haben. Wer was gedacht oder geträumt hat, ist auf dieser Grenzen überschreitenden Ebene existent, auch wenn es die meisten von uns noch nicht real verstehen können. Das kommt erst, wenn unser sich selbst verstehend wahrnehmbares Selbst neugeboren wird.

Bis dahin müssen wir übend dran bleiben – unsere 30- Sekunden-Remotion hilft uns, uns nach und nach besser zu verstehen, vorausgesetzt, wir bleiben übend dabei, also üben wir. Immer und immer wieder, bis unserer Verstand es gelernt haben wird, uns aufklärend über seine Aktivitäten unmittelbar in Kenntnis zu setzen und nicht erst mehrere Stationen weiter, wenn aus einem Fußball ein Fußballspiel wird und dann ein verletzungsbedingter Krankenhausaufenthalt. So ist es nun mal mit Träumen und Denken, so lange wie wir sie nicht beherrschen, beherrschen sie uns, und so lange wie wir unsere Träume nicht unmittelbar wahrnehmen, werden auch sie für uns NICHT wahr werden können. Manchmal werden wir träumen, was andere sich von uns oder mit uns wünschen, doch verstehen werden wir es noch nicht. Also lernen wir bei unseren Träumen bewusst anwesend zu sein, dann wird uns auch bisher Verborgenes offenbart werden.

Wenn wir sprachlich träumen, dann kommt es öfter vor, dass wir nach Worten suchen und längere Zeit keine finden. Wir wiederholen das geträumte Wort sinnmäßig, bis sich assoziativ ein anderes, ähnlich klingendes Wort, auch in einer anderen Sprache, dazugesellt, und dann geht es mit Richtungswechsel wieder ein Stückchen weiter. So ein geträumter Satz oder auch nur ein einziger Begriff kann einige Minuten lang dauern oder sogar wesentlich länger. Es ist ähnlich wie während unserer Tagesaktivitäten, wo uns immer wieder ein »Ohrwurm« dazwischen kriecht, wo wir den ganzen Tag an etwas Unerledigt-Ungelöschtes ständig wiederkehrend denken müssen.

Was die Sprache selbst angeht, so träumen wir meistens in unserer Muttersprache, denn diese beherrschen wir ja am besten. Ferner können die meisten von uns im Traum zwar zeichnen, malen und schreiben, doch Geschriebenes lesen, das können wir träumend NICHT, denn dazu müssten wir alles, was wir jemals lasen, in unseren Köpfen »schriftlich« abgespeichert haben. Ausnahmen bilden hierbei besonders begabte Menschen, die teilweise autistisch veranlagt sind oder über ein ausgeprägtes visuelles Gedächtnis verfügen. So soll beispielsweise Thomas von Aquin gewusst haben, wo was geschrieben steht und auf welcher Seite. Wir wissen zwar träumend, dass wir keine Analphabeten sind und somit lesen können müssten, allerdings wundern wir uns NICHT darüber, weil es dort NOCH keinen sich Wundernden gibt, und so kommt es, dass die meisten von uns diese Erfahrung des Nicht-Lesen-Könnens nicht machen werden. Schade, doch was nicht ist, das kann noch werden. Ein Versuch wäre es jedenfalls wert, es zu versuchen. Es wäre eine durchaus wichtige Lebenserfahrung, beispielsweise im Traum ein fehlerhaft beschriebenes Hinweisschild zu sehen, das du, dich wundernd, NICHT lesen kannst. Einige von uns werden es zwar versuchen, aber sie kommen einfach nicht weiter. Auf die Idee aufzuwachen, kommen wir dann auch nicht, denn dazu müssten wir zunächst wissen, dass wir schlafen, doch gerade das wissen die meisten von uns schlafend NICHT. Interessant ist es dabei, dass wir uns in unserem Traum über unseren Analphabetismus NICHT wundern, wo wir (?) doch ganz genau wissen, dass wir (?) lesen können! Oder gibt es da tatsächlich NOCH keinen, der es tun könnte? Keinen, der permanent anwesend ist, auch wenn wir schlafend träumen? Keinen, dem die neuronalen Aktivitäten seines Verstandes bewusst sind? Nun ja, wenn wir im Traum nicht existieren, wenn wir der Traum oder das Denken selbst sind, dann gibt es ja auch keinen, der sich wundern könnte – geschweige denn einen, der es nach seinem körperlichen Tod tun wird.

Es ist ähnlich wie bei unserer 30-Sek.-Atem-Pausen-Übungen, auch dort gibt es noch keinen, dem der Moment unserer Unachtsamkeit bzw. die unseres Verstandes unmittelbar bei Konzentrationsnachlass auffällt. Das ändert sich, allerdings nicht sofort und nicht ohne eigene Anstrengung. Also bleiben wir dabei und legen eine weitere Remotionspause ein – jetzt. Und wem das ganze »Selbsterfahrungs-Getue« mit den 30-Sekunden-Remotionspausen zu viel wird, der hat noch nicht verstanden, worum es hierbei eigentlich geht, nämlich wirklich um UNS, die es als neutrale Beobachter noch nicht gibt, aber am Ende dieser Wegbeschreibung geben wird! Bis dahin sind wir nur körperlich vorhanden, nur physisch – ohne unseren körperlichen Tod überlebendes, sich selbst dauerhaft wahrnehmendes, traumfreies Selbst. Wer das ändern WILL, der MUSS lernen, denn »ohne Fleiß kein Preis« und »ohne Ausdauer keine Power« – keine Kraft, die Neues schafft. Andernfalls bleiben wir unser Leben lang das »krumme Holz«, mit wenig Wissen und viel Stolz!

Wenn wir als Erwachsener in ein anderssprachiges Land auswandern, wie es bei mir der Fall war, dann wird es sogar Jahrzehnte dauern, bis wir unsere Träume nicht mehr in unserer Muttersprache träumen werden, sondern ausschließlich in der Sprache unserer neuen Heimat. Auch Traumpersonen aus unserer alten Heimat werden dann in unseren Träumen unsere neue Muttersprache sprechen, obwohl sie sie nie gelernt und somit auch nie faktisch gesprochen haben. Was allerdings im Traum verknüpft wird, das sind die alten Kulissen bzw. die alten Landschafts- oder Orientierungsbilder und die neue Muttersprache. Was in unserer frühen Kindheit nach dem Prinzip der konzentrischen Kreise in unseren Gehirnzellen dauerhaft und/oder zellenbildend abgespeichert wird, sind Orientierungsbilder – zunächst die der unmittelbaren Nähe, dann sich immer weiter ausdehnend: Zimmer, Wohnung, Haus, nähere und dann weitere Nachbarschaft... Es sind stehende Bildkulissen, die unserer Orientierung dienen und ohne die wir nicht ein einziges Mal zum Ausgangspunkt zurückkehren würden. Diese navigatorischen Orientierungsbilder werden aneinanderreihend kombiniert, sodass wir immer zu unserem Zuhause zurückfinden – auch wenn es 14 Mrd. Jahre her sind, wir werden zurückkehren, weil wir es uns selbst als unser Selbst urvermächtnisartig versprochen haben. Oft spielen sich dann gegenwärtige Ereignisse in den alten Orientierungskulissen ab. Es sind Landschaften, Gebäude und alles Orientierungsrelevante, was unsere Gehirne bereits im Kindesalter, in unserer frühen Jugend abgespeichert haben, mit denen dann neue Träume mit neuer Sprache und neuen Personen geträumt werden. Doch es geht auch reaktivierend: Vor Jahren, als es im Westen unentgeltliche polnische TV-Programme zu sehen gab, da habe ich auf dem Dach unseres Hauses eine Schüsselantenne installiert, mit der ich auch polnische TV-Sender empfangen konnte. Anfangs hatte ich große Mühe, das Gesehene zu verstehen, doch nach etwa einem Jahr änderte sich das merklich. Jetzt ist mein Verstand wieder so weit »reanimiert«, dass er das bereits vor 1971 in Polnisch Gelernte gefunden und wieder weitgehend reaktiviert hat. Mittlerweile kommt es sogar vor, dass ich mit Personen aus meiner neuen Heimat, die noch NIE Polnisch gesprochen haben, träumend polnisch kommuniziere. Und ab und zu, wenn mir kein passendes Wort in Polnisch einfällt, bedient sich mein Verstand eines deutschen oder sogar eines englischen bzw. russischen Wortes.

Unsere Traumbilder ändern sich ständig, manchmal ergänzend, manchmal gänzlich und obwohl es vorwiegend stehende Bilder sind, so verändern sie sich doch permanent. Wo eben noch eine blaue Melone lag, da liegt auf einmal ein halber Fußball. Wir, als ein Messer, schneiden ein Stück aus der Melone heraus und trinken »uns selbst« als Apfelsaft. Verrückt? Ja, aber sehr interessant, es träumend bewusst zu erleben. Manchmal gehen wir im Traum auch zu Sportveranstaltungen; zum Hand- oder Fußballspiel, Pferde- oder Motorradrennen. Wenn wir dann träumend hinter dem Ball herlaufen, als Pferd oder Motorrad um eine Ecke rasen, dann bewegen sich unsere Augen in die angesteuerte Richtung. Manchmal gehen wir im Traum auch zu einem Tennismatch, dann bewegen sich unsere Augen hin und her oder, wie beim Hand- bzw. Fußballspiel, in alle Richtungen, je nachdem in welche Richtung »wir« uns als Tennis- oder Fußball oder als Torwart, Tänzer oder als Spieler gerade träumend hinbewegen. Ähnlich dem »Nicht-aus dem-Nest-fallen-dürfen-Prinzip« oder dem konzentrationsbedingten Luftanhalten sind unsere nächtlichen Augenbewegungen uns angeboren, denn ursprünglich sind wir alle Jäger und Gejagte gewesen, und da machte es schon einen großen Sinn, die Beute oder den Feind immer im Auge behalten zu MÜSSEN. Auch diese evolutionäre Erfindung ist von uns artübergreifend beibehalten worden und bei den meisten Tierarten bis heute vorhanden. Sie ist dermaßen überlebensrelevant, dass sie sogar nachts NICHT deaktiviert wird.

Wenn wir uns unseren Verstand als eine mit allen möglichen Dingen gefüllte Kiste vorstellen, mit brauchbaren und unbrauchbaren, mit wichtigen und unwichtigen, dann kommen wir dem Verstehen unserer Träume näher. Wenn wir dann noch das Tage, Monate, sogar Jahre zuvor von uns Erlebte unserer »Kiste« hinzufügen, dann dürfte sie so ziemlich voll werden, je nachdem wie groß die Kiste ist oder wie alt wir sind, sodass schon bald Aufräumarbeiten angesagt sind. Das passiert nachts. Was auch immer irgendwann in unsere Gedächtniskiste hineingelegt wurde und nicht mehr gebraucht wird, das wird jetzt umsortiert, ganz nach »hinten« verschoben oder sogar »weggeworfen« – unwiederbringlich gelöscht oder reaktiviert – wie beispielsweise meine Polnisch-Kenntnisse.

Unglücklicherweise können auch negativ-unangenehme Erlebnisse durch einen »dummen« Zufall, ein Wort, ein Bild, eine TV Nachricht oder ... reaktiviert werden. Wurden wir als Kinder oder Jugendliche missbraucht oder an unseren Genitalien beschnitten, dann werden diese negativen Erlebnisse »lebendig«, und wir werden diesen Schock dann nie wieder los. Wir werden dann nachts des Öfteren geängstigt und schweißgebadet aufwachen, denn Unerledigtes holt uns immer ein, wenn nicht wachend, dann sogar wiederholend im Traum. Die einzige Möglichkeit, so einen Albtraum loszuwerden bzw. dauerhaft aufzulösen, besteht dann darin, sich ihm zu stellen. Allerdings ist es einfacher gesagt als getan, denn dasjenige, das sich unserem eigenen Albtraum entgegenstellen könnte, das Selbst, das gibt es NOCH nicht. Doch was nicht ist, das kann noch werden. Allerdings nicht ohne Mühe, denn diesen nicht käuflichen inneren Weg vom Ich zum Selbst, vom Schein zum Sein, kann gerechterweise nur jeder für sich selbst gehen und das kann zunächst ganz schön anstrengend und sogar nervig sein – auch für andere. Gelingt es unserem Verstand nicht, unbrauchbare oder schmerzhafte Informationen zu löschen oder zu überschreiben, dann bekommen wir spätestens im hohen Alter Probleme damit. Es ist ähnlich wie mit einem sogenannten Sportlerherz, das bedingt durch seine Größe mehr als ein untrainiertes Herz leisten kann, im hohen Alter aber NICHT leisten darf, weil es damit andere »Körperbewohner« überfordern würde. Da es sich nicht wie andere Muskeln einfach zurückbilden kann, erschlafft es, ohne sich vorher gesund zu schrumpfen und verweigert schließlich jegliche Leistung. Auch mit unserem Gehirnmuskel ist es ähnlich. Nervenverbindungen, die nicht gebraucht oder blockiert werden, erschlaffen und werden schließlich zur Last. Wir haben dann zwar immer noch die gleiche Gehirnmasse, gebrauchen aber nur noch einen Teil davon, und je älter wir werden, desto antriebsschwächer und langsamer werden wir dann. Was sehr bedauerlich ist, denn würden wir alle unsere Gehirnregionen ständig angemessen fördern, so könnten wir auch noch im hohen Alter in unseren Köpfen jung und damit leistungsstark und beweglich bleiben. Unsere Remotion kann uns dabei ganz sicher helfen – wir müssen es zunächst NUR ausdauernd wollen, der Erfolg kommt dann garantiert. Später sprechen wir ausführlich darüber, jetzt genügt es, wenn wir wieder einmal eine 30-Sekunden-Atempausenbeobachtung einlegen, denn das Selbst erfährt man selbst durch das Selbst – während der Rast und NICHT in der Hast!

In unserer Gedächtniskiste herrscht ein ziemliches Chaos. Nichts ist systematisch oder alphabetisch geordnet. Sie ist wie ein mehrstöckiges computergesteuertes Ersatzteillager einer Fabrik, wo Ersatzteile oder andere Materialteile dort eingelagert werden, wo sich gerade ein freier Lagerplatz befindet. In unserer Gedächtniskiste liegen Vergangenes oder Aktuelles, Visuelles oder Auditives dicht beieinander. Hinzu kommen noch aktuelle Körperimpulse, sodass unsere Gedächtniskiste immer voller und voller wird. Ob es alte oder neue Informationen sind, schöne oder unschöne, traurige oder fröhliche, gesprochene oder bildhafte, es werden alle möglichen Informationen miteinander und gegeneinander kombiniert und ausprobiert. Was zusammenpassen könnte, das wird automatisch, ohne uns, den Zensor, vor- und umsortiert, zusammengefügt oder weit nach »hinten« umgelagert und was per se nicht zusammenpasst, das wird einfach »weggeworfen«.

Träume, an die wir uns kurze Zeit nach unserem Aufwachen noch erinnern, sind bereits sortiert und bearbeitet! Informationen, die keine Berührungspunkte haben, die keinen Spielkameraden in unserer Gedächtniskiste finden, werden oft platzschaffend eliminiert oder langzeitig konserviert.

Informationen, die unserem Verstand wichtig erscheinen, die einigermaßen gut zusammenpassen, präsentiert er uns als einen intensiven Traum, aus dem wir meistens erwachen. Anschließend können wir als Zensor, als Beobachter entscheiden, ob das Traumerlebnis für uns wichtig ist oder nicht. Da die meisten Träume uns nach dem Aufwachen unwichtig erscheinen, vergessen wir sie recht schnell und schlafen auch bald wieder ein. Erscheint uns unser Traumerlebnis nach dem Aufwecken wichtig oder sogar bedrohlich, dann raubt er uns nicht nur den Schlaf, sondern manchmal auch den ganzen Tag darauf oder sogar Tage danach.

Alles, was wir denken und träumen, befindet sich bereits in unserer Gedächtniskiste, auf unserer Festplatte als Informationen eingebrannt. Unsere Gedächtniskiste beinhaltet jede Menge Bauklötze, aus denen alles Mögliche konstruiert werden kann, je nachdem, wie welcher Bauklotz zu welchem einigermaßen gut passt. Es sind keine vorgefertigten, mit Bauanleitung oder Nummerierung versehenen »Bauklötze«, auch kein »Malen nach Zahlen« oder Bildpuzzle, sodass nach jedem »Abriss« immer neue und immer verschiedene, sich nicht identisch wiederholende Konstruktionen oder Bilder entstehen und daher nicht vorhersagbar sind. Nach diesem Zufallsprinzip arbeitet auch die gesamte Evolution. Auch die Evolution weiß nicht, ob am Ende etwas Brauchbares herauskommt. Hauptsache ist, dass die Dinge irgendwie harmonisch zueinanderpassen und irgendwie brauchbar sind, sodass es immer weitergehen kann – und unserem Urvermächtnis entsprechend auch gehen MUSS! Wir schlafen ein, träumen, werden von intensiven Träumen aufgeweckt, überdenken sie kurz und schlafen meistens dann wieder ein. Wenn wir dann morgens aufwachen, dann haben wir oft sehr lange Traumreisen hinter uns. Manchmal sind wir nachts soweit »herumgereist«, dass wir uns am Morgen »wie gerädert« fühlen.

Sollten wir während unserer Traumreise einen Unfall gehabt haben, in dem es Verletzte gab, dann sehen wir zwar offene Knochenbrüche oder ähnliche sehr schmerzhafte Wunden, wundern uns aber NICHT, dass wir dabei keine Schmerzen empfinden. Auf die Idee, dass es sich dabei nur um fantasievoll neu zusammengesetzte Bauklötze aus unserer Gedächtniskiste, um einen Traum handelt, kommen wir genauso wenig wie auf das geträumte NICHT-Lesen- oder NICHT-Weglaufen-bzw. NICHT Umdrehen-können.

Wenn wir stehende Bilder sehen – zunächst beim Einschlafen, später beim Aufwachen – dann befinden wir uns unmittelbar vor dem Einschlafen oder kurz vor dem Aufwachen. Dabei nehmen wir noch oder wieder unsere Umgebung körperfühlend bzw. sinnesspezifisch wahr. Jetzt können wir bewusst ins Traumland hinübergleiten oder aufstehen, beides ist möglich, allerdings nur, wenn wir den »Leeren- oder den Panorama-Blick« (wir kommen schon bald darauf) beherrschen oder uns noch nicht auf einer »anders dimensionierten Traumreise« befinden, andernfalls werden wir die sensiblen Übergangspausen, die sensitiven Umschaltmomente unseres Verstandes nicht wahrnehmen. Sind wir eingeschlafen, dann ist Fliegen ohne Flügel oder Tauchen ohne Atmen genauso möglich wie nicht Weglaufen oder Nichtlesen können, das wären dann die eindeutigen Indizien dafür, dass wir uns bereits im bewussten Traum befinden. Wir sehen dann irgendwelche Schilder, Zeitungsüberschriften oder Reklametafeln, die voller orthografischer Fehler sind – ohne uns dabei zu wundern. Unser Verstand versucht dann, diese Traumtexte zwar zu lesen, doch was dabei herauskommt sind meistens nur unsinnige Zungenbrecher, die manche Gläubigen gerne als »Zungensprache« übersinnlichen Ursprungs bezeichnen. In Wirklichkeit sind es nur abgespeicherte Wortfragmente, mit denen unser Verstand nichts Konkretes anfangen kann. Ein sinnloses Kindergebrabbel, nicht mehr! Solche neu kreierten Wörter können sogar aus verschiedenen, sogar aus Fantasie-Sprachen zusammengesetzt sein, die natürlich keinen Sinn ergeben, weshalb sie schließlich gelöscht werden – was ein Grund dafür ist, dass wir uns an sie nach unserem Aufwachen nicht mehr erinnern.

Also: Wer wissen will, ob er träumt oder nicht, dem sollte im Traum bewusst sein, dass seinem Verstand nur im Traum unmögliche Dinge möglich sind. Wer seinem Verstand beim Träumen zuschauen will, der muss zunächst lernen, ein Zuschauer zu werden, denn Träumen ist wie Denken – nur gänzlich ohne uns als Zuschauer!

Remotion ist sicherlich nicht die einzige Methode, die uns unserem Selbst näher bringen kann, allerdings kenne ich keine andere, die so effektiv UND an jedem Ort der Welt nachprüfbar funktioniert wie sie. Sie entfernt uns zwar des Weitblickes wegen ein wenig von unserem Verstand, dafür bringt sie uns unserer Seele näher – erkenntnisreich, Schritt für Schritt, bis wir dann eines Nachts tatsächlich wissen werden, dass unser Verstand nur träumt und wir die neutralen Zuschauer, die zeitlosen Beobachter seiner Nachtaktivitäten sind:

Wenn WIR beobachten wie unsere neuronalen Verbindungen nachts Sport treiben, Treppen steigen oder anderen körperlichen Aktivitäten nachgehen und unsere Körper dabei NICHT atemlos werden, wenn Wunden NICHT bluten, Zahnziehen keine Schmerzen verursacht, wenn auf Zollstöcken oder anderen Messgeräten Zahlen nicht aufeinanderfolgend, sondern völlig ungeordnet angeordnet sind, dann werden WIR beobachtend wissen, dass UNSER Verstand nur träumend »denkt«, dass wir uns auf dem richtigen, auf dem Selbstfindungsweg befinden. Und weswegen das Ganze? Warum sollten wir bewusst träumen lernen? Weil wir schlafend den Weg zurück garantiert NICHT finden werden, aber irgendwann werden finden müssen. Damit wir als unsere heimatlosen Seelen unser Urzuhause wiederfinden. Deswegen! Natürlich bleibt es jedem einzelnen selbst überlassen, ob er sein Urvermächtnis annehmen und somit sein Urversprechen einlösen möchte, ob er in absehbarer Zeit, in seiner Zeit, zu seinem/unserem Urzuhause zurückkehren möchte oder, wie seine Eltern es taten, es wiedermal seinen Kindern oder Kindeskindern überlässt – leichter ist es, dafür aber ohne Lohn, mit dem er seine »Rückfahrtkarte« in die ewige Freiheit einlösen könnte.

Wir sind nicht unsere Eltern, nicht unsere Kinder oder unsere Körper, auch nicht unser körperbedingtes Denken oder Träumen, die wir NOCH für uns selbst halten! Wir sind die Geist-Teilchen des allgegenwärtigen, des alles ausfüllenden Ganzen. Urursprünglich wurzelten wir in einer anderen Dimension, die NUR in einer anderen Dimension zu erfahren und zu verstehen ist, doch die Zeit vergeht und manche von uns ahnen ES bereits. Bis dahin sollte es uns zunächst genügen, wenn wir im Folgenden praktisch lernen werden, unser jetziges Denken und Träumen achtsam, aber lügenfrei, kommentarlos beobachtend kennenzulernen, denn lügend oder glaubend, denkend oder träumend, können wir viele und vieles werden, nur nicht wir selbst. Wir können viele Bücher lesen, die wenig Wahres, oder wenige, die viel Wahres enthalten. Es ist unsere Zeit, Zeit, die kein anderer außer uns nutzen oder ungenutzt vergehen lassen kann. Noch können wir uns entscheiden, ob wir wieder einmal spurlos vergehen oder für immer neu entstehen. Ob wir uns für unser baldiges Vergehen oder für unser unvergängliches Neuentstehen entscheiden, es wird UNSERE(?) Entscheidung sein, die NUR WIR in NUR UNSERER ZEIT treffen werden oder bereits mit »Hilfe« anderer getroffen haben.

Wer über Suggestion, Hypnose und Meditation mehr oder Ausführlicheres erfahren will, der kann sich entsprechender Informationsquellen bedienen, die NICHTS mit wissenschaftlich unhaltbarem bzw. unbewiesenem religiösen Blödsinn zu tun haben sollten. Andernfalls dürften die folgenden Ausführungen genügen, um darüber ausreichend informiert zu sein. Also seid sehr kritisch bei der Literaturauswahl, denn nicht alle »Fachleute« sind wirklich facherfahren und nicht jede Fachliteratur ist von selbsterfahrenen Fachleuten geschrieben! Uns sollte es aus Zeitgründen genügen, wenn wir im Folgenden deren Wirkungsweisen erfahren und damit in die Lage versetzt werden, es auch praktisch selbst ausprobieren zu können, denn »was der Bauer nicht kennt, das isst er nicht«, das probiert er nicht und »probieren geht nun mal über studieren«.

Suggestion und Hypnose gehören zusammen, denn Suggestion ist die Vorstufe der Hypnose und Hypnose das Resultat der Suggestion. Da es sich bei Suggestion (Selbstbeeinflussung, Autogenes Training), Hypnose und Meditation NICHT um irgendwelche »geheimnisvolle« Hirngespinste oder Zaubereien handelt, sondern um konkrete Vorgänge, um konkrete psychologische Beeinflussungen unseres Verstandes UND Körpers, so sollten wir deren Funktionsweise einigermaßen genau kennenlernen und verstehen:

Autogenes Training ist eine Methode der Selbstbeeinflussung bzw. Selbstentspannung, eine Methode des Loslassens, des Lockerns, sowohl des geistigen als auch des körperlichen. Es ist die Vorstufe und ein Bestandteil der Suggestion, der Hypnose, der Meditation und der Remotion – nur ein neu verpackter »alter Hut« der neuen Psychotherapie aus Zeiten, als es noch keine Psychotherapie gab. Als Menschen noch offen und geheimnisfrei miteinander kommunizierten, als die Menschen noch gefühlswarm und nicht gefühlskalt waren, als es noch viele menschliche Menschen gab. Suggestion und Hypnose sind Manipulationsmethoden, die unseren Geist und Körper sowohl zum Guten als auch zum Schlechten hin beeinflussend verändern können – denn »alles hat zwei Seiten«. UNSERE glaubensfreie und systemneutrale Meditation kann unseren Geist und Körper gesünder und somit leistungsfähiger machen – wohl betont – UNSERE Meditation! Dagegen ist Remotion die aktive Form UNSERER Meditation, denn sie ist die Turboversion der geistigen Evolution. Remotion säubert und schärft unseren Verstand, denn sie erweitert seine Leistungskapazität. Sie macht ihn wesentlich, also merklich klarer und somit auch erkenntnisreicher, sodass wir schließlich viel mehr erkennen werden, als wir erkennen SOLLEN.

SUGGESTION

Autogenes Training, Autosuggestion oder Selbsthypnose sind Eigenbeeinflussungen unseres eigenen Verstandes – hauptsächlich durch uns/ihn selbst. Hierbei handelt es sich meistens um unser eigenes Wunschdenken, das durchaus beachtliche körperliche Reaktionen hervorrufen kann und somit eine suggestive Konditionierung nicht nur unseres Verstandes darstellt, sondern auch unseres gesamten Körpers und darüber hinaus. Durch Suggestion können wir jemandem etwas suggerieren, etwas einreden, etwas verkaufen, was er eigentlich gar nicht will, von dem er bis zu diesem Zeitpunkt noch gar nicht wusste, dass er es »dringend benötigt«. Wenn es einem Verkäufer gelingt, uns klar zu machen, dass wir seine Dienste oder seine Waren benötigen, und damit unsere Probleme lösen, dann kaufen wir sie. Wenn es einem Dienstleister gelingt, uns zu suggerieren, dass er mit SEINEN Diensten uns unsere Ängste nehmen oder unsere gesundheitlichen Beschwerden lösen kann, dann kaufen wir auch den größten Blödsinn. Tatsächliche Heilerfolge sind hierbei ausschließlich dem Dr. Placebo und damit NUR uns selbst zu verdanken, denn Selbstheilung ist kein Wunder – nur ein wundersamer körperlicher oder/und seelischer Auto-Genesungsprozess, denn »wer sich selbst hilft, dem wird geholfen werden«. Hierbei beeinflussen wir uns zunächst selbst. Zunächst unseren Verstand und dieser dann auf wundersame Weise unseren Körper. Wollen wir unseren Verstand beeinflussen, dann müssen wir ihm etwas »erzählen«, was wir uns von ihm wünschen und was er uns auch tatsächlich erfüllen kann. Keine Fantastereien wie Lottozahlen-Vorhersage oder Wetterwünsche, keine Wunder oder Sündenvergebungen, das »können« nur Wahrsager, Astrolügner und Kirchendiener. Bei einer Autosuggestion müssen wir uns selbst zunächst etwas einreden, etwa, was wir gerne können würden, und es dann suggestiv, ein paar Male wiederholend, behaupten.

Die Sache mit dem Real- und dem Wunschdenken sowie mit der Selbstheilung sollten wir uns jetzt, bevor wir weitergehen, etwas genauer anschauen. Stellen wir uns vor, wir wollen zu einem bestimmten Zeitpunkt an etwas Bestimmtes denken. Irgendwo, während wir unterwegs sind, fällt unserem Verstand ein, dass bei uns schon morgen Müllabfuhr stattfindet und wir unsere volle Mülltonne der Leerung wegen an die Straße stellen wollen. Damit wir uns auch tatsächlich bei unserer Heimkehr daran erinnern, »sagen« WIR unserem Verstand am besten eindringlich wiederholend, sozusagen befehlend, dass er uns bei unserer Heimkehr daran erinnern wird – NICHT sollte oder könnte!

Beispielsweise: »Du wirst mich an dem Geschäft Meier an das Herausstellen der Mülltonne erinnern!« Das ist schon alles. Das klingt zwar banal, aber es funktioniert. Probiere es einfach aus! »Soll, kann oder möchte« sind Begriffe, die unser Verstand nicht eindeutig begreift, weil er dann selbst entscheiden muss, was er wollen soll. Deshalb klare Ansage! Unser Verstand muss von uns exakt wissen, was wir GENAU von ihm wollen. Er ist wie ein Kind, wie ein Hund, der seinem Herrchen dann mit Freude gehorcht, auch wenn das Herrchen ein Frauchen ist. Dem Hund und unserem Verstand ist das egal, er will nur exakt wissen, wie er sich uns gegenüber zu verhalten hat oder was er tun soll, andernfalls übernimmt er das Kommando über uns, dann tun WIR das, was ER will.

Natürlich muss es nicht immer eine Mülltonne sein, an die uns unser Verstand erinnern soll. Hierzu kann sich jeder etwas Nützliches ausdenken: Katzen oder Fische füttern, Auto waschen, Brötchen kaufen, den/die Nachbarn besuchen usw. Immer, wenn wir WOLLEN, dass unser Verstand uns zur bestimmten Zeit an etwas Bestimmtes erinnern soll, müssen wir ihm EINDEUTIG sagen, dass er dieses oder jenes an einer bestimmten Stelle tun wird, z. B. an einem bestimmten Baum, an einer bestimmten Kurve, an einer bestimmten Straßenkreuzung. Mit dem direkten

»Erinnern« selbst hat unser Verstand insofern noch Probleme, weil er sich das zu Erinnernde oft nicht so richtig vorstellen kann. Einen bestimmten Baum, eine bestimmte Kurve oder eine bestimmte Straßenkreuzung kennt unser Verstand bereits als ein neuronal gebildetes Orientierungsbild, denn diese Bilder sind in unseren Gehirnen als Neuronen-Verbindungen bereits niedergeschrieben, sodass an sie weitere Informationen angedockt werden können – weil unser Verstand assoziativ arbeitet, d.h. er verbindet Gedanken- oder Orientierungsbilder oder Navigationspunkte, die er irgendwann neuronal gebildet hat. Wenn dann unsere Augen den bestimmten Baum, die bestimmte Kurve, die bestimmte Straßenkreuzung sehen, so teilen sie es unserem Verstand augenblicklich mit, sodass es bei ihm sofort »klingelt« und er uns dann an das erinnert, was wir ihm aufgetragen haben. Meistens passiert es bereits einige Meter davor, denn unser Verstand funktioniert nicht nur durch Bildung von Eselsbrücken sondern auch vorausschauend.

Angenommen, wir suchen etwas Konkretes – das kann beispielsweise ein bestimmtes Teil in unserer Küchenschublade sein. Um dieses bestimmte Teil finden zu können, benötigt unser Verstand ein Phantombild des Gesuchten, welches sich neuronal abgespeichert in unserem Kopf befindet und anhand dessen er den gesuchten Gegenstand identifizieren kann. Stimmt das Gesuchte mit dem neuronal abgespeicherten Phantombild überein, dann hat die Suche ein Ende, andernfalls wird er weitersuchen oder aufgeben – eventuell nachts davon träumen. Achten wir zukünftig darauf, denn Achtsamkeit ist das Werkzeug, mit dem sich unser Bewusstsein tagtäglich ein wenig mehr erweitern lässt. Ein gutes Wort oder ein Lob danach, wie »das hast du gut gemacht oder danke«, kann nicht schaden, denn unser Verstand und wir gehören zusammen. Betrachten wir ihn als einen guten Freund, der uns auf unserer Suche nach uns selbst weiterhelfen wird.

Damit unser Verstand UNS vertrauensvoll helfen kann, benötigt er klare Regeln. Nicht einmal so und eine Weile später anders. NICHT: »Könntest du bitte, wenn du Lust und Zeit hast, ...« Er muss uns vertrauen können und genau wissen, was er wann für uns tun soll und an welcher Stelle bzw. zu welchem Zeitpunkt! Er muss sich darauf verlassen können, dass wir es auch so meinen, wie wir es denken. Wenn wir etwas sagen, es aber anders meinen, dann MUSS ihm diese Lüge sofort bewusst sein. Wir müssen authentisch werden, sonst geht er wieder in den gewohnten »Automatik-Modus« über und übernimmt selbst die Führung über uns. Mit Kindern und Hunden ist es nicht viel anders. Immer wenn sie merken, dass wir nicht in der Lage sind, klare Regeln aufzustellen, oder nicht in der Lage sind, die Regeln einzuhalten, die Situation zu meistern, übernehmen sie die Führung. Wenn wir unsere Kinder (oder Hunde) andauernd fragen, was SIE möchten, dann wird es nicht lange dauern, und wir werden – völlig zu recht – nach ihren Pfeifen tanzen. Dann werden sie bestimmen, wohin der Weg führt, wobei wir das Unterwegs-Sein für das Ziel halten werden. Solange WIR noch nicht ständig »existieren«, sondern fortlaufend, sozusagen die meiste Wach-Zeit, »schlafen«, so lange werden wir von unserem körperbedingten bzw. sinnesimpulsabhängigen Verstand automatisch geleitet.

Natürlich funktioniert diese o.g. suggestive »Merk-Übung« auch mit dem »Wo ist meine Brille?«- Problem. Hierbei genügt es, beim Ablegen unserer Brille unserem Verstand eindringlich zu sagen, dass er sich die Stelle der Brillenablage merken und uns zum gegebenen Zeitpunkt daran erinnern wird. Dabei machen wir ein geistiges »Foto« von der abgelegten Brille UND dem Platz, auf dem wir sie abgelegt haben. Dazu fokussieren wir einige Sekunden lang die Brille UND die Ablagestelle zusammen und geben den klaren »Merkauftrag« an unseren Verstand, uns bei der Aufforderung »Wo ist meine Brille?« an die Ablagestelle zu erinnern. Allerdings funktioniert diese Übung erst bei etwas Erfahreneren zuverlässig. Bei Einsteigern ist es meistens so, dass sie bereits den Moment des Brillenablegens gar nicht bewusst wahrnehmen. Sie legen ihre Brillen unbewusst ab, ohne zu wissen, dass sie sie abgelegt haben, ohne sich vorher eine geistige Ablageplatzzeichnung gemacht zu haben – im Automatikmodus. Nicht gleich aufgeben, denn wirklich erfahren wird man am besten durch eigene, durch praktische Erfahrung. Unser Verstand und unsere Kinder wollen gefordert werden, denn das Einzige, was sie richtig gut können, ist lernen. Wenn wir unseren Verstand im Laufe der Jahre nur mit Unwahrem zukleistern, dann wird er lernen, uns zu ignorieren, und fortlaufend unbeweglicher werden, schließlich dement und gänzlich lernunfähig. Selbst das bereits Gelernte wird dann nicht mehr abrufbar sein. Wir werden dann wissen, dass wir es wissen – allerdings wird unser Wissen nicht abrufbar, uns nicht präsent sein.

Kleinkinder so etwa bis zu 3 Jahren lernen ununterbrochen sehr viel und sehr schnell. Bis sie dann bereits ab dem dritten Lebensjahr die Bekanntschaft mit Geheimnissen, mit Lügereien und somit auch mit Betrügereien machen. Dann heißt es: »Es ist nicht so gemeint, es stimmt doch gar nicht, das hast du aber ganz falsch verstanden, du machst uns ganz traurig!«

Wie ist es denn wahrhaftig gemeint, was stimmt nun wirklich, fragt der junge, unerfahrene Verstand und hört auf, uns zu trauen. Er fängt an zu hinterfragen, zu widersprechen, zu misstrauen und schließlich selbst zu lügen, was nicht nur auf Kosten der Lerneffektivität geht, sondern auch unumgänglich zu gewaltigen Lernstörungen führen kann. Unser Verstand ist wie ein Tonband oder eine CD, es ist NUR das darauf zu finden, was wir oder andere darauf gespielt oder drauf gebrannt haben! Ob das darauf Gespielte wahr oder gelogen, falsch oder richtig ist, das wissen weder das Tonband noch die CD bzw. unser Verstand. Im Traum werden dann diese Informationen miteinander assoziativ verbunden. Was dabei herauskommt, ist oft ein unlogischer Albtraum, ein »Kuddelmuddel«, mit dem sich unser Verstand im

Traum assoziativ beschäftigt. Nachts wird dann Wahres mit Unwahrem und Falsches mit Richtigem zu gemeinsamen Bildern zusammengestellt, die nicht nur Erwachsene, sondern insbesondere unsere Kinder nicht verstehen können. Die »Früchte« kennen wir bereits: ADS – Tendenz zunehmend. Ein »Zappel-Philipp« oder eine ADS-Störung (Aufmerksamkeitsdefizitsyndrom) können dann oft die Folgen von Aufnahmen falscher, gelogener, widersprüchlicher oder trügerischer Lerninhalte in frühen Jahren sein. Auf einem verlogenen Lebensfundament kann kein ehrliches Leben aufgebaut werden. Das sollten alle Eltern bedenken, BEVOR sie neues Leben schenken.

Lerne durch achtsames Üben, auch wenn nicht jede »Merk-Übung« gleich optimal funktionieren sollte, sie wird funktionieren! Wahrscheinlich wird es das erste Mal sein, dass du deinen Verstand als Herr direkt wahrnehmen wirst. Auf jeden Fall wird es für dich überraschend sein, denn die Erinnerung kommt wie aus dem Nichts, ganz plötzlich und unerwartet. Sozusagen ohne unser Zutun. So, als ob das uns Erinnernde, unser Verstand, ein anderer, ein Fremder wäre – wir sollten uns ohne weitere Zeitverschwendung näher kennenlernen!

Der Zweck dieser realen 30-Sek.-Übungen ist die möglichst frühe Wahrnehmung der Aktivitäten unseres eigenen Verstandes durch uns als achtsamer Beobachter. Normalerweise funktioniert unser Verstand automatisch. Sein »Denken« wird tagsüber hauptsächlich durch unsere Körpersinne beeinflusst, unbewusst hervorgerufen. Es ist das operative Denken, das tagsüber von unseren Sinnesinformationen hervorgerufen und durch unsere bereits abgespeicherten Erfahrungen ergänzt wird. Wenn unsere Nase einen Orangenduft wahrnimmt, dann denkt unser Verstand an eine reife Apfelsine. Wenn unsere Ohren einen Knall wahrnehmen, dann könnte es durchaus sein, dass unser Verstand an Silvester denken wird. In unserem Verstand angekommen, werden Sinneseindrücke mit bereits abgespeichertem Wissen assoziiert und uns augenblicklich mitgeteilt. Es ist eine Art Post-

Hypnose mit nachhaltigem Effekt. Auch diese Gedankenverbindungen funktionieren völlig automatisch und somit für die meisten von uns ganz und gar unbewusst. Unsere Aufgabe auf dem Wege zu unserer Selbstfindung muss deshalb unsere eigene Sensibilisierung sein und somit die Schärfung unseres eigenen Verstandes durch Achtsamkeit. Einerseits müssen wir unseren Verstand etwas »lauter« werden lassen, damit wir ihn früher hören können, andererseits müssen wir selbst etwas »stiller« werden, damit er nicht immer laut schreien muss, um von uns gehört zu werden. Unsere Stille-Remotion hilft uns dabei, nach und nach sensibler bzw. achtsamer zu werden. Es ist wie mit dem Schwimmen lernen, wenn wir es JETZT lernen, dann werden wir später NICHT untergehen.

Bevor wir uns auf die Suche nach uns selbst machen, müssen WIR eindeutig wissen, WOMIT wir uns selbst finden wollen. Wer wird das »Urphantombild« erkennen, nach dem wir seit ewigen Zeiten suchen? Unser Verstand? Unser automatisierter Verstand mit seinen durch unsere Sinne vernebelten Gefühlsduseleien? Nein? Wer dann? Wenn wir es ernsthaft herausfinden wollen, dann müssen wir unseren Verstand durch Achtsamkeit schärfen, ihn leistungsstärker machen. Und damit er die Quelle seiner Aktivitäten, bzw. das andersdimensionierte Ufer erreichen kann, müssen wir ihm rechtzeitig das »Schwimmen« beibringen. Wir müssen ihn schrittweise sensibilisieren, auffällig lauter werden lassen, damit wir ihn rechtzeitig hören können. Den Sensibilisierungsgrad erkennen wir an folgender »Frucht«: Nicht wir mit ihm, sondern er muss mit uns »spazieren« gehen. NICHT wir ihm, sondern er muss uns folgen. Er ist der Schlitten und wir die Schlittenfahrer. Er ist das Pferd, das WIR reiten! Nicht er gibt ständig die Richtung an, sondern auch wir! Das ist Fakt, das müssen WIR lernen und das müssen WIR ihn lehren. Doch zunächst müssen wir unserem Verstand vertrauen und er uns noch mehr. Lernen wir uns kennen – eine weitere 30-Sekunden-Stille-

Remotionspause hilft uns, uns ein winziges Stückchen besser kennenzulernen. Bitte jetzt!

Ferner sollten wir genau wissen, wie wir unseren Verstand und unseren Körper suggestiv beeinflussen können. Wir können nicht nur unseren eigenen Verstand krank oder gesund machen, sondern auch unseren Körper durch ihn, durch suggestive Beeinflussungen. Deshalb ist es so eminent wichtig, das Vor- und Nachstehende nicht nur theoretisch, sondern auch praktisch zu verstehen. Echte und eingebildete Kranke gibt es viele. Manche werden aus Angst vor Versagen krank, weil sie ihren beruflichen oder familiären Aufgaben nicht gewachsen sind, oder aus Selbstüberschätzung, und andere, weil sie keine Lust zum Arbeiten haben und noch andere, weil sie ihre Partner oder Kinder tyrannisieren wollen, um von diesen bedient zu werden. Zunächst ist die eingebildete Krankheit nur eine kleine Selbsttäuschungslüge. Allerdings dauert es dann nicht lange, bis sie durch Wiederholungen Einfluss auf unseren Verstand UND unseren Körper nimmt, bis sie schließlich zur traurigen – nicht eingebildeten – Wahrheit mit fatalen Folgen wird – zur psychosomatischen Erkrankung. Wenn unsere Psyche »ausgebrannt« ist, depressiv wird und wir schließlich psychisch erkranken, dann heißt es heutzutage »Burnout«. Ein guter Psychotherapeut wäre jetzt von Nöten, sonst werden wir nach einer gewissen Zeit auch physisch erkranken. Unsere körperliche Haltung verändert sich, wir gehen dann nach vorn gebeugt und schauen dabei auf den Boden, leiden an Schlaflosigkeit, trinken viel Alkohol, um uns ermutigend aufzumuntern, und rauchen suchtartig, um uns zu beruhigen. Dabei fängt alles in unseren Köpfen an, zunächst mit einer unbewussten Autosuggestion bzw. mit einer Selbsttäuschungslüge, mit winzig kleinen Notlügen oder Geheimnissen, die dann sehr schnell größer werden. Dann rauchen wir Tabak, weil er uns beruhigt, und wir trinken Alkohol, damit wir nicht zu ruhig werden, letztlich tun wir beides, weil wir süchtig geworden sind. Schließlich, da Sucht als Krankheit anerkannt ist, lassen wir uns krank schreiben. Schon ziemlich krank, das Ganze – oder?

Viele echte Herzinfarkte sind auf unbewusste Einbildungen zurückzuführen. Zunächst sind es leichte Schmerzen, dann werden sie durch unsere Fantasie potenziert. Bald kommt dann die Angst vor dem Tod hinzu und weitere Angst machende Ratschläge kluger Leute. Plötzlich werden alle zu Gesundheitsexperten, die bereits auch schon so etwas haben oder hatten, oder sie kannten jemanden, der so etwas, nur noch viel schlimmer, hatte und sogar daran verstorben ist. Natürlich funktionieren Suggestionen nicht nur krankmachend, sondern auch gesundheitsfördernd, denn »alles hat zwei Seiten«. Bei leichten Schlafstörungen reicht es oft aus, wenn wir uns vor dem Einschlafen einreden, dass wir sehr müde sind und gleich einschlafen werden. Dieser konkrete Wunschgedanke geht meistens nach wenigen Minuten in Erfüllung:

Nachdem wir unsere Schlafposition eingenommen haben, warten wir einige Minuten ab, bis sich unsere Pulsfrequenz normalisiert hat. Anschließend können wir mit unserem Wunschdenken beginnen, indem wir unserem Körper sagen: »Du entspannst dich jetzt. Mit jedem Ausatmen tiefer und tiefer. Mit jedem Ausatmen wirst du schwerer und müder.«

Sollte das nicht gleich am Anfang mit unserem gesamten Körper auf Anhieb gelingen, dann beginnen wir mit unseren Füßen: »Jetzt entspannt ihr euch, (hierbei visualisieren wir gedanklich unsere Füße), ihr werdet mit jedem Ausatmen entspannter und schwerer, entspannter und wärmer.« Als Nächstes sind dann die Waden und andere Körperteile an der Reihe, die Knie, die Oberschenkel, unser Becken, der Oberkörper und die Arme. Wie oft diese Körperteil-Suggestionen wiederholt werden sollten, das kann jeder für sich selbst herausfinden. Erfahrungsgemäß reichen zwei bis drei suggestive Wiederholungen pro Körperteil aus, um die erwünschte Wirkung zu erzielen. Natürlich funktioniert diese Einschlafsuggestion nicht immer, denn manchmal ist unser Verstand dermaßen mit einem Problem beschäftigt, dass er keine Zeit zum Schlafen hat. Das sind dann die ungelösten Probleme oder zurückgestellten Entscheidungen, über die wir »eine Nacht lang schlafen wollten«.

Der durch Wunschdenken verursachte Gesundungsaspekt funktioniert nach dem gleichen Prinzip. Zunächst bringen wir unseren ganzen Körper in einen entspannten Zustand (ohne Schlafsuggestion), dann reden wir der erkrankten Stelle ein, dass sie sich »aufwärmen« soll: »Du (die erkrankte Stelle visualisierend) bist mit jedem Atemzug entspannter, und mit jedem Ausatmen kommt mehr Wärme zu dir.« Unser Ausatmen sollten wir uns als eine Art »Energiepumpe« vorstellen, die bei jedem Ausatmen neue Wärme in die erkrankte Stelle pumpt, als ob wir mit unserer Fahrradpumpe einen »erkrankten Fahrradreifen« aufpumpen würden. Auf diese suggestive Weise können wir unserem erkrankten Körperteil tatsächlich mehr reibungsbedingte Wärmeenergie zuführen und ihm somit bei seiner Genesung effektiv helfen.

Dass Reibung Wärme erzeugt, dürfte uns allen bekannt sein, z. B. durch Handflächenreiben, wenn wir sie gegeneinander gedrückt hin und her bewegen. Dass dabei elektrostatische Reibungsenergie entsteht, dürfte weniger bekannt sein. Durch die Überwindung des molekularen, anziehungskraftbedingten Widerstandes entsteht Reibung, welche Wärme und damit heilende Reibungsenergie freisetzt. Was die positive Wirkung »heilender Hände« glaubensfrei erklärt. Auch das oft belächelte »Draufpusten« bei Verletzung führt der verletzten Stelle neben der durch Reibung verursachten Verdunstungskälte hauptsächlich Reibungsenergie hinzu, sodass eine kleine Linderung sofort zu spüren ist. Dieses sofortige »Wohltun« wird nicht nur von Kindern, sondern auch von vielen Erwachsenen wahrgenommen. Das Ganze funktioniert im Kleinen etwa so wie ein Fahrraddynamo im Nanobereich, wobei das fließende Blut den Dynamoanker und die Adern/Venen-Innenwände die Dynamowicklungen darstellen. Das funktioniert wie ein elektrischer Linearmotor, wo die Magnetfelder nicht kreisförmig, sondern streckenartig, eben linear, angeordnet sind, wie eine Magnetschwebebahn, nur umgekehrt – NICHT Energie verbrauchend, sondern Energie erzeugend. Diese reibungsbedingte lineare Energieerzeugung geschieht strömungsbedingt im Großen sowohl im Wasser als auch in der Luft, also bei festen, gasförmigen und flüssigen Stoffen, im Kleinen und im Großen gleichermaßen. Der Golfstrom gibt nicht nur Wärmeenergie ab, er erzeugt strömungs- bzw. reibungsbedingt gleichzeitig immer wieder neue. Über uns in der Luft passiert das Gleiche. Durch gegenläufige Luftströmungen wird Reibung erzeugt, welche in Wärme und elektrostatische Reibungsenergie umgewandelt wird. Bei einem Vulkanausbruch, bei Gewitter oder schon bei Bewegungen bestimmter Kleidungsstücke wird diese Reibungsenergie in Form von Blitzen sichtbar und implosionsbedingt sogar knallartig hörbar. Es handelt sich also um eine Art elektrostatische Reibungsenergie, die wir unserem erkrankten Körper durch entspannende Eigensuggestionen gezielt für seine Genesung zusätzlich zur Verfügung stellen können. Diese zusätzliche »Betriebsenergie« ist es dann, die an die erkrankte Körperstelle suggestiv von uns geleitet den Heilungsprozess begünstigt. Das Heilen selbst übernimmt dann eine andere, den meisten von uns NOCH unbekannte, NICHT eingebildete, andersdimensionierte reale »Instanz«. Weder Ärzte noch wir selbst können unsere Körper heilen. Wir können unsere Wunden vernähen und verbinden, doch das eigentliche Heilen übernehmen unsere Körper selbst bzw. ihre anders dimensionierten Helfer. Denn was kompatibel ist, das passt spiegelbildlich zusammen, sodass die erkrankte Körperstelle »nur« noch das ergänzend nachbauen muss, was ihr unsere gesunde Seele spiegelbildlich vorgibt. Was wir und Ärzte unseren erkrankten Körpern geben können, sind energetische Anreicherungen, beispielsweise durch suggestives Zureden: »Bleib/werde ruhig, entspanne dich, habe keine Angst, alles wird gut!« Hierbei handelt es sich um positive Suggestionen, die unsere Seelen erreichen, wodurch diese dann Heilendes bewirken können, indem sie den körperlichen Heilungsprozess wegweisend einleiten. Vorausgesetzt wir sind authentisch und NICHT nur halbherzig bzw. misstrauisch dabei!

Da unser »verunreinigter« Verstand nicht mehr so richtig zwischen gut und schlecht unterscheiden kann, so müssen wir ihm dabei helfen, wieder unterscheidungsfähiger und damit erkenntnissicherer zu werden, denn so wie das Negative sich am Ende selbst zerstört, so können auch wir unsere eigenen Körper durch negative Suggestionen krank machen und schließlich pathologisch zerstören. Wessen Körper gesund werden oder bleiben soll, der darf nicht krankmachend denken, denn aus Gedanken werden Taten. Werden wir authentisch, dann werden unser Denken und wir es mit ihm auch werden. Dann wird das, was unser Verstand denkt, wahr sein und sich somit verwirklichen können. Also, »immer schön dran denken«: Wir können unsere eigenen Körper durch positive Suggestionen heilen oder durch negative zerstörend krank machen, denn alles hat zwei Seiten – UND eine schmale neutrale Wendepunkt-Mitte, in der WIR immer wieder versuchen sollten, uns die meiste Zeit aufzuhalten. Womit eine weitere 30-Sekunden-Atempausenbeobachtung angesagt wäre.

HYPNOSE

Hypnose und Massenhypnose sind Fremdbeeinflussungen unseres Verstandes durch fremde Einwirkungen, also im Gegenteil zur Selbstsuggestion NICHT durch uns selbst. Es handelt sich hierbei zwar auch um suggestives Wunschdenken, allerdings NICHT um unser eigenes, sondern um das der Wunschgeber. Hierbei wird unser Verstand »eingeengt«, indem er mittels einer Suggestion von allen Informationen seiner Sinne weitgehend getrennt wird und statt derer nur die Informationsbefehle des Wunschgebers wahrnimmt. Eine Zitrone ist dann nicht sauer und jeder Gestank angenehm duftend. Im Hypnosezustand werden wir offensichtlich zu willenlosen Marionetten, an deren Fäden andere ziehen – vorausgesetzt, wir sind hypnosetauglich oder leicht beeinflussbar.

Zunächst müssen wir uns als die zu hypnotisierende Versuchsperson loslassend entspannen, also auf unsere Entspannung stark konzentrieren. Dabei kann der Hypnotiseur meistens mit dem Befehl »schlafe«, »du schläfst jetzt tief und fest« direkt in unseren konzentriert abgelenkten, meistens NICHT zwei Gedanken gleichzeitig denken könnenden Verstand »hinein-dringen« und somit das Kommando über ihn übernehmen. Im Grunde genommen ist es fast genauso wie im normalen Traum, nur mit dem Unterschied, dass der Hypnotiseur uns sagt, was wir zu träumen haben. Anschließend sind wir der Traum, der uns durch den Hypnotiseur suggeriert wird. Wir nehmen dann nur die Stimme des Hypnotiseurs wahr, spätestens jedoch, wenn er es befiehlt: »Ab jetzt hörst du nur noch meine Stimme, nichts stört dich!« Das ist schon alles. Dann hüpfen wir wie ein Kaninchen, bellen wie ein Hund oder lassen uns einfach zum Affen machen. Im Hypnosetraum sind WIR der Hypnosetraum und somit gar nicht uns wahrnehmend vorhanden. Doch wo befinden WIR uns, während man uns hypnotisiert? Wir sind gerade dabei, es herauszufinden! Bis dahin können wir mit folgendem Test erfahren, ob wir zu den Personen gehören, die sich leicht hypnotisieren lassen, oder zu solchen, bei denen es nicht funktioniert: Zum Testen benötigst du einen ca. 40 cm langen Faden, z.B. einen Nähgarnfaden, an dessen Ende du einen Ring, einen Nagel, eine Büroklammer oder ... anbinden solltest. Das andere Ende hältst du dann zwischen Daumen und Zeigefinger eingeklemmt so hoch, dass der am anderen Ende befestigte Gegenstand ca. 3 cm über der Tischplatte stillstehend zum Schweben kommt. Jetzt musst du dir nur noch intensiv vorstellen, dass der über der Tischplatte schwebende Gegenstand nach rechts oder nach links zu kreisen beginnt. Dazu kannst du auch deine »Augenkraft« benutzen, indem du versuchst, den Gegenstand mit deinem Blick kreisförmig anzuschieben. Es ist keine Zauberei – probier es einfach aus, denn »Probieren geht über Studieren«. Übrigens: Auch hierbei lassen sich Lottozahlen oder anderer Hokuspokus NICHT auspendelnd vorhersagen, auch wenn es die Astrolügen oder andere Betrüger gewinnbringend behaupten.

Damit wir wieder aufwachen, sagt uns der Hypnotiseur, dass er jetzt beispielsweise bis drei rückwärts zählen wird und wir dann munter und frisch aufwachen werden, ohne uns an unsere Trance zu erinnern. Rückwärts, weil unser Verstand sich dabei mehr konzentrieren muss als beim gewohnten Vorwärtszählen, das er sogar im Traum auswendig beherrscht und somit sich wundernd vorzeitig aufwachen könnte, aber nicht soll. SOLLEN wir uns nachhaltig an bestimmte Hypnosebefehle erinnern, so ist auch das möglich. Dazu genügt es, wenn uns ein Hypnotiseur während unseres Trancezustandes befiehlt, bei einem bestimmten Schlüsselwort oder Gegenstand sofort in den Trancezustand zu fallen. Man nennt es dann Posthypnose oder mittelbare Konditionierung – ähnlich wie bei dem Erinnern an die Mülltonne oder Brillensuche.

Dass diese Art von Posthypnose sogar lebensgefährlich werden kann, dürfte jedem einleuchtend sein. Sie wirkt wie eine Einschlafsuggestion bei Kindern – diese kann eine Melodie oder

Vorgelesenes sein. Wie wir sehen können, liegen Suggestion und Hypnose gar nicht so weit auseinander. Beide können sowohl Gutes als auch Schlechtes bewirken – also vorsichtig, insbesondere mit den negativen hypnotischen Suggestionen, die ohne uns als Zensor, NUR Negatives bewirken können.

Bei einer Massenhypnose wird der Hypnosezustand hauptsächlich durch Emotionen, durch emotionale Reden »charismatischer Verführer« hervorgerufen. Was denkst du wohl, warum viele Politiker oder andere Propagandisten und Marktschreier sich so aufplustern, sich künstlich dermaßen aufblähend aufregen, dass wir als Zielobjekte den Eindruck bekommen, sie würden jeden Augenblick explodieren? Was denkst du wohl, warum viele Reporter, TV- oder Radio- Moderatoren, Verkäufer oder andere »Berater« und »Analysten« ohne Punkt und Komma reden? Selbst das Luftholen erfolgt bei ihnen nicht am Satzende, sondern mitten drin – damit wir interessiert auf »Empfang« bleiben. Und damit das ganze Gehabe noch effektiver, noch fesselnder wirkt, wird es mit bestimmten bestimmte Emotionen hervorrufenden Geräuschen untermalt. Dieses raffinierte, uns fesselnd-manipulierende Reden nennen sie dann Rhetorik – oft ein suggestiv wirkendes Geschrei, ein hypnotisierendes Verkaufsgespräch, ein hypnotisierend angstmachendes braunes Gebrüll. Warum die Nazis sich ihre braunen Seelen aus der Brust geschrien haben? Warum blähen sich wohl Politiker und Marktschreier dermaßen künstlich auf? Je emotionaler, je »natürlicher«, je fesselnder so ein künstliches Geschrei ist, desto einprägsamer wirkt es auf unseren Verstand. Das wissen auch die Führer und Verführer und was der Grund dafür ist, dass über hypnotische Manipulationen so wenig gesprochen wird, denn die »Großen« lassen sich nicht gerne in die Karten schauen! Je lauter die Rede, desto nachhaltiger das Echo, desto nachhaltiger die posthypnotische Wirkung, so nachhallend, dass manche politisch orientierten Gruppen dem Echo vom Sieg und Heil auch heute noch folgen.

Die Posthypnose ist sehr gefährlich, da sie schleichend ist und somit von uns kaum bemerkt wird. Es ist eine Art der Hypnose mit nachhaltig gefährlicher Wirkung. Ein Phänomen, das seit Jahrtausenden bereits erfolgreich von politischen Herrschern und Kirchen praktiziert und dennoch von uns so gut wie NICHT bemerkt wird. Bei den Moslems sind es die jammernd jaulenden Muezzins und bei den Christen die laut lärmend bimmelnden Kirchturmglocken, die als hörbare »posthypnotische Schlüsselbefehle« uns optisch sowie geistig blendend als Türme mit vergoldeten Halbmonden oder vergoldeten Kreuzen von uns wahrgenommen werden. Selbst Tätowierungen, Beringungen, Haarschnitte oder die verschiedensten Verschleierungen üben posthypnotische Wirkung auf unser Denken aus, sie lösen, uns unbewusst, symbolspezifische Denkprozesse unseres Verstandes assoziativ aus, denn »Kleider machen Leute«. Und Leute verkleiden sich gerne, weil sie den äußeren Schein für ihr inneres Sein halten. Dann SIND sie die Verkleidung, die sie voller Stolz tragen, imponierend und provozierend zugleich. Wenn ein Hypnotiseur uns während unseres hypnotischen Zustandes sagt, dass wir bei einem bestimmten Signal, bei einem bestimmten Symbol oder einem bestimmten Orientierungspunkt, an etwas Bestimmtes denken werden, dann werden wir es tatsächlich auch tun. Bei mir ist es die Zahl »49«, die meinem Verstand immer wieder an mein Geburtsjahr denken lässt. Selbst »dumme« Teich- oder Aquarium-Fische können auf Klopf- oder Glockengeräusche erfolgreich programmiert bzw. konditioniert werden. Immer kurz bevor sie gefüttert werden, wird mit dem Fuß auf den Teichrand oder mit dem Finger leicht an die Aquarium-Wand geklopft und anschließend gefüttert. Diese Prozedur wird so lange wiederholt, bis die Fische gelernt haben werden, das Futter mit den Klopf- oder Glockengeräuschen zu assoziieren, bis sie verstanden haben werden, dass bestimmte Geräusche AUCH Speisung bedeuten. So wie das Klirren des Essgeschirrs bei uns unbewusst Speichelfluss hervorruft, so geschieht es auch bei unseren Verwandten, den Tieren, auch ihnen läuft das Wasser im Maul zusammen, wenn sie bestimmte akustische oder visuelle Reize mit Futter in Verbindung bringen. Es ist eine Art Reiz-Reflex-Koppelung, sodass bestimmte Reize bestimmte (gewünschte), uns völlig unbewusste Reflexe hervorrufen. Wie oder wann sich ein posthypnotischer Befehl in unseren Köpfen niedersetzt, ist nicht immer leicht zu durchschauen, obwohl es sehr leicht ist, einen solchen dort zu platzieren:

Wenn ich dir jetzt sage, dass du dich bei jedem **30**-km-Geschwindigkeitsbegrenzungsschild an unsere wiederholend vorausgegangene **30**-Sekunden-Remotionsübung erinnern wirst, dann wirst du es wirklich tun. Achte darauf, was dein Verstand dir sagen wird, wenn er die kreisförmig rot eingerahmte **30** auf einem Geschwindigkeitsbegrenzungsschild sieht. Es ist wirklich so, du wirst beim **30**-km-Schild an deine **30**-Sekunden-Atempausenübung denken! Achte einfach darauf, denn es stellt keine Gefahr für dich dar, denn DU weißt ja bereits, wie und warum es funktioniert. Irgendwann wird es schon genügen, wenn du nur die Zahl **30** hören oder sehen wirst, um an deine 30-Sekunden-Remotion zu denken. Andernfalls gehörst du zu den Personen, die sich NICHT einfach hypnotisieren lassen, zu denen, die den vorangegangenen »Faden-Test« nicht sofort bestanden, zu denen, die den Zugang zu ihren Seelen noch nicht bewusst gefunden oder bereits verloren haben.

Kirchen und Parteien, Firmen und Vereine, alle haben ein eigenes Logo und jedes Mal, wenn wir es wahrnehmen, sehen oder denken wir das, was wir unbewusst sehen oder denken SOLLEN! Es handelt sich dabei um einen Reizschlüssel, der beim Erklingen oder beim Sehen eines bestimmten Logosymbols die Anhänger sofort an ihre Kirchen, an ihre Partei oder an ihren Verein denken lässt. Selbst Wörter wie »Knirps« oder »Tempo« lassen uns automatisch NICHT an klein oder schnell denken, sondern an einen Regenschirm oder an Papiertaschentücher. Schon ziemlich diabolisch das Ganze, denn vieles ist nicht so, wie es zu sein scheint, denn »das Böse verkleidet sich gerne«.

Doch Hypnose geht auch viel harmloser und fast jeder kennt sie aus eigener Erfahrung:

Angenommen uns gefällt etwas; ein Kleidungsstück, ein Werkzeug, ein Spielzeug, ein »Habe-Ding«, das man nicht wirklich benötigt, aber unbedingt haben muss, etwas, was uns fesselnd begeistert, sodass wir diesen »Geist« nicht einfach lange ignorieren können. Immer wieder erinnert uns unser Verstand an das Etwas, was uns wiederholend unbewusst verspricht, uns glücklicher oder schöner zu machen – sogar nachts, wenn unser Verstand träumt. Manchmal gewinnen wir und die Posthypnose lässt nach ein paar Tagen nach, meistens jedoch nicht – »Rudel-Tiere« wie Uhren, Schuhe, Hosen, Pullover oder andere Sammelstücke kaufen wir sogar öfter.

Ein wichtiger Faktor bei Massenhypnosen ist das kollektive Bewusstsein, denn im Schwarm, im Rudel oder in einer Herde sind einzelne Kreaturen Anpassungszwängen unterworfen. Da schreit man zustimmend Heil, will den totalen Krieg haben und ist sich des gerechten Sieges bewusst – wirklich? Sind WIR es wirklich, die da schreien? Im Schwarm bestimmt meistens NUR ein einzelnes Schwarmmitglied, ein Vorbeter, ein Demo-FÜHRER, ein »Lach-Schild-Halter« oder ein anderer Befehlsgeber das Verhalten vieler, insbesondere junger Leute, also vorsichtig, denn unbedachte Nachfolgschaften können fatale Folgen haben. Im Zweiten Weltkrieg führten sie viele, an den »Heil und Sieg« blind glaubende junge Menschen bis nach Stalingrad, wo sie hungerbedingt sogar zu Kannibalen wurden. Heute führen sie sie nach Syrien, wo sie hypnotisch berauscht, dem fanatischen Idiotismus einer angeblich »menschenliebenden« Religion unschuldig geopfert werden. Auf dem Weg zu uns selbst haben die o. g. suggestiven Wunschdenkmethoden nichts Förderndes. Ich habe sie nur hinweisend erwähnt, weil der Weg zu uns selbst meistens schmal und steinig ist. Da gibt es viele gut getarnte, in

»Schafspelze« gehüllte Führer und Verführer! Da kann einem Suchenden schon ein Ausrutscher in die eine oder andere Richtung passieren, denn es gibt sehr viele profitorientierte »Reiseführer« aber nur wenige ehrenamtliche »Reisebegleiter«. Sie voneinander zu unterscheiden ist für Einsteiger gar nicht so einfach, doch mit der »Baum-Früchte-Methode« gelingt uns auch das. Dann werden wir mehr auf die den Worten folgende Taten achten als auf die emotional- hypnotisierenden Worte selbst, mehr auf das wahre Sein als auf den trügerischen Schein.

Damit wir uns auf dem schmalen Weg zu uns selbst nicht ablenken lassen, müssen wir fit sein, insbesondere unser Verstand. Also sensibilisieren und schärfen wir das einzige Werkzeug, das uns auf unserer Suchen nach uns selbst momentan zur Verfügung steht- unseren Verstand. Unsere täglichen Stille-Remotionen genügen anfänglich, um unsere eigene Selbstgeburt zu starten. Also, marschieren wir los, auch wenn wir dabei anderen auf die Füße treten sollten, denn stehend kommen wir garantiert nicht voran, und wer nicht mitgeht, der kommt nie an. Unsere glaubensfreien Remotionen ZEIGEN ihn uns, den einzigen neutralen Weg. Einen geraden Weg, der uns geradeaus zu uns selbst führt. Und weil eine Gerade bekanntlich die kürzeste und damit auch die schnellste Verbindung ist, so sollten wir sie begehen, denn für Umwege benötigt man viel Zeit, Zeit, die viele von uns nicht haben.

Manche Früchte benötigen mehr Zeit als andere, um zu reifen, andere dagegen reifen nie! Sie fallen einfach halbfertig oder unreif zu Boden und vergehen, so, als ob sie nie existiert hätten. Was wir in unserem Leben zwischen unserem ersten und letzten Atemzug nicht werden, das werden wir auch nach unserem allerletzten Atemzug nicht sein können, denn was es im Hier und Jetzt, sich selbst wahrnehmend noch nicht gibt, das wird es auch später im Dort nicht selbstwahrnehmend geben. Also werden wir im Hier und Jetzt unser sich selbst wahrnehmendes Selbst, damit wir später im Dort ES sein können! Mystisch? Unerklärlich?

Zunächst ja, bis wir eines Tages unser »Aquarium« (Siehe Teil 2: Glaube) bewusst verlassen werden, danach wird alles Mystische oder Unerklärliche plötzlich entmystifiziert und erklärbar werden, auch das, was unserem Verstand momentan noch mystisch oder unerklärlich erscheint.

MEDITATION

Meditationsmethoden gibt es viele. Das/der Yoga, ein Begriff für ein indisches System aus dem Hinduismus mit körperlichen (Hata-Yoga) und geistigen (Raja-Yoga) Übungen, dürfte einigen von uns bekannt sein. Der körperliche Yoga ist eine Art konzentrierte Dehnungsgymnastik mit meditativem Charakter. Es gibt viele sinnvolle Figuren und Stellungen, die den Körper beweglich erhalten und welche, die ihn schädigen können. Meistens werden sie recht langsam, dafür aber konzentriert und entspannt-loslassend am Boden ausgeführt. Die bekannteste Figur ist der Lotus- bzw. der Schneidersitz, das Sitzen mit gekreuzten – NICHT verknoteten – Beinen, den auch wir üben sollten, denn er ist die bequemste Art, ausdauernd still und unbeweglich zu sitzen. Das wussten schon die alten Schneider, bevor sie etwas über Yoga hörten, als sie am liebsten bei ihren Näharbeiten AUF den Tischen mit gekreuzten Beinen im Schneidersitz saßen. Dass sie dabei meditiert haben sollten, das wussten sie damals noch nicht. Das erfuhren sie erst, als clevere Leute die »richtige« Meditation aus Indien nach Europa brachten und sie den Europäern als ein Allheilmittel für viel Geld verhökerten, denn was nichts kostet, das taugt auch nichts und umgekehrt, was viel kostet, das »MUSS« auch viel wert sein. Insbesondere verkaufte sich der geistige Yoga in der Gesellschaft der Orientierungslosen gut, weil keiner so richtig wusste, wie und warum es so funktioniert, wie oder ob es funktioniert.

Dabei funktioniert der Raja Yoga in etwa so, wie die alten Schneider ihn täglich ausübten. Beim Raja Yoga sitzt man gerade, aber entspannt und atmet dabei gleichmäßig. Auf einem Stuhl, Sessel, Sofa, Bett oder Boden sitzend achtet man darauf, dass die Wirbelsäule gestreckt bleibt. Eine kleine Rolle aus gerollter Decke oder einem Saunatuch kann bei Bedarf zwischen Stuhllehne, Bettkopfteil oder Wand und Rücken im Lendenbereich platziert werden. Das erleichtert das aufrechte Sitzen.

Beim Sitzen auf dem Boden, Sofa oder Bett kann nach Bedarf auch unter das Gesäß eine Rolle oder Ähnliches gelegt werden. Probiere es einfach aus und finde DEINE Meditationsposition heraus!

Was die Atmung dabei angeht, so sollte sie regelmäßig verlaufen. Ob kurz oder lang, ob bauch- oder brustbetont, das ist nicht wichtig, wichtig ist NUR zu wissen, dass man ganz natürlich atmet. Keine Experimente, die den Sauerstoff- oder Kohlendioxidgehalt unseres Blutes verändern und uns dann etwas sehen oder fühlen lassen, was uns zwar euphorisch begeistert, es aber in Wirklichkeit gar nicht gibt, z.B. Lottozahlen der kommenden Lottoziehung. Also: Keine Experimente! Einfach laufen lassen und achtsam zuschauen, wie sich das Ganze so entwickelt.

Wem das Sitzen mit gekreuzten Beinen Schwierigkeiten bereitet, weil er aus Altersgründen oder anderen körperlichen Behinderungen eingeschränkt ist, der sucht sich eine stützende Rückenlehne zum Anlehnen – eine Wand oder das Bettkopfteil. Dabei legt man sich ein oder zwei Kissen hinter den Rücken und/oder das Gesäß, sodass eine recht bequeme Sitzposition erreicht wird. Wer ohne Rückenstütze auf dem Boden sitzt, der sollte sich eine Rolle, ein großes gefaltetes Handtuch, ein, zwei, drei Brettchen oder eine gefaltete Decke unter das Gesäß legen, sodass das darauf folgende längere unbewegliche Sitzen keine starken Verkrampfungen verursacht. Es darf ruhig altersspezifisch experimentiert werden – so lange, bis jeder für sich die richtige Sitzposition gefunden hat. Und richtig wird sie sein, wenn sie auch nach einer halben Stunde oder länger keine oder kaum körperliche Verkrampfungen verursacht. »Der Baum wird richtig sein, wenn er schmerzfreie Früchte trägt!« Auch liegend ist meditieren möglich und fast genauso erfolgreich wie sitzend, allerdings schlafen wir dabei öfter ein, als es wünschenswert wäre, doch ein entspanntes Einschlafen ist auch gut.

Wichtig ist nur eins zu wissen, dass wir KEINE religiöse Glaubensangelegenheit aus UNSERER Meditation machen dürfen, denn was Suggestionen bewirken können, darüber haben wir bereits warnend gesprochen. Wir müssen uns daran halten oder wir werden jemand, der wir garantiert NICHT sind. Also erwarten wir nichts Bestimmtes, dann werden wir es auch nicht werden können. Wir wollen ja UNS selbst finden und nicht jemand anderen! Wir wollen selbsterfahren und NICHT von anderen überfahren werden. Also: KEINE Duftkerzen, KEINE Räucherstäbchen, KEINE Götzenbilder, KEINE suggestive Atmosphäre mit irgendwelcher Musik, insbesondere jedoch KEINE posthypnotisch wirkenden Logo-Symbole. Denn je weniger wir abgelenkt werden, desto ruhiger wird unser Körper, desto lauter wird unser Verstand werden, und das ist schon Krach und Ablenkung genug!

Haben wir unsere Meditationsposition eingenommen, dann richten wir anschließend unsere Aufmerksamkeit auf unsere Körperhaltung und unseren Atem. Dieser sollte möglichst NICHT durch Atemanhalten mit vollen oder leeren Lungen manipuliert werden, denn wer sich das erst einmal angewöhnt, der wird es nur schwerlich wieder loswerden können und kommt nicht wirklich voran. Am sichersten ist es, den »Blick« nach innen zu richten. Dabei beobachtet man so ziemlich alles, insbesondere einzelne untere und obere Körperteile sowie Gefühle und Gedanken, ohne sich davon binden zu lassen. Anfänglich duldet man achtsam alles, was kommt, OHNE zu widersprechen, NUR darauf achtend. Gutes oder Schlechtes gibt es nicht, alles ist, wie es kommt und geht – bis auf die Rückenschmerzen, die sitzpositionsbedingt hervorgerufen werden können und deshalb sofort während der aktuellen Meditation behutsam korrigiert werden sollten.

Was uns dann im zweiten Schritt merklich ein Stück weiterbringt, ist Meditation mit einer neutralen Meditationsbasis bzw. Meditationsleine. Dabei handelt es sich um ein Bild oder um ein

Wort, das während der ganzen Meditationsdauer visualisiert oder rezitiert wird. Die Meditationsbasis ist eine Art »Zuhause«, zu dem wir bei jedem bewusst gewordenen Abschweifen unserer Gedanken sofort zurückkehren – ähnlich unserer »Atem-Wendepunkte-Beobachtung«. Die Meditationsbasis ist so etwas wie ein Zuhause, wie ein Ausgangspunkt, zu dem wir immer dann zurückkehren werden, wenn unsere Aufmerksamkeit nachlässt, wenn wir uns unbewusst »losgeleint« haben werden.

Die visuelle Bild-Basis kann alles Mögliche darstellen, es kann eine Blume, eine Vase oder eine Pyramide sein, die auditive Wort-Basis kann ein beliebiger Begriff sein. Eine geometrische Figur zu wählen, wäre sicherlich die richtige Wahl. Das Wort sollte nicht greifbar sein, ein paar zusammengefügte Silben wie beispielsweise »MA-HA« oder einzelne Selbstlaute wie »A« und/oder »O« sind hierfür ideal – Hauptsache, sie rufen möglichst wenige Gedankenverbindungen hervor. Das möglichst sachliche Bild oder das bedeutungslose, das leere Wort oder Buchstaben als Basis, sind deshalb so wichtig, weil auch hierbei assoziativ Suggestionen hervorgerufen werden können. Am besten stellen wir uns eine geometrische Figur wie ein Dreieck oder den Buchstaben »A« zwischen unseren Augenbrauen und Stirnmitte vor, deren Schenkel oder Ecken wir dann visuell im oder gegen den Uhrzeigersinn umkreisen. Oder wir setzen uns selbst ein paar Vokale oder Silben zusammen und wiederholen dann diese während der ganzen Dauer unserer Meditationssitzung im Herz- bzw. im Sekundentakt. Zum Beispiel: »MA-HA« oder »A« während des Einatmens und »MA-HA« oder »O« während des Ausatmens wären in Ordnung. Die Meditationsbasis wird dann so lange visualisiert oder rezitiert, bis unser Verstand sich zu langweilen beginnt und von uns unbemerkt in die Ferne abschweift. Ähnlich wie bei unserer 30-Sekunden-Atempausen-Remotion.

Die Meditationsbasis der alten Schneider war Garn, Nadel und die saubere Naht. Und immer, wenn sie sie verlassen haben, mussten sie ihre »Meditation« korrigieren und zu ihrer »Meditationsbasis«, zu Nadel, Garn und Naht achtsam zurückkehren – wie wir zu unserem außer Acht gelassenen Atempausen bzw. Atemwendepunkten.

Immer wenn unsere Gedanken sich während unserer Meditation verselbstständigen, wenn sie unbemerkt irgendwohin abwandern, holen wir sie zum Visualisieren oder Rezitieren zu unserer Meditationsbasis KOMMENTARLOS zurück und bleiben eine Zeit lang bei ihnen, bis sie uns wieder aufgrund unserer Unachtsamkeit verlassen. »Kommentarlos«, andernfalls entsteht sofort eine unseren Verstand fesselnde Gedankenkette daraus. Doch darauf kommen wir noch ausführlich zu sprechen.

Auch Stricken oder Angeln, Kochen oder Backen, Jagen oder Sammeln, Essen oder Sex hat eine ähnlich beruhigende Funktion, nur dass es nicht Meditation genannt wird, sondern beruhigend angenehmer Zeitvertreib, welcher das vegetative Nervensystem positiv beeinflusst und somit die eigene Entspannung fördert. Derartige natürliche »Meditationen« beruhigen uns zwar, doch sie bringen uns, ähnlich wie bei der natürlichen Evolution, in unserer geistigen Entwicklung nur sehr langsam voran. Selbst das achtsame Staubwischen, Kartoffelschälen oder einem Hobby Nachgehen oder einfach ALLEINE spazieren Gehen ist eine abgeschwächte Variante der Meditation. Denn auch bei diesen Tätigkeiten wird unser Verstand leicht an die Meditations-Leine gelegt, wenn auch an eine sehr, sehr lange. Meditations-Leine bedeutet hierbei, dass unsere Achtsamkeit dem gilt, was wir gerade tun. Dabei ist es nicht wichtig, was wir tun, wichtig ist es NUR, dass wir es bewusst tun!

Haben wir unsere Meditationsposition vorzugsweise aufrecht sitzend eingenommen, dann sollten wir am Anfang von keinem gestört werden. Also: Tür zu, keine Musik, keine Düfte und Licht aus! Später wird uns nichts und niemand stören können, doch anfangs ist ungestörte Ruhe wichtig, andernfalls könnte es vorkommen, dass wir mittendrin unterbrochen werden, was zum sich Erschrecken führt und uns zukünftig eine angespannte Geisteshaltung annehmen lässt, denn unser Verstand wird posthypnotisch bedingt eine Zeit lang ständig damit rechnen, überraschend gestört zu werden.

Haben wir unsere Meditationsposition eingenommen, dann benötigen wir eine »Leine«, eine Meditationsleine, an die wir unseren Verstand legen werden, eine zu visualisierende oder zu rezitierende Meditationsbasis. Diese Meditationsleine darf nicht zu kurz und nicht zu lang sein, denn unsere Seele soll ja fliegen lernen, und dazu benötigt sie ziemlich viel Raum. Eine zu kurze Meditationsleine bewirkt, dass wir uns als Einsteiger zu stark konzentrieren werden, was eine Einengung statt einer Erweiterung wäre. Also fokussieren oder rezitieren wir nicht zu stark, sonst übersehen wir das Wesentliche, werden den Weg für das Ziel halten und geben uns mit kleinen Teilerfolgen zufrieden.

Eine harmonisch ruhige Atmung ist bei unserer Meditation wichtig. Sie sollte gleichmäßig geschehen, am besten ohne an sie zu denken, ohne Hektik oder irgendwelche Atemakrobatik. Kein verkrampftes Luftanhalten, wie wir es von uns kennen, wenn wir stark konzentriert sind. Kein hektisches nach Luft schnappen, wie wir es von uns kennen, wenn wir aufgeregt sind. Also immer schön locker bleiben! NUR ruhig beobachten, was passiert – das ist anfänglich schon Unruhe genug!

Nur betonte Zwerchfellatmung ist genauso falsch wie nur betonte Brustatmung. Richtig ist sowohl das eine als auch das andere, jedoch NICHT bewusst betont, also so, wie wir sie bereits seit unserer Geburt praktizieren. Nicht verkrampfen, nicht pressen, nicht übertreiben, laufen lassen! Etwas länger heraus-SCHIEBEN bei der Ausatmung und etwas kürzer herein-ZIEHEN bei der Einatmung sind nicht nur für den Anfang völlig ausreichend. Das Ausatmen kann leicht verzögert werden und einen Takt länger dauern als das Einatmen – kann, muss aber nicht. Als Taktgeber kann eine Sekundendauer oder vorzugsweise die natürliche Herzfrequenzdauer genommen werden. Das Einatmen 1-2 und das Ausatmen ebenfalls 1-2 oder 1-2-3, also 2 zu 2 oder 2 zu 3 Takte, dabei ist mehr auf die bereits bekannten Pausen ZWISCHEN den Atemzügen zu achten als auf die Atemzüge selbst – wobei wir dann bereits mehr bei der Remotion als bei der Meditation wären.

Beim Einatmen »ziehen« wir die Atemluft durch unsere Nasenlöcher in unsere Lungen hinein. Beim Ausatmen »schieben« wir die sauerstoffreduzierte Atemluft AUCH über unsere Nasenlöcher hinaus.

Wenn wir unseren Brustkorb durch Rippenmuskelkontraktion ausdehnen, schaffen wir Unterdruck in unserem Brustkorb, dann fließt die Atemluft luftdruckdifferenzbedingt und somit luftdruckausgleichend in unsere Lungen wie von selbst hinein und umgekehrt. Lösen wir die Rippenmuskelkontraktion auf, dann entspannt unser Brustkorb, sodass der atmosphärische Luftdruck unseren Brustkorb zusammendrückt. Dabei nimmt das Volumen des Brustkorbes ab und die Kohlendioxid angereicherte Atemluft fließt ebenfalls luftdruckausgleichend heraus. Dabei sollten wir darauf achten, dass wir möglichst gründlich ausatmen, jedoch OHNE die restliche Ausatmungsreserveluft hinauszupressen.

Nachfolgend ein Beispiel des Atemzyklus bei UNSERER Meditation:
Rhythmus: ein-ein – kurze Pause – aus-aus oder aus-aus-aus – kurze Pause – ein-ein, usw., usw. Der Rhythmus ergibt sich auch hierbei meist automatisch aus der Herzschlagfrequenz. Natürlich sind auch andere Atem-Rhythmus-Konstellationen oder andere, eigene Meditationsbasen möglich. So sollte jeder seinen eigenen, sich fortlaufend seinem eigenen Entwicklungsstand angleichenden Rhythmus finden, denn unser Atemrhythmus wird sich verändern, weil wir uns verändern werden. Wer seine Medita-

tionsbasis nicht seinem Entwicklungsstand angleicht, der passt sich seiner Meditationsbasis an, denn »wer seinen Hund nicht führt, der wird von ihm geführt werden« – was die Intention aller glaubensbedingten Meditationen ist: suggestiv-hypnotische Bindung an irgendwelche Gottes- oder andere pseudoreligiöse Gesellschaften. Und weil Anpassungen uns allgemein geistig unbeweglich machen und somit zum Stillstand führen, so dürfen wir es nicht zulassen und müssen sofort entgegensteuern, indem wir die Meditationsbasis uns und unserem Entwicklungsstand angleichen. Also konsequent, kreativ und geduldig üben ist angesagt und was auch immer während unserer Meditation passiert, nicht zu lange ablenken oder assoziieren lassen, sondern immer wieder zum Ausgangspunkt, zur Meditationsbasis zurückkehren. Und zwar BEVOR unser Verstand uns in » Diskusionen« verstrickt.

Summ-Geräusche oder Lichtpunkterscheinungen, z.B. kleine, weiß, blau bis lila leuchtende Punkte (unsere Sehnerven) oder unseren Kopf-Raum füllendes helles Licht, Körperleichtigkeitsempfinden, Gefühl des Fliegens, den ganzen Raum ausfüllendes Körpervolumenempfinden, Schwitzen, Anschwellen der Geschlechtsteile bis hin zum Orgasmus und Ähnliches sind kein Grund zur Beunruhigung. Im Gegenteil, daran können wir erkennen, dass sich tatsächlich etwas in unserem Gehirn verändert, denn fortschreiten heißt Altes loslassen, korrigieren, neugestalten. Das ist das Ziel einer echten glaubensfrei-neutralen Meditation, **UNSERER Meditation**. Was die weiß, hellblau bis lila leuchtenden Leuchtpunkte betrifft, so kommen sie aufgrund der korrigierenden Entspannung unserer Augen zustande. Dabei fällt der Augeninnendruck leicht ab, sodass sich die Netzhaut von der Aderhaut leicht deformierend vorübergehend entspannt. Dabei kommt es zu molekularer Verschiebung (Reibungsenergiebildung), bei der Elektroimpulse entstehen, welche über unseren Sehnerv zu unserem Gehirn geleitet werden, das es uns dann als

Leuchtpunkte präsentiert.

Übrigens, wenn wir während unserer Meditation immer wieder das Gleiche erleben, dann ist dies ein Zeichen dafür, dass wir im Moment scheinbar NICHT vorankommen. Hierbei muss sich unser bisher erreichter Zustand erst stabilisierend etablieren, unsere neue Hardware mit der neuen Software abgeglichen und ihr angepasst werden, dann geht es wieder ein Stückchen weiter. Es ist wie mit dem Lernen nach dem Prinzip der konzentrischen Kreise, die mit jedem Dazulernen größer werden. Unserer Seele müssen erst kräftige Flügel wachsen, bevor sie ausdauernd fliegen können wird! Es ist wie mit den Orientierungsbildern, wie in der Schule, auch dort lernen wir jeden Tag etwas Neues hinzu, sodass unsere Wissenskreise immer größer bzw. immer weiter werden.

Nachdem wir unsere Meditationsposition eingenommen haben, unser Pulsschlag und unsere Atmung sich beruhigt bzw. normalisiert haben, beginnen wir unsere Gegenstand-Basis zu visualisieren. Wir stellen uns dabei den Meditationsgegenstand gedanklich vor, beispielsweise ein Dreieck. Dabei betrachten wir ALLE drei Ecken GLEICHZEITIG, sozusagen panoramablickartig, als ob wir ein »Hans guck in die Luft« wären. Als ob wir ein räumlich sehender Maler wären – wir kommen schon bald darauf ausführlich zu sprechen. Wenn es uns anfangs gelingt, 5 Minuten – NUR 5 Minuten (KURZ) – unseren Verstand durch die Visualisierung an unserer Meditationsleine zu halten, dann dauert es bereits ZU LANGE, dann ist unsere Konzentration zu stark bzw. die Meditationsleine zu kurz! In der Regel wird es anfangs relativ lange dauern, bis wir die »kurzen« 5 Minuten des Dauermeditierens erreichen werden. Die Meditationsdauer insgesamt sollte anfangs etwa 15 bis 30 Minuten betragen – nicht länger! Das kann jeder für sich selbst herausfinden. Später, wenn die Zeit aufhört zu sein, können es Stunden werden, in Ausnahmen sogar Tage – sogar, bis unsere Körper sterben, doch soweit sind wir noch lange nicht. Wenn während oder nach der Meditation leichte Kopfschmerzen oder leichte Schwindelgefühle auftreten, dann ist das kein Grund zur Beunruhigung, im Gegenteil, es ist ein Zeichen dafür, dass unser Verstand angefangen hat zu verstehen, dass unseren Seelen Flügel zu wachsen begonnen haben. So gesehen sind leichte Kopfschmerzen eine Art Muskelkater im Kopf, eine Art Lernzielkontrolle. Und was hilft bei einem leichten Muskelkater am besten? Genau – weitermachen! Zunächst einmal, dann zweimal, dann dreimal wöchentlich, dann so oft oder so selten, wie es uns gut tut. Anfangs ist Regelmäßigkeit wichtig, doch auch dabei gilt: Macht KEINE Religion oder und insbesondere KEINEN Fanatismus daraus! Zu viel des Guten kann auch hierbei böse enden. Während unserer Meditationssitzung werden wir immer wieder und wieder feststellen, dass unser Verstand sich los leint und dabei verselbstständigt – das kennen wir bereits von unseren Atempausenbeobachtungen. Dann holen wir ihn wieder und wieder zurück und legen ihn erneut an unsere Meditationsleine, bzw. holen ihn auf unsere verbale oder visuelle Meditationsbasis zurück. Es ist wichtig, dass wir unseren Verstand wiederholt an die Meditationsleine legen, wobei es gleichgültig ist an welche, an die visuelle oder an die verbale oder, wie es bei der gleich folgenden Remotion der Fall ist, an beide gleichzeitig. Wir dürfen nicht enttäuscht sein, wenn unser Verstand anfangs nicht so will, wie wir es uns vorstellen, denn er kannte uns bis dato nur reagierend und nicht selbst agierend. Weil es uns bis hierher noch nicht gab, musste er uns bis hierher führend behüten müssen. Bis dato war unser Verstand derjenige, der uns sagte, wo es lang geht, dem wir gehorcht haben. Er war der Hund, der uns führte. Nun soll er plötzlich von uns geführt werden, uns gehorchen? Er soll und er wird, nur Geduld. Es wird für unseren Verstand nicht leicht sein, aber er wird spätestens in unserer neutralglaubensfreien Remotion lernen müssen, UNS zu gehorchen. Bis dahin dürfen wir zu ihm nicht zu streng sein, denn Disziplin ist fördernd, Zwang dagegen zerstörerisch.

In UNSERER Meditation geht es immer wieder darum, unseren Verstand anzuleinen und somit zu disziplinieren. Egal, mit welcher Meditationsleine wir unseren Verstand neutral schärfen wollen, sie MUSS dehnbar, aber reißfest sein. Denn jeder Hokuspokus mit religiösem Hintergrund bringt uns bis zu SEINEM Abgrund, dann stürzen wir in seine beabsichtigte Abhängigkeit herab. Es gibt genügend »Scheinheilige«, die diesen Weg in den »heiligen Abgrund« einfach weitergegangen und abgestürzt sind. Denen sollten wir auf gar keinen Fall folgen, denn die Chance, sich selbst zu finden, ein Selbstgeborener zu werden, haben WIR: hier und jetzt! Ob wir die Chance bekommen, den langen Weg der Evolution bis zur Menschwerdung noch einmal gehen zu DÜRFEN, ist sehr fraglich. Wir können diese einmalige Chance jetzt, hier auf UNSERER Erde, nutzen oder als Mineralien unserer Asche, als Erdenstaub auf die nächste Chance warten, irgendwo und irgendwann.

Manchmal, in tiefer Meditation, öffnet sich für Fortgeschrittene einen zeitlosen Augenblick lang eine Art Tür aus Licht, dann setzt der Atem aus und das Herz hört auf zu schlagen. Wir sehen dann keine Lichtspiele wie sonst, wir hören auch keine Geräusche, wir wissen NUR Orgasmus-ähnlich verzückt, dass wir SIND. Es ist wie mit den zwei Räumen, die durch eine Tür voneinander getrennt sind. Entweder sind wir hier, dann sind wir nicht dort, oder wir sind dort, dann sind wir nicht hier. In beiden Räumen, in beiden Dimensionen dauerhaft gleichzeitig zu sein, ist faktisch nicht möglich.

Solange wir noch einen Fuß über der beide Räume verbindenden »Türschwelle« haben, uns in der neutralen Mitte, in der Atem- und Herzstillstandpause befinden, solange können wir uns noch entscheiden – für hier oder für dort. Ähnlich wie bei den Teilchen der Elementarteilchen, die sowohl massehaltig alsdann auch massefrei sein können. Ähnlich wie bei der Materie und Antimaterie, die sich beim Begegnen scheinbar spurlos auflösen. Ähnlich wie beim Lebensanfang, wie bei den einzelnen RNA-Strengen (Ribonukleinsäure), die auf wundersame Weise zu doppelten DNA-Strängen (Desoxyribonukleinsäure) mutieren und somit immer wieder Neues hervorbringen können.

Wer jetzt durch diese »Licht-Tür« hindurchgeht, der kommt nicht wieder zurück. Der hört auf, körperlich zu existieren. Also vorsichtig, denn dieses Gefühl ist so schön, so überwältigend schön, dass wir ES leicht für immer sein möchten. Das soll hier an dieser Stelle eine Warnung und eine Verheißung an alle Meditierenden oder Remotierenden sein und wirklich sehr ernst genommen werden. Einerseits, wenn wir alleine leben, kann uns nichts Schöneres passieren, dann können wir durch diese hell strahlende Tür hindurchgehen und uns dort, wohlverdient, selbstauflösend, mit der »schattenlosen Lichtstrahlung« ewiglich vereinigen. Andererseits sollten wir es nicht sofort realisieren, sondern eine gewisse Zeit lang abwarten, bis unsere Körper krank oder alt geworden sind, denn »es gibt noch viel zu tun«, und bereits selbsterfahrene »Erntehelfer«, »Stolpersteinleger« oder »Schwertschärfer« werden derzeit dringender benötigt denn je.

Also: Sollte diese Gnade einigen von uns widerfahren, und davon bin ich aufgrund meiner eigenen Erfahrung felsenfest überzeugt, dann MÜSSEN wir spätestens nach dem fünften Herzschlagaussetzer AKTIV mit unserer Einatmung wieder beginnen, oder wir werden unumkehrbar dort angekommen sein, wo alle Suchenden sehnsüchtig hinwollen – im Zeitlosen, im Ewigen Ewig, im Unendlichen, im ... denn das Namenlose hat viele Namen. Also, achtet auf eure Atempausen, damit ihr eure letzte, die ewige andauernde Atempause nicht verschlaft, sonst werdet ihr tot sein, ohne es zu wissen – körperlich UND geistig.

Übrigens: Die andere Seite der »Lichtschwelle« ist atemlos, frei von Blut- und Atemströmungsgeräuschen und voll sehr angenehmer schattenloser Strahlung – es gibt kein Licht, keine Lichtquelle, die schattenwerfend leuchtet, alles leuchtet strahlend aus sich selbst, sozusagen aus/durch sich selbst in einer sehr angenehmen gelb-weißen Farbe – wir werden dann die Frucht sein, die den ewigen Baum erkennen wird, der sie vor unendlicher Zeit artenübergreifend hervorgebracht hat.

Den Anfang und das Ende unserer Meditation sollten wir ein wenig ritualisieren – was bereits eine leichte Art der Suggestion oder Posthypnose darstellt. Eine leichte, loslassende Körpersuggestion ist am Anfang entspannend und am Ende eine sich sammelnde, eine unseren Körper anspannende durchaus sinnvoll. Am Anfang unserer Meditation konzentrieren wir uns auf die Ausatmung, indem wir loslassen, entspannen und die Atemluft zum Bauch hin hinaus-SCHIEBEN. Am Ende unserer Meditation konzentrieren wir uns auf das Einatmen, Festigen, Anspannen, dabei ZIEHEN wir die Atemluft bis zur Schädeldecke hinauf. Anschließend öffnen wir LANGSAM unsere Augen und werden uns unserer Umgebung bewusst.

Der Ein- und Ausstieg in/aus der Meditation dauert jeweils etwa eine halbe bis eine ganze Minute.

REMOTION

Während in der Meditation alles weitgehend passiv und somit in unserer »Abwesenheit« geschieht, ist in der Remotion unsere Aktivität und somit unsere achtsame Anwesenheit gefragt. Aus der langen Leine der Meditation wird eine kurze Leine der Remotion. Wunschdenken oder suggestive Selbstbeeinflussung sowie unsere abwartend abwesende Passivität während der geläufig bekannten Meditationen kommen in der Remotion nicht vor. Die weitgehend passive Geistführung der Meditation wird durch die aktive bzw. achtsame Geistführung der Remotion ersetzt. »Nicht immer, aber immer öfter«.

Während die klassischen Meditationen – NICHT unsere vorangehend beschriebene – irgendwelchen geheimen, heilig-religiösen Ursprung haben und schon deshalb für unsere neutrale Fortentwicklung ungeeignet sind, ist die nachfolgende Remotion eine neutrale Übungsmethode, die zunächst der Leistungssteigerung unseres Verstandes dient und somit von jedermann geübt werden kann, der geistig leistungsstärker werden möchte. Sie ist wie ein »Schwimmmeister«, der uns das Schwimmen beibringen und somit vor dem »Ertrinken« bewahren will – ob wir das Schwimmen, mit dem wir das andersdimensionierte Ufer erreichen könnten, erlernen wollen oder nicht, das müssen wir selbst entscheiden.

In der vorangegangenen Meditationsbeschreibung habe ich alles »Geheime, Heilige und Religiöse« so weit vermieden, wie es mir nur möglich war. Ich habe selbst lange praktizierend festgestellt, dass sie nur ohne Gebühren kassierende Gurus wirklich effektiv funktioniert – ähnlich wie bei allen anderen, gebührenpflichtigen »Religionen«. Ablässe, Auferstehung, Jungfrauen Belohnung, Meditations-Initiationen, heilige Kriege und ähnlicher Unsinn dienen und nutzen nur den »Initiatoren«.

Unsere Rolle in der Remotion ist die eines aktiven, aber neutralen Beobachters. Hierbei beobachten wir achtsam unseren

Verstand bei seinen Aktivitäten. Wir schauen uns sozusagen selbst beim Denken oder Träumen kommentarlos zu und sind so oft und so lange, wie es eben geht, direkt dabei anwesend. Das ist zunächst das Ziel der Remotion, jedoch NICHT der Sinn. Der Sinn und somit die AUFGABE unserer Remotion ist zunächst die glaubensfreie, Bildungsstand unabhängige Realisierung möglichst frühzeitiger Wahrnehmung unserer Gedanken und somit auch unserer Sinnesaktivitäten.

Diese Aufgabe wird DADURCH GELÖST, dass wir unsere Aufmerksamkeit während unserer Remotion eine gewisse Zeit lang kontinuierlich audiovisuell auf zunächst zwei sinnesspezifische Objekte **gleichzeitig** richten und somit den Schwierigkeitsgrad der Remotion unserem aktuellen Bildungs- und/oder Entwicklungsstand jederzeit bedarfsorientiert selbst anpassen können.

In der Remotion darf unser Verstand NICHT »ungestraft« herumwandern. Sobald er dabei »erwischt« wird, muss er Schritt für Schritt rückwärts an die kurze Leine der Remotionsbasis, zum Ausgangspunkt zurückkehren. Dabei muss er sich anfangs nicht rechtfertigen oder entschuldigen, sozusagen ein schlechtes Gewissen haben. Unser Verstand muss zunächst NUR lernen, dass er nicht ewig ungestraft von uns zurückgeholt wird, sondern nach einer gewissen Einübungszeit von selbst zur Remotionsbasis zurückfinden muss – exakt zu diesem Punkt, an dem er sie verlassen hat. Es ist ähnlich wie mit kleinen Kindern, die gern weglaufen und dann stur darauf warten, bis sie zurückgetragen werden, meistens von ihren inkonsequenten Eltern oder Großeltern. Bei der Remotion muss unser Verstand den Rückweg selbst finden UND selbst gehen. Keine Kuschelpädagogik, sondern Konsequenz; wer wegläuft, der muss lernen zu wissen, dass das nur die halbe Strecke ist.

Die Aufgabe unserer Remotion ist die unmittelbare Realisation der Wahrnehmung der Aktivitäten unseres eigenen Denkens.

Kommentarlos. Es geht um die Entstehungsmomente unserer Gedanken und um den Grund ihrer Entstehung. Es geht darum, dass wir eines Tages unseren Gedanken an seiner Entstehungs-Quelle, wo er noch rein ist, direkt wahrnehmen. Je weiter sich unser Gedanke von der Quelle entfernt, desto unreiner, desto verwässerter wird er, sodass es dann immer schwerer wird, ihn bis zum Entstehungsmoment zurückzuverfolgen. Bei unserer Remotion geht es vorwiegend darum, dass wir unsere Gedanken möglichst früh UND lügenfrei erkennen, am besten direkt bei ihrer Geburt, im Moment ihrer »Zeugung«. Eine kurze Remotionspause, sagen wir von etwa einer Minute, könnte das Gesagte verdeutlichen. Damit diese Remotionsübung leichter gelingen kann, schließen wir unsere Augen und achten dabei wie bereits gelernt, auf die beiden Atempausen zwischen unseren Atemzügen, wobei die Atemwendemomente gedanklich von 1 bis 12 oder bis 24 »sprechend« UND »sehend«, also audiovisuell von uns mitgezählt bzw. »abgelesen« werden. Bist du mehr ein visueller Typ, dann wirst du die Zahlen zuerst sehen und dann »ablesen« bzw. umgekehrt. Beim Einatmen »erscheinen/erklingen« die Zahlen oben (im Kopf) und beim Ausatmen unten (im Bauch). Das wäre für den Anfang schon alles. So lange wie unsere Seele uns nicht aufgibt, lernt sie sehr schnell, auch die Technik der o. g. Remotionsübung zu beherrschen, sodass sie es dann sein wird, die immer wieder richtend eingreift. Immer wenn wir uns von unserer Remotionsbasis entfernen werden, wird sie das unseren Verstand wissen lassen. Immer wenn unser Verstand falsch rechnet oder etwas durcheinander bringt, wird sie es sein, die ihn wieder und wieder zum Ausgangspunkt, »nach Zuhause« zurückbringt – unermüdlich.

Das Schöne und Praktische an unserer Remotion ist die Tatsache, dass sie sich UNS, unserem Entwicklungszustand, fortlaufend anpassen lässt. Unsere Remotion holt uns dort ab, wo wir uns gerade gegenwärtig befinden – allerdings müssen wir unsere gegenwärtige Position selbst herausfinden. Wem die o.g. Remotionsübung zu schwer ist, der fängt dort an, wo er sich bereits auskennt. Anfangs beobachten wir NUR die beiden bereits bekannten Atempausen zwischen unseren Atemzügen, wobei wir uns beim Einatmen auf unseren Kopf und bei Ausatmen auf unseren Bauch konzentrieren – ohne zu zählen oder unsere Herzschläge zu beobachten. So gesehen fangen wir unsere Remotion zunächst mit unserer vorangehend kennengelernten Meditation an. Die Zeitdauer und der Ort spielen dabei keine große Rolle. Anfangs wäre ein Schneidersitz in einem abgedunkelten Raum sicherlich von Vorteil, aber nicht ausschlaggebend. Ein Stuhl, ein Sofa, ein Bett usw. täten es auch. Später werden Ort und Übungszeit egal sein, bis schließlich auch diese überflüssig werden wie am Ende die Remotion selbst. Mystisch? Nein! Realistisch, denn wozu sollen Gehhilfen gut sein, wenn wir nach einer gewissen Zeit gelernt haben werden, ohne Gehhilfen zu laufen.

Ausschlaggebend für unseren Erfolg sind die vielen Wiederholungen, die sich ständig wiederholende geduldige Rückkehr zu unserer Remotionsbasis. Immer wenn wir bemerken, dass unser Verstand sich nicht auf der Remotionsbasis bei den beiden Atempausen befindet, holen wir ihn wieder dorthin zurück. Diese Remotionsübung sollten wir so oft üben, bis wir sie gut eine oder mehrere Minuten lang UNUNTERBROCHEN beherrschen werden. Dabei können wir auch das Angenehme mit dem Nützlichem verbinden: Beim Musikhören können wir auf EIN einziges Instrument achten – ähnlich wie beim Schwarm- oder Wolkenbeobachten. Sobald unsere Achtsamkeit sich einem anderen Instrument oder einem anderen Schwarmobjekt oder einer anderer Wolke zuwendet bzw. zuwenden will, muss sie uns darüber VORHER in Kenntnis setzen bzw. unserer Zustimmung oder Ablehnung abwarten. Selbst nachts, wenn wir zwischendurch aufwachen, können wir uns ohne Zeitverschwendung in unserer Remotion geduldig perfektionieren. Auch wenn diese Nachtübungen meistens nur wenige Minuten oder gar Sekunden ununterbrochen andauern, nützlich sind sie allemal, denn sie lehren uns, die Anfänge unserer Träume distanziert wahrzunehmen – als neutraler Traumbeobachter.

Geduld, Geduld, denn gerade die Unterbrechungen sind es, die uns hierbei, zunächst das Leben schwer machend, weiterhelfen. Immer wieder, wieder und wieder wird unser Verstand nicht bei der Sache sein und seine Remotionsbasis wiederholend verlassen und irgendwo vagabundierend, uns ignorierend, mit seinen eigenen Gedanken unterwegs sein. Unser Verstand ist nun mal wie ein kleines Kind, das immer und immer wieder auf den Topf gesetzt werden muss, so lange, bis es gelernt hat, diesen ohne vorhergehenden Gebrauch der Windeln zu benutzen.

Remotion hat direkt mit Suggestionen, Hypnose oder den vielen glaubensbedingten Meditationen nur wenig gemeinsam, denn Remotion schließt uns auf und nicht zu. Sie macht uns wachsamer, intelligenter und damit leistungsfähiger, sie nimmt uns jegliche Angst und lässt uns uns selbst nach und nach so erkennen, wie wir wirklich sind. Schließlich führt sie uns auf eine höhere Ebene des Bewusstseins, von der wir dann, klar und deutlich, eine andere Dimension erahnen werden.

Während einer ermüdenden Autofahrt können wir uns durch folgende Remotionsübung gut wach halten. Alles, was wir dabei tun müssen, ist rhythmisches Zählen bis fünf oder sieben. Hierbei achten wir NICHT auf die Atempausen, sondern auf das Ein- und Ausatmen. Wir atmen natürlich zwei Sekunden EIN, wobei wir gedanklich »1-2« rhythmisch mitzählen und atmen gleich anschließend natürlich aus, indem wir gedanklich ohne Pause rhythmisch weiterzählen: »3-4-5«. Also locker anspannend einatmend 1-2 und sofort entspannend loslassen und ausatmend 3-4-5 mitzählen. Es kann durchaus passieren, dass sich zu dieser Übung unser Herzrhythmus und/ oder Visualisierung dazugesellt. Wem der 2-zu-3-Takt nicht zum Munterwerden ausreicht, für den gibt es noch den »Turbomodus« der muntermachenden

Remotionsmethode mit dem 2-zu-4-bis-5-Rhythmus: 1-2, aktiv einatmend, und 3-4-5-6 bzw. 7 aktiv ausatmend usw. Der Unterschied der muntermachenden Remotion zu der Turbo-Remotionsversion besteht darin, dass bei der Turbo-Remotionsversion aktiv ein- UND aktiv ausgeatmet wird, wobei ein Teil der Einatmungsreserveluft und ein Teil der Ausatmungsreserveluft einbezogen werden. Beim Einatmen ziehen sich unsere Nasenflügel so zusammen, als ob wir einen schönen Duft einsaugen würden, und beim Ausatmen kontrahiert unsere Bauchmuskulatur, um die restliche Atemluft hinauszupressen. Da der Turbomodus unser Blut zusätzlich mit Sauerstoff anreichert und die Reibung der Atemluft mit der Oberfläche unserer Atmungsorgane wesentlich höher ist als bei gewöhnlicher Atmung, so müssen wir UNBEDINGT darauf achten, dass wir NICHT zu viel des Guten abbekommen, dass wir NICHT hyperventilierend zu viel Reibungsenergie erzeugen. Deshalb ist es SEHR ratsam, zuerst NICHT hinter dem Steuerrad eines Fahrzeuges zu üben, sonst könnte das unsere letzte Muntermacher-Übung und damit unsere letzte Autofahrt sein. Wie lange diese Turbo-Remotionsübung andauern soll, das muss jeder für sich selbst herausfinden. Auf jeden Fall darf damit NICHT hinter einem Lenkrad oder bei einer verantwortungsvollen oder gefährlichen Tätigkeit experimentell begonnen werden.

Wenn wir diesen Turbomodus öfter anwenden, dann können wir so manchen Schnupfen oder so manche Erkältungskrankheit gänzlich vermeiden oder eine bereits bestehende deutlich verkürzen, und mit unseren Nasennebenhöhlen werden wir dann auch keine Probleme bekommen. Dadurch, dass wir zwei Takte aktiv einatmen und vier oder fünf Takte aktiv ausatmen, erzeugen wir beim Einatmen einen leichten Unterdruck in unserem Brustkorb. Um vier oder fünf Takte ausatmen zu können, benötigen wir eine entsprechende Menge Atemluft. Allerdings steht uns für das Luftholen nur die halbe Zeit zu Verfügung, was durch einen schnelleren Luftfluss ausgeglichen wird. Dabei entsteht zwangsläufig ein erhöhtes Vakuum in unserem Brustkorb, das sich dann bis zu den Nasenschleimhäuten hin und darüber hinaus fortsetzt. Dadurch wird unser gesamter Kopf einem leichten Innenvakuum während des Einatmens ausgesetzt. Hierbei entsteht eine Luftdruckdifferenz zwischen innen und außen von etwa 0,5 mb. Das ist zwar nicht viel, doch ein Naturgesetz besagt, dass die Elemente, wie Wasser, Wind und Feuer – auch elektrischer Strom – immer den Weg des geringsten Widerstandes gehen. Auf das Atmen bezogen bedeutet das, dass auf der gesamten Innenoberfläche, von den Nasenlöchern über die Luftröhre bis zu den kleinsten Luftbläschen unserer Lungen, den Alveolen, ein geringes Vakuum entsteht, sodass jetzt Körperflüssigkeiten samt Keimen in das Vakuum eindringen und beim Ausatmen in Richtung Rachen transportiert werden. Wenn auch nur gering, so wird doch unser gesamter Kopfinhalt bis zur Schädeldecke hin diesem reinigenden Vakuum ausgesetzt, sodass viele überflüssige, auch im Epithel eingenistete Bakterien und andere Körpersubstanzen von innen her in die Atemwege hinausgedrückt werden. Dass es so ist, erkennen wir daran, dass wir während unserer Remotion im Turbomodus öfter Flüssigartiges schlucken müssen als sonst und nach der Remotion oft mehrmaliges Nasenputzen angesagt ist. Schließlich werden wir auch bemerken, dass wir nach der Übung wacher sein werden und leichter Luft bekommen als davor. Die bei der aktiven Einatmung erzeugte Reibungsenergie erhöht das Energiepotenzial im gesamten Körper und damit auch seine Leistungsfähigkeit. Die Asthmakranken unter uns dürfte diese Übung besonders erfreuen, denn auf jeden Fall schafft sie Linderung. Regelmäßig konsequent angewendet, sogar Heilung! Diese reinigende Muntermacher-Remotion können wir immer dann anwenden, wenn wir müde werden oder einfach so zum sinnvoll munter oder gesund machenden Zeitvertreib. Die Dauer kann etwa zwei bis fünf Minuten betragen oder mit Unterbrechungen auch länger, je nachdem, wie oft wir unterbrochen werden. Unterbrochen? Von wem? Von unseren Gedanken, von unserem überforderten Verstand, denn für ihn bedeutet es lernen, sich zu konzentrieren, achtsam bei der Sache zu bleiben, uns schrittweise als geduldig-resoluten Herrn kennenzulernen. Auch wenn es sich jetzt merkwürdig anhören sollte, aber gerade diese störenden (bösen) Unterbrechungen sind es, die uns zu UNS (zum Guten) schrittweise führen werden. Somit ist jede Unterbrechung ein Fluch und Segen zugleich. Fluch, weil wir unterbrochen werden, weil wir immer wieder zu unserer Remotion auf unsere Remotionsbasis zurückkehren müssen, um fortzufahren. Segen, weil wir unserem Selbst bei jeder Unterbrechung ein kleines Stückchen näherkommen werden bzw. unsere Seelen uns.

Bis jetzt, wenn wir unterbrochen wurden und den aktuellen Gedanken, den »Störenfried«, wahrnahmen, kehrten wir zunächst SOFORT – kommentarlos – auf unsere Remotionsbasis zurück. Andernfalls, wenn wir NICHT SOFORT – kommentarlos – zu unserer Remotionsbasis zurückkehrten, trickste uns unser Verstand aus, indem er uns einfach vagabundierend »davonlief«, aber ab jetzt NICHT mehr davonlaufen darf. Andernfalls werden wir für eine gewisse Zeit zum Beobachteten selbst – OHNE uns als bewusster Beobachter, was NICHT das Ziel unserer Remotionsübungen wäre. Ab jetzt kommen wir nur rückwärts, nur rückfragend voran, was heißen soll, dass wir vom aktuell wahrgenommenen Gedanken ausgehend zu vorherigen Gedanken zurückgehen, usw. bis wir so zu dem ersten, die Unterbrechung auslösenden Gedanken kommen. Dann kehren wir wieder zu unserer verlassenen Remotionsbasis zurück, ohne zu richten oder zu rechtfertigen, ohne zu urteilen oder zu verurteilen. **Diskussionslos**, keine rechtfertigende Stellungnahme oder Erläuterung, denn sobald wir uns auf eine Diskussion mit unserem Verstand einlassen, überlistet er uns garantiert, beobachte es!

Unser Verstand ist derartig entzweit, derartig unwissend und misstrauisch, dass es ihm sehr schwerfällt, uns zu gehorchen. Uns, die er noch nie kennengelernt hat, weil es uns noch nie permanent gab. Wem sollte unser Verstand gehorchen, wenn wir selbst noch der Verstand waren? Ein Verstand, der jahrzehntelang von Kind an glaubensabhängig dressiert wurde automatisch-autonom FÜR uns zu denken, zu lügen und zu betrügen, kann nicht von heute auf morgen geändert werden, denn »Gut Ding braucht Weile«. Das sollten wir wissen und verstehen, also nicht ungeduldig werden, sondern einfach reisefortsetzend weiterfahren, denn auch die längste Reise hat irgendwann ein Ende.

Unser Verstand hat jahrzehntelang gelernt, nach bestimmten Verhaltensmustern wie Lob und Tadel, wie Sitte und Moral oder Gesetz und Recht funktional zu reagieren, und jetzt soll er still werden? Einfach so, weil wir es so wollen? Wer sind wir denn, dass wir von ihm Gehorsam verlangen? Uns soll er gehorchen? Plötzlich nur die zweite Geige spielen? Ja und nein – er wird sich sehr lange und sehr erfolgreich wehren, bis er schließlich lernen wird zu lernen. Je nachdem, wie alt wir sind, desto schwerer wird es ihm fallen, sich neu zu strukturieren, sich neu zu organisieren. Unser Verstand hängt an den Ketten seiner Vergangenheit und wir mit ihm; an seinen Gewohnheiten, an seiner Bildung, an seinen Glaubensbrillen und anderen Lügen, die durch ständige Wiederholungen zu SEINER und somit auch zu unserer Wahrheit wurden. Alle Verformungen, insbesondere durch die der Glaubensmärchen, die wir und andere unserem Verstand als Wahrheit, als Grundlage seines Denkens beigebracht haben, sollen plötzlich unwahr werden? Sie sollen! WEIL SIE UNWAHR SIND!

Das lernend herauszufinden und zu eliminieren, sich von den Fesseln der Vergangenheit zu befreien, damit wir bzw. unser Verstand für unsere Zukunft frei werden können, ist die wichtigste Aufgabe unserer Remotion.

Bevor wir uns so kennenlernen können, wie wir wirklich sind, müssen wir die konditionierenden, die uns programmierenden Verformungen unseres Verstandes erkennen und begradigen. Ohne Wenn und ohne Aber, mit all unseren Stärken und Schwächen, authentisch! Egal, wie viele »Kleidungsstücke« wir übereinander tragen, wir müssen sie ausziehen – alle! Egal, mit wie vielen »Tapetenlagen« wir oder andere unseren Verstand zugekleistert oder übertapeziert haben, wir müssen sie ALLE entfernen – unsere Remotion wird uns dabei helfen. Allerdings kommt es jetzt wirklich darauf an, ob wir den Weg zu uns selbst weitergehen oder verlassen werden. Das wird dann die Frucht sein, an der wir die Ernsthaftigkeit unserer Selbstfindung erkennen werden.

Bei unserer Remotion werden wir immer wieder feststellen, dass der wahrgenommene Gedanke sich bereits mehrere Stationen vom Initialgedanken entfernt befindet. Also nehmen wir unseren aktuell wahrgenommenen Gedanken auf und verfolgen ihn stationsweise zurück, sozusagen Schritt für Schritt rückwärts voran! Am Anfang unserer Remotion werden wir nur selten bis zu unserem Initialgedanken, bis zu unseren Gedankenquellen zurück vordringen können. Oft wird es nicht einmal eine Station sein, doch Geduld, denn die Zeit des Erfolges kommt bestimmt, dessen kannst du dir gewiss sein. Die beharrlichen Rückführungen werden es dann sein, die nicht nur Kleinkindern, sondern auch unseren Verstand lehren werden, gelehrig zu werden.

Wer gerne, vorzugsweise ALLEINE wandert, walkt oder joggt, der kann seine Atmung rhythmisch an seine Schrittabfolge anpassen. Zwei bis drei Schritte einatmen und drei bis vier Schritte ausatmen. Ein bis zwei Schritte wellenartig mitzählend einatmen und drei, vier, fünf Schritte ausatmen. Es wird nicht lange dauern, bis sich auch hierbei ein gewisser, ein unserer Körperverfassung entsprechender Rhythmus einstellt. Dabei zieht sich unser

Verstand etwas zurück und die Kette der Gedanken wird immer kürzer, d.h., dass wir immer früher, immer näher an der Quelle, einen Gedanken wahrnehmen werden, bis schließlich der Moment kommt, wo wir unsere Gedanken unmittelbar im Moment des Entstehens wahrnehmen werden. Wir werden dann unmittelbar quellenrein wissen, warum wir diesen oder jenen Gedanken denken. Es wird dann UNSERE Entscheidung sein, ob wir einen Gedanken verwerfen, weiterdenken oder realisieren. WIR werden dann weitgehend selbst bestimmen, womit sich unser Verstand zu beschäftigen hat und womit nicht, ob er agierend tätig werden soll oder auch nicht. Und nicht nur das, wir werden dann auch oft wissen, was andere denken, sogar ohne, dass die anderen es selbst wissen werden. Es wird eine sehr interessante Erfahrung sein – zunächst etwas unheimlich, dann die Gewissheit bringend, dass wir mehr sind als nur unsere Körper bzw. viel mehr als nur unsere körperbedingten Gedanken. Unglaublich? Für die meisten ja, doch ich weiß, wovon ich spreche.

Etwas schwieriger wird es werden, wenn für unsere Remotions-Unterbrechungen NICHT durch Sinneswahrnehmungen hervorgerufene Gedanken verantwortlich sind. Hierbei geht es oft um reine neuronale Aktivitäten oder auch nur um erinnerbare Gefühle, nur darum, was in unseren Gehirnen bereits vorhanden ist und assoziativ verarbeitet wurde oder gerade wird. Auch hierbei gilt es, sich des aktuellen Unterbrecher-Gedankens bewusst zu werden, um dann rückwärts voranzukommen. Dabei fragen wir uns, welcher Gedanke den letzten wahrgenommenen Gedanken ausgelöst hat, und welcher den davor und welcher wiederum den davor usw. So kommen wir schließlich, wenn wir Glück haben, zu dem allerersten Gedanken, der die »Kettenreaktion« ausgelöst hat, zu dem Initialgedanken. Danach wird dann der Zeitpunkt gekommen sein, wo wir öfters klare Träume haben werden. Vielleicht werden wir sogar einen selbststrahlenden Sternenhimmel »sehen« und uns als ein Teilchen von ihm wissend empfinden. Es wird dann der Zeitpunkt sein, wo wir NICHT immer der Traum sein werden, sondern auch der Beobachter unserer Träume. Doch bis dahin könnte noch eine gewisse Zeit vergehen. Sollten wir keine Zeit zum Üben oder keine Ausdauer haben, aus welchen Gründen auch immer, dann ist es auch keine Tragödie, denn unsere Remotion macht uns nicht süchtig oder in irgendeiner anderen Weise abhängig, denn sie ist evolutionskompatibel – nur etwas schneller. Gut, wir werden bereits nach einer relativ kurzen Zeit leistungsfähiger und damit schneller sowie erkenntnisfähiger in unseren Köpfen werden, doch das sollte zunächst nicht unser Problem sein – allerdings könnte es zum Problem für andere werden, und zwar dann, wenn wir weitermachen, wenn wir den Weg der Remotion bis zum Ende, bis zu unserer Selbstgeburt gehen werden. Denn es bleibt nicht dabei, dass wir nicht nur ein wenig schneller und leistungsfähiger in unseren Köpfen werden. Die Folge wird dann sein, dass bestimmte Mitmenschen uns nicht immer verstehen und uns für Besserwisser oder Klugscheißer halten werden. Auch das möchte ich der Vollständigkeit halber an dieser Stelle gesagt haben. Doch es geht zunächst um UNS – um UNSERE Zukunft und nicht um das Gerede anderer. WIR reden nicht nur darüber, wir machen es, wir gehen spurenlegend voran, damit auch diejenigen, die uns heute ablehnen, später unseren Spuren folgen können. Es ist wie mit dem Mond: »Was kümmert es den Mond, wenn ihn ein Hund anbellt?« Der Mond scheint einfach unbekümmert weiter, sodass er schließlich auch dem ihn anbellenden Hund den Weg erhellt.

Remotion heißt NICHT, den Teufel durch den Satan und den Satan durch den Luzifer oder einen Gott durch einen anderen, Jahwe durch Allah und Allah durch Brahma zu ersetzen. Es geht auch NICHT darum, eine »Peitsche« gegen eine andere zu tauschen, also die Ketten oder den Kerker zu wechseln. Es geht um die Erkenntnis so zu werden, wie wir wahrhaftig waren bzw.

immer noch sind – bevor wir unwissend, bevor wir gläubig wurden. Es ist wie mit der neutralen Liebe, die nicht gibt und nicht nimmt, die einfach da ist. Es ist wie mit der wärmenden Sonne, die ihre Strahlen KEINEM verwehrt. Das bedeutet, dass wir uns mit KEINEM solidarisch erklären werden. Bei unserer Selbstwerdung gilt es auch dieses zu bedenken, denn nach unserer Selbstwerdung werden WIR weder Freunde noch Feinde haben und NICHT nur unsere Nächsten verständnisvoll lieben. Remotion schließt alles ein, ohne irgendwas zu verschließen, und sie schließt auch alles aus, um sich selbst nicht einzuschließen, und somit grenzt sie auch nichts aus oder ein, denn alles ist wie ES ist – grenzenlos!

Wie die meisten von uns sicherlich schon bemerkt haben, sind Rhythmus und Geschwindigkeit, Atmung und Herzschlag wichtige Beobachtungsbasen unserer Remotion, wobei diese Remotionsbasen nicht starr sein dürfen, denn unsere Remotion wächst ständig mit uns und wir mit ihr. Sobald unser Verstand dazulernt, beginnt er sich – durch Unterforderung – zu langweilen. Dann sind wir gefragt, indem wir ihn mit neuen Herausforderungen konfrontieren – usw.

Was den Remotionstakt angeht, so sollte er, auch wenn es nicht auf Anhieb glückt, MINDESTENS dem Schlagrhythmus unseres Herzens entsprechen. Eine Silbe, eine Ziffer, ein Buchstabe, ein Tag oder ein Monat bedeuten einen Herzschlag-Takt. Wenn wir das können, dürfen wir auch etwas schneller werden, denn NUR so wird UND bleibt unser Verstand leistungsfähig, kreativ und jung, auch wenn unsere Körper mit der Zeit älter und langsamer werden. Auf jeden Fall werden wir nicht vorzeitig vergreisen oder uns wundern, dass uns die Zeit »wegläuft« oder uns am Wochenende fragen, wo die Woche wohl geblieben ist. Es liegt NICHT an der Zeit, es liegt an uns, dass wir keine Zeit haben, es liegt daran, dass wir, insbesondere aber unser Verstand, im Alter permanent langsamer werden.

Remotion hilft uns, verstandesmäßig schneller zu werden, was insbesondere die Älteren unter uns sehr erfreuen dürfte. Die Älteren unter uns werden am Anfang ihrer Remotion bemerken, dass ihr Verstand regelrecht »Aussetzer oder Durchhänger« in Form von Denkpausen oder Denkbildern hat. Diese Denkblockaden, oft mitten in einem Wort, oder stehende Denkbilder sind für das Langsamer-Werden unseres alternden Verstandes mitverantwortlich bzw. umgekehrt. Es ist unser langsamer gewordene Verstand und nicht die Zeit, die uns von Jahr zu Jahr, von Monat zu Monat langsamer denken lässt. Sind wir bzw. unser Verstand langsamer geworden, dann können wir das durch regelmäßige Remotionsübungen ändern, womit eine gründliche »Entrümpelung« unseres Verstandes gemeint ist. Durch das strukturierte Aufräumen unseres Verstandes werden wir Neues erschaffen, schließlich uns selbst. Dann werden Selbstentdeckung oder Selbstverwirklichung, Selbstgeburt oder Neugeburt keine leeren, keine theoretischen Begriffe sein, sondern Realität und das Ende unserer zielorientierten Reise, sodass es eines Tages nichts mehr zum Aufräumen oder Umstellen geben wird und wir fortan »ohne« Remotion leben werden, denn unser neues Leben WIRD fortdauernd eine einzige Remotion sein. Es ist wie mit dem Sein, sobald wir ES nicht werden wollen werden, werden wir ES bereits sein.

Da unsere Remotion ein Novum darstellt, so werde ich sie im Folgenden anhand von praktischen Beispielen zu verdeutlichen versuchen und hoffe, dass es mir einigermaßen gut gelingen wird. Denn je mehr von uns sie verstehen, desto mehr werden sie auch praktizieren – weil es nichts Sinnvolleres, nichts Schöneres gibt als die Erfüllung unseres Urvermächtnisses, als die Rückkehr nach zuhause. Wer sich praktisch in seiner Remotion üben wird, der wird sich garantiert verändern, was wiederum auch andere zu sehen und zu spüren bekommen. Sie werden neugierig und/oder neidisch werden, wobei Neu-GIER und Neid wichtige Antriebsfedern der Evolution sind! Auf jeden Fall wird unsere Remotion zunächst uns selbst helfen, angstfrei zu werden und angstfrei zu bleiben. Ferner werden wir dann zumindest versucht haben, die Welt ein wenig gerechter und friedlicher zu verlassen, als wir sie bei unserer Geburt vorgefunden haben. Dann hätten wir mehr getan, als nur konsumierend zu leben, dann würden wir wegweisende Lebensspuren hinterlassen, an denen sich auch andere Suchende orientieren könnten. Es ist wie mit dem Mond, der auch denjenigen den Weg erleuchtet, die ihn anbellen, oder wie mit Kindern, die nicht lernen wollen, weil sie denken, bereits alles Lebensnotwendige gelernt zu haben. Es ist wie mit den sogenannten Schicksalsschlägen, die uns meistens dann ereilen, wenn wir uns in Sicherheit zu wissen glauben. Und manchmal muss erst ein Unglück passieren, damit wir glücklich werden können.

Nun folgen einige Beispiele, die von dir verändert oder unverändert übernommen werden können: Der leere Blick, der **Panoramablick**, das Schauen ins Leere. Das Sehen aller drei Ecken des Dreiecks gleichzeitig ist eine Remotionsübung, die situationsbedingt sogar überlebensrelevant sein kann. Nicht nur Kinder schauen oft ins Leere, sondern auch Erwachsene. »HANS GUCK IN DIE LUFT« werden sie im Volksmund genannt. In der Schule oder beim Essen heißt es dann »Wach auf, du Träumer!« oder »Jetzt wird nicht geschlafen!« oder »Geschlafen wird im Bett!«. Die meisten kennen solche Situationen, sicherlich auch du. Wir schauen ins Leere, weil wir nicht bei der Sache sind, weil unser Verstand sich mit anderen Dingen beschäftigt, weil er träumt. Da wir während des Träumens, auch tagsüber, der Traum selbst sind, so sind wir nicht dort, wo wir eigentlich sein sollten – im Hier und Jetzt. Diese Tagträume sind nicht wesentlich anders als unsere Nachtträume. Auch hierbei schaltet unser Gehirn unsere Sinnesempfindungen vorübergehend auf Automatik. Dann sind wir zwar körperlich anwesend, aber nicht bewusst vorhanden und somit von unseren Umweltwahrnehmungen weitgehend abgeschottet. Wir träumen dann nicht, wir SIND der Traum. Tragisch kann es nur dann werden, wenn sich dieser Zustand während unserer Autofahrt oder bei der Arbeit einstellt. Dann heißt es, dass ein Sekundenschlaf die Ursache für einen tragischen Unfall gewesen sei. Es ist wie vor einem gewöhnlichen Einschlafen. Unser Blick entspannt sich und wird weitwinklig, sodass Anwesende unsere »Abwesenheit« sofort erkennen können. Was wir jetzt »sehen« bzw. träumen, sind NICHT reale, sondern die durch/in unserem Gehirn abgespeicherten, erdachten, fantasierten, eben geträumten Bilder. Wir haben dann einen Panoramablick, einen Blick ins Leere, ohne bewusste Wahrnehmung dessen, was sich vor unseren Augen abspielt. Unsere Augen schauen zwar vor sich hin, doch sie sehen nichts, was sonst wacherweise unseren Verstand erreicht. Kurz vor unserem Panoramablick nimmt unsere Atmungsintensität ab und damit auch die Luftströmungsgeschwindigkeit in unseren Atemwegen. Die Atemluft-Reibung in unserem Atmungssystem wird geringer und damit auch die Flussintensität der Reibungsenergie. Die Brustkorbkontraktionen werden schwächer, die Sauerstoffaufnahme verringert sich, was zur Verlangsamung der Herzfrequenz führt und schließlich zum Einschlafen. Doch »wo es Schatten gibt, dort gibt es auch ein Licht«, denn dieser Vorgang funktioniert erfreulicherweise auch umgekehrt. Durch bewusst erhöhte Atemintensität nimmt auch die Luftströmungsgeschwindigkeit in unseren Atemwegen rasch zu und damit auch die Reibungsenergieintensität. Ferner nimmt dann auch die Sauerstoffaufnahme des Blutes zu und die Kohlendioxidkonzentration ab, was uns letztlich vor ungewolltem Einschlafen schützt. Hierbei sollten wir sofort an den vorhergehend besprochenen Turbomodus unserer Remotion denken, um ihn dann im Moment des unerwünschten Müde-Werdens SOFORT anzuwenden, nicht erst später hinter der nächsten Kurve oder ähnlich, denn SOFORT heißt SOFORT. Das Problem dabei ist, dass die meisten von uns diesen unbewussten Vorgang NICHT rechtzeitig wahrnehmen, um SOFORT dagegen ansteuern zu können. Es ist ähnlich wie mit dem Ablagemoment bei unserer Brille, den wir meistens NICHT wissend wahrnehmen. Doch fast »gegen alles ist ein Kraut gewachsen«, auch gegen den Panoramablick, gegen den Tages- bzw. Sekundenschlaf. Denn »Kannst du deine Feinde nicht besiegen, so verbünde dich mit ihnen und übernimm dann die Führung« heißt die bereits seit Tausenden von Jahren existierende Strategie: Wenn wir ein Bild betrachten, dann fokussieren unsere Augen dabei einen bestimmten Bildausschnitt, welchen wir dann auch recht scharf, also kontrastreich und detaildeutlich sehen. Der Rest des Gesamtbildes ist dabei recht unscharf und bleibt uns weitgehend verborgen, denn wir konzentrieren uns hierbei tunnelartig auf das für UNS Wesentliche – worauf es uns wirklich ankommt oder was unseren Verstand besonders interessiert. Der Unterschied zum Detailbild ist das Gesamtbild, das Panoramabild. Dann sehen und nehmen wir ein Rundumbild wahr und können z.B. als Jäger auf einem Hochsitz jede Bewegung im gesamten Beobachtungsareal wahrnehmen, ohne unseren Körper oder unsere Augen dabei zu bewegen. Fällt unserem Verstand in einem Abschnitt des Panoramabildes eine Bewegung auf, dann wird unser Verstand sie automatisch durch unsere Augen fokussieren lassen und den Rest des Panoramabildes instinktiv ausblenden bzw. auf unscharf stellen, denn wir waren und sind immer noch »Fokussierungsjäger«. Bewegungen, welche auch immer, fallen sofort auf, den Jägern UND den Gejagten. Allerdings gibt es auch Ausnahmesituationen. So wird in lebensbedrohlichen Angstsituationen sogar unser Panoramablick blitzschnell auf »scharf« gestellt. Unser Gehirn »schaltet« dann blitzschnell auf so etwas wie auf einen Überlebensmodus um. Wir bekommen dann augenblicklich, der lebensrettenden Überschaubarkeit wegen, einen scharfen Panoramablick in ZEITLUPE – nicht weil alles um uns herum plötzlich langsamer geworden ist, sondern weil unsere Seele für den Moment der lebensbedrohenden Gefahr die unmittelbare Regie übernimmt. Sie präsentiert unserem Verstand augenblicklich mindestens doppelt so viele Bilder pro Sekunde, wie es normalerweise der Fall ist, also mehr als 42. Alles um uns herum wird scheinbar langsamer, damit wir als Verstand mehr Zeit zum Reagieren bekommen. Scheinbar langsamer, denn normalerweise werden unserem Verstand etwa 21 Bilder pro Sekunde übermittelt, und wir sehen dann alles um uns herum im gewohnten Tempo. Sind wir in echter Lebensgefahr, dann erhöht sich die Bilderzahl wesentlich und blitzschnell, sodass wir relativ mehr Reaktionszeit bekommen und sogar während eines Sturzes von einer Leiter Körperhaltungskorrekturen durchführen können, die uns, wie eine Katze, auf unseren Füßen landen lassen. Eine Libelle oder eine Fliege würde andauernd gegen irgendein Hindernis fliegen, wenn sie nicht etwa 15 mal mehr Bilder pro Sekunde sehen würde als wir. Sind wir alt, alkoholisiert oder stehen unter Drogen, dann empfängt unser Verstand weniger als ca. 21 Bilder pro Sekunde, geht aber davon aus, dass es eine »normale« Bilderzahl ist, und rechnet entsprechend, sodass situationsbedingte Gegenmaßnahmen bei einer Gefahr nicht ergriffen werden können. Wir fahren dann vor eine Wand oder wir laufen vor eine Faust, ohne sie vorher gesehen zu haben, denn bevor diese verringerte Bilderzahl in unserem Verstand ankommt, ist es meistens schon zu spät. Es ist wie mit dem Blitz und Donner: Wenn es blitzt, dann knallt es auch, auch wenn wir den Donner entfernungsabhängig erst später, so etwa eine Sekunde pro etwa 330 m Entfernung hören.

Da wir am Anfang unserer Remotion den Moment des Beginns unseres Sekundenschlafes oft noch nicht wahrnehmen können, so können wir es einfach schrittweise lernen und damit anfangen, was wir bereits kennen und können. Wir müssen lernen, den Moment wahrzunehmen, in dem unser Panoramablick entsteht, um ihm dann sofort durch unsere Turbo-Remotion entgegenzusteuern ODER um ihn zu unserer neuen Remotionsbasis zu machen.

Wir müssen lernen, während des Sekunden-Schlafes unseres

Verstandes wach zu bleiben:

Dazu fixieren und fokussieren wir zunächst einen Bildausschnitt. Das kann eine Fliege an der Wand sein oder ein Musterteil auf der Tapete oder dem Teppich, ein Buchstabe auf dieser Textseite oder ein Bildausschnitt eines an der Wand hängenden Bildes, ein Vogel auf einem Baum-Ast oder ein Hase auf einer Waldlichtung. Das »**X**«, auf das deine Augen gerade geschaut haben, kann es auch sein. Jetzt heißt es achtsam, aber NICHT krampfartig eine Weile beobachtend dabeizubleiben. Anfangs dauert es nur wenige Augenblicke, und schon wird dein Blick woanders sein. Auch gut! Dann kehre zu deinem Beobachtungspunkt, zu deiner neuen »**X**«-Remotionsbasis zurück, wobei du die rückwärtige Gedankenverfolgung zunächst außer Acht lassen kannst. Es könnte durchaus sein, dass du nach einer Weile zwei langsam auseinandergehende »**X**« sehen wirst, lass es bewusst beobachtend ruhig eine Weile zu und sei dir dabei bewusst, dass DU der Beobachter und NICHT das Beobachtete bist!

Lerne das Detail- und das Panoramabild bewusst wahrzunehmen OHNE dabei »einzuschlafen«. Später, wenn wir die Panoramabildfokussierung beherrschen, werden wir, insbesondere in der freien Natur, auch die Dynamik des gesamten Panoramabildes sogar audiovisuell wahrnehmen. Auf einmal wird das stehende Bild lebendig. Die Baumkronen geraten durch den leichten Windzug von hinten, den wir in unserem Nacken und an den Haaren spüren, in Bewegung, eine Taube kündigt ihren Anflug von links mit einem Ruf an, und eine rechts stehende Duft-Rose macht uns unverbindlich auf ihre Existenz aufmerksam. Jetzt wird es heißen, mit allen Sinnen genießen, bis hin zur teilweisen Verschmelzung mit dem Gesamtbild, zum kurzen Eins-werden. Die Übung des leeren Blickes bezieht sich zunächst auf unseren Sehsinn, doch wir haben auch andere Sinne, mit denen diese Übung auch funktioniert, schließlich sogar mit allen Sinnen gleichzeitig – insbesondere, wenn wir in lebensbedrohliche Gefahr geraten.

Ursprünglich dienten unsere paarigen Sinnesorgane der fokussierenden Ortung. Damit wir Geräusche, Düfte, Wärmequellen oder andere Objekte wahrnehmen und deren Richtung richtig einschätzen können, benötigen wir zwei Sensoren, die nebeneinander angeordnet sind. Je spitzer dann der Winkel zum Objekt ist, desto weiter entfernt ist es und umgekehrt, je breiter der Winkel, desto näher ist das wahrgenommene Objekt.

Zur Duftortung setzen wir unsere beiden Nasenlöcher ein. Aufgrund der paarigen Nasenlöcher erkennt unsere Nase, aus welcher Richtung der Duft kommt. Kommt der Duft von uns aus gesehen von rechts, dann wird er von unserem rechten Nasenloch intensiver wahrgenommen als von dem linken und umgekehrt. Ist die Wahrnehmung ausbalanciert, dann befindet sich die Duftquelle geradeaus vor uns. Auf der Tierebene konnten wir aufgrund der Duftintensität sogar ziemlich genau die Richtung UND Entfernung des Beobachtungsobjektes einschätzen, was für den Erfolg oder Misserfolg durchaus lebenswichtig war. Diese paarige Anordnung, nicht nur der Sinnesorgane, sondern auch anderer Körperteile, kommt bei allen weiterentwickelten Tieren überall vor – auch im All. Und sollte unsere Erde wider Erwarten einmal einen körperbehafteten Besuch aus dem All bekommen, dann werden auch deren Körperteile paarig angeordnet sein, denn auf der materiebedingten Evolutionsleiter kommt man nur PAARIG gut voran.

Wenn es um unseren Gehörsinn als Remotionsbasis geht, so werden wir uns dabei anfangs sehr schwer tun. Hinzu kommt, dass wir die Remotion nach Gehörsinn für unser Weiterkommen nicht wirklich benötigen. Das Gleiche gilt auch für unseren Geruchssinn. Allerdings sind sie wegen des besseren Gesamt-Verständnisses der Remotion durchaus erörterungswürdig – wenn auch NICHT relevant. Bei der Geruchs- und Gehörsinn-Remotion kommen wir am schnellsten und sichersten zum Erfolg, wenn wir uns zunächst nur auf eine Seite konzentrieren. Zunächst konzentrieren wir uns auf das, was wir links hören oder riechen, dann wechseln wir nach rechts. Es ist nicht leicht, altes Können wieder zu reaktivieren. Als Mensch benötigen wir dieses Können kaum, und was die Evolution nicht direkt benötigt, das verkümmert. Als Neandertaler waren wir noch auf unsere differenzierten, richtungsangebenden, ortenden Sinneswahrnehmungen angewiesen, denn sie waren oft lebensentscheidend, sowohl zum Beutemachen als auch, um selbst nicht zur Beute zu werden, denn wer sich als Erster bewegt, der fällt auf – sowohl den Jägern als auch den Gejagten. Wild lebende Tiere verfügen auch heute noch über dieses Können. Natürlich sollen wir uns in unserer Fortentwicklung nicht zurückentwickeln, das wäre kontraevolutionär und somit auch nicht im Sinne der Evolution bzw. unserer Remotion. Unsere Remotion bringt uns das Können bei, nicht das Tun, das müssen wir dann selbst. Unser Urvermächtnis ist die natürliche Triebfeder der gesamten Evolution, wobei Remotion zunächst unserer persönlichen Selbstsensibilisierung dient. Je sensibler wir werden, desto klarer werden unsere Gedanken sein, die wir wahrnehmen, desto näher kommen wir an die Quelle, aus der ALLE trinken. Für uns wird dann eine neue Zeit beginnen, die dann sicher etabliert sogar unseren körperlichen Tod überdauern wird.

Es ist wohl wahr, ohne unseren Verstand wären wir nichts, doch ohne uns würde unser Verstand erst gar nicht existieren: Unser Verstand existiert, damit wir wachsen und schließlich uns selbst durch ihn erkennen können. Ich weiß, einerseits klingt es nach Schizophrenie, nach Persönlichkeitsspaltung, nach Verrücktwerden, andererseits sind wir Gefangene unseres eigenen konditionierten Verstandes und davon, womit er sich fortlaufend identifiziert. Gelingt es UNS nicht, sich von unserem Verstand zu distanzieren, ihn aus einer gewissen Ferne zu betrachten, ihn zu kontrollieren, dann existieren wir gleichermaßen nur so lange, wie er existiert. Stirbt unser Körper, dann sterben auch die

Aktivitäten unseres Gehirnes und WIR mit ihnen als abgespeicherte Informationen. Es sei denn, dass wir mehr sind als nur unser Verstand, sozusagen seine »Besitzer« und er nur der Vermittler, der uns auf unsere Existenz aufmerksam macht, der uns auf uns neugierig macht, der uns kontinuierlich, immer und immer wieder urvermächtnisbedingt auf unser Dasein hinweist. Tja, manche Rätsel sind rätselhaft, jedoch nicht unlösbar! Es ist zwar eine kniffelige Angelegenheit, jedoch eine durchaus lösbare, denn du wärest nicht der Erste, der sich selbst aus/durch sich selbst verwirklichen könnte. Es ist der letzte »Knoten« auf dem Wege zu uns selbst, den wir noch lösen müssen. Andernfalls bleiben wir, trotz besseren Wissens, »Gefangene« unseres eigenen konditionierten Vermittlers. Wir werden weiterhin über alle möglichen und unmöglichen an uns übermittelten Informationen aus zweiter Hand reden und diskutieren, jedoch nichts direkt Lebendiges dabei fühlen oder erahnen. Wir werden dann über »Etikettierungen von Flaschen« reden, über Belangloses ernsthaft sprechen, die Kleidung, das Aussehen, das Benehmen anderer Leute selbstsicher kritisieren oder uns über einen Schreibstil ereifern, ohne den Inhalt gekostet zu haben. Wer den Weg zu sich selbst bis hierher lernend mitgegangen ist, der dürfte genügend motiviert und »erfahren« sein, um auch den letzten Schritt zu wagen. Wer bereits im Vorhergenannten geübt ist, wer es verinnerlicht, also auch praktisch ausprobiert und verstanden hat, wie Autosuggestionen, Suggestionen, Hypnosen und Meditationen funktionieren, der kann jetzt mit der eigentlichen Remotion gefahrlos beginnen.

Wer die vorausgegangene, sich mehrmals wiederholende »30-Sek.-Remotionsbitte« ignoriert hat, wer das Vorhergenannte nur oberflächlich gelesen, nur zur Kenntnis genommen hat, für den ist es noch zu früh, um mit der eigentlichen, mit der uns verändernden Remotion zu beginnen. Der sollte zunächst den ersten Teil (Methode bis incl. Remotion) dieser Wegbeschreibung verinnerlichend wiederholen – wenn es nötig ist, sogar öfter. Denn was nützt einem eine Wegbeschreibung, die er sich NICHT gemerkt hat? Was nützt einem ein Navigationsgerät, deren Funktionsweise er NICHT beherrscht? Was nützt einem ein Stadtplan, den er nicht lesen kann? NICHTS! Remotion bringt uns das Lesen-, das Handhaben-, das Merken-**Können** bei. Ob wir es dann **tun** werden, das müssen wir gerechterweise selbst entscheiden. Entweder oder, entweder mühelos Vergehen oder mühevoll Neuentstehen – das ist »die Qual der Wahl«, die dir keiner abnehmen kann.

Wer meint, die »Betriebsanleitung« einigermaßen gut verstanden zu haben, der kann seine Selbsterfahrungsreise fortsetzen. Der sollte zunächst vorsichtig, aber nicht ängstlich reisen und dabei unbedingt auf die körperlichen Warnsignale achten, auf die aufkommenden KOPFSCHMERZEN. Sobald sich Kopfschmerzen bemerkbar machen, MÜSSEN wir unsere Remotionsübung unterbrechen und uns zunächst leichteren »Gegnern« zuwenden, z. B. der »Urknallmelodie«, der »Urbasis« dem oszillierenden Urknallgeräusch in unseren Köpfen, das uns permanent an unsere Herkunft, an unsere Vertreibung, an unser Urzuhause seit 14 Mrd. Jahren erinnert. Wir sollten zunächst lernen, diese **Orientierungsmelodie** zu hören und sie dann zu unserer wichtigsten Remotionsbasis machen. Wer das NOCH nicht kann, der sollte so leise atmen, dass er dabei keine strömungsbedingten Atemgeräusche hört – NUR ein oszillierendes, wellenartiges Summen und immer, wenn seine Achtsamkeit nachlässt, dort zurückkehren. Doch nicht übertreiben und spätestens auch hierbei bei aufkommenden Kopfschmerzen die Remotionsübung bewusst beenden. Kopfschmerzen sind in diesem Falle mit einem Muskelkater zu vergleichen. Wenn wir unsere Körpermuskeln übermäßig strapazieren, dann werden sie durch Übersäuerung »sauer« und tun uns dies kund durch Schmerzen. Es sind neue neuronale Verknüpfungen, die zunächst wehtun, die unser Gehirn erst einfahren muss, bevor es wieder voll belastet werden kann. Solange die »Einfahrphase« andauert, dauert auch der Muskelschmerz an. Nach einer Rekonvaleszenz-Zeit, nach einer Genesungspause, können wir dann unbesorgt weiterüben. Nur etwas vorsichtiger, denn durch den natürlichen »Muskelkater« signalisiert uns unser Körper: »Halt, nicht weiter, sonst könnte es gefährlich werden!« Wenn das »Eis« zu knacken beginnt, dann ist es NICHT einbruchssicher, dann kann es gefährlich werden. Denn was für das dünne Eis, für unsere Körpermuskeln gilt, das gilt auch für unser Gehirn. Bei aufkommenden Kopfschmerzen müssen wir unsere Remotion sanft unterbrechen und uns dabei bewusst loslassend entspannen. Auf keinen Fall verkrampfen oder hochkonzentriert weitermachen! »Heißer Kopf« ist akzeptabel, kalte Füße und kalte Hände auch, aber NICHT intensive Kopfschmerzen, sonst hört der »Spaß« definitiv vorzeitig auf.

Durch Remotion wird unser Gehirn ziemlich gefordert und manchmal auch leicht überfordert. Man sagt zwar, dass das Gehirn selbst keine Schmerzen verursacht, nichtsdestotrotz, einen »Gehirnkater« gibt es trotzdem, denn aufgrund unserer Remotion entstehen in unseren Gehirnen neue Nervenverbindungen, neue Nervenwege, die uns zu neuen Ufern führen werden und zunächst »eingefahren« werden müssen. Erst danach, wenn unsere Kopfschmerzen nachlassen, wenn die »Reparaturen« ausgeführt sind, kann es weitergehen. Bis dahin sind Pausen von einigen Tagen oder länger angesagt. Nimmt dir ruhig Zeit, denn was ist schon Zeit im Hinblick auf die Ewigkeit.

Zu Abrahams, Buddhas, Moses', Jesu oder Mohammeds Zeiten sind Leute in die Einsamkeit gegangen, um Menschen zu werden. Um Läuterung, Neu- oder Selbstgeburt zu erlangen, haben Selbstsuchende oft für einige Wochen die stille Einsamkeit der Wüsten gesucht oder sich in Einsiedeleien niedergelassen. Viele von ihnen sind NICHT zurückgekehrt, weil sie bei sich selbst angekommen sind. Viele von ihnen haben der Tür aus strahlendem Licht nicht widerstehen können und sind mit der Urknallmelodie ewig eins geworden – für uns LEIDER, für sie verständlich. Was uns anbelangt, so werden die meisten von uns bei ihren Freunden und Familien bleiben und sie als Wegbereiter bei ihrer Selbstsuche unaufdringlich unterstützen, denn »Einsiedeleien« sind heutzutage sehr selten geworden.

Nun gehe ich davon aus, dass wir genügend vorbereitet, dass wir ausreichend erfahren sind, um endlich mit den finalen Remotionsübungen gefahrlos, aber erfolgreich beginnen zu können. Und weil jeder von uns sich auf einer anderen Entwicklungsstufe befindet, so sollte auch JEDER von uns auf seiner und nicht auf einer anderen Entwicklungsstufe »abgeholt« werden. Manche von uns sind mehr praktisch oder theoretisch veranlagt, andere mehr visuell als auditiv und noch andere mehr musikalisch als verbal. Möge jeder die zu ihm optimal passende Remotionsübung finden oder sich selbst eine ausdenken.

Einer der schnellsten und sichersten Wege zu uns selbst ist die folgende audiovisuelle Remotion, die mehrere Sinne gleichzeitig anspricht und von jedem bedarfsorientiert modifiziert werden kann:

Im Schneidersitz bequem sitzend stellen wir uns die Buchstabenreihe des Alphabetes in Großbuchststaben IN unseren »transparenten« Köpfen an der Innenseite der Schädeldecke erscheinend von A bis Z nacheinander vor und benennen sie gedanklich dabei. Unsere Betrachter-Position befindet sich dabei hinter unserem Kopf, leicht außerhalb also, sodass die Buchstaben an der inneren Schädelecke am Hinterkopf spiegelbildlich »zu sehen« sind, sozusagen von hinten.

Haben wir die ganze Alphabet-Runde einmal aufgesagt, dann fangen wir wieder von vorne an. Dabei, um der Gewohnheit entgegenzuwirken verändern die einzelnen Buchstaben ständig ihre Positionen. Wo noch in der Vorrunde ein A stand, kann in der nächsten Runde ein O stehen usw. »Runde«, weil die Buchstaben rund herum auf der Innenseite der Schädeldecke visualisierend abgelesen werden. Die Farbe der Buchstaben ist zunächst farblos undefinierbar, ähnlich wie während unserer Träume. Wer Schwierigkeiten mit der Buchstabenvorstellung hat, der »zeichnet/schreibt« sie gedanklich vor. Als »Schreibgeräte« können Finge oder Zehen zuckend zur Hilfe genommen werden. Wer es als zu leicht empfindet, der gestaltet die Buchstaben farblich. Natürlich können wir uns die »Buchstabenrunde« auch als auf ein transparentes Stirnband geklebte Buchstaben denken, dann sind die Stirnbuchstaben spiegelbildlich von hinten zu sehen. Auf diese Weise wird unsere Remotion nicht zur Routine. Ferner behalten WIR die Kontrolle über unseren Verstand, der sich fortlaufend wehren wird. Immer und immer wieder wird er die Buchstaben-Remotionsbasis verlassen und irgendwelchen Geräuschen, Bildern, Körperempfindungen oder Gedanken nachlaufen. Unsere Aufgabe ist es dann, ihn immer wieder auf die Remotionsbasis zurückzuholen und zwar immer zu dem Buchstaben, bei dem er uns entwischt ist oder an den er sich eindeutig erinnert. Das geschieht immer und immer wieder, bis unser Verstand tatsächlich gelernt und verstanden haben wird, dass er VON UNS fortlaufend »bestraft« wird, wenn er sich von der Buchstaben-Remotionsbasis entfernt. Diese Remotionsübung wird so lange geübt, bis unser Verstand sie einigermaßen gut beherrschen wird. Der Zeitpunkt wird dann gekommen sein, wenn er das ganze Alphabet ununterbrochen mindestens zweimal hintereinander »sehend aufsagen« können wird.

Haben wir das »Krabbeln« gelernt, dann können wir mit dem »Gehen« beginnen. Hierbei kehren wir nicht sofort zu unserer Buchstaben-Remotionsbasis zurück, sondern fragen uns, wer den zuletzt wahrgenommenen Stör-Gedanken ausgelöst hat, bis wir zu dem Initialgedanken kommen, der das erste Glied der Gedankenkette bildet, und kehren dann zum zuletzt »gesehenen und gehörten« Buchstaben unserer Buchstaben-Remotionsbasis

zurück.
Am Anfang, an der Gedankenquelle angekommen, werden wir auch den Verursacher bzw. Auslöser des Initialgedankens erkennen. Meistens sind es die in unseren Köpfen abgespeicherten Bilder und Geräusche sowie Emotionen aller Art, dieselben, die wir auch nachts wahrnehmen, wenn wir träumen, oder zur Orientierung benötigen. Hinzu kommen noch aktuelle Sinnesimpulse der Umgebung, wie Geräusche oder Gerüche, Wärme oder Kälteempfindungen und schmerzliche Körperverspannungen, die wir bereits aus unserer Meditation kennen und die sofort durch korrigierende Veränderungen der Körperposition behutsam gelöst werden sollten. Auch die Buchstaben-Remotion wird bis zu leichten Kopfschmerzen geübt, aber KEINEN Schritt weiter. Es kommt durchaus auf die Übungsintensität und das Energiepotenzial des jeweilig Übenden an. Effektiver ist es, öfter kurz, aber regelmäßig zu üben, als selten lang oder unregelmäßig. Wichtig ist es, wir bleiben übend dran, damit sich unser Verstand daran gewöhnen kann. Bis er sich daran gewöhnt hat, uns über sein Vorhaben avisierend zu informieren, müssen wir ihn behutsam weitertrainieren. Denn unser Verstand MUSS uns über kurz oder lang über das Verlassen-Wollen der Remotionsbasis unmittelbar oder sogar vorher in Kenntnis setzen. Je früher wir solche Gedanken-Wechsel wahrnehmen, desto eher werden wir die Ursache ihrer Entstehung begreifen und damit auch uns selbst. Selbst unsere Träume werden dann klar und kreativ werden. Selbst Probleme, z.B. handwerklicher, sportlicher oder anderer Art, werden dann nachts träumend durch autogenes Training unseres Verstandes automatisch gelöst! Am nächsten Tag werden wir dann wissen, wie was zu lösen sei, als ob unser Verstand nachts lernend Zugang zu einer geheimen Informationsquelle gehabt hätte. Das werden dann u.a. die Früchte sein, an denen wir unseren Remotions-Fortschritt auch praktisch erkennen werden. Und sollte jemand von uns nach den ersten Remotions-Erfolgen länger in Euphorie oder gar in Über-

heblichkeit verfallen, dann wird es ein Zeichen dafür sein, dass er noch nicht verstanden hat, worauf es bei unserer Menschwerdung ankommt.

Wir ALLE werden ständig gerufen, doch nur wenige von uns hören die Stimmen des Rufenden, denn dazu muss unser lauter Verstand zuerst lernen, still zu werden. Remotion ist die Methode, die unseren Verstand erfolgreich zum Zuhören zwingt, und Stille ist dann der Weg, der uns zu unserem Selbst führen wird. Remotion ist das Werkzeug, mit dem wir unseren eigenen Tempel erbauen werden. Dann wird anders dimensioniert alles möglich sein, auch das scheinbar Unmögliche. Dann wird auch das, was wir heute noch für unreal halten, anders dimensioniert real werden!

Haben wir uns an EINE Remotionsbasis erst gewöhnt, dann wird es Zeit, sie zu verlassen und sich der nächsten zuzuwenden. Denn Gewohnheiten sind Bremsen des evolutionären Fortschritts, was auch ein intuitiver Grund dafür ist, dass wir in unserem Leben ständig nach etwas Neuem suchen, das uns, wenn auch nur scheinbar, unserem Uranfang näher bringen könnte, unserem Urzuhause.

Bekanntlich heißt unser evolutionärer Befehl ÜBERLEBE! Passe dich an, suche, bis du dich selbst findest, sei achtsam allem gegenüber, denn die Lethargie lauert überall! Genau genommen ist unser ganzes Leben eine einzige Remotion, allerdings im »Automatikmodus«. Die Evolution schreitet fortwährend voran, ob wir es wollen oder nicht, doch sie hat Zeit, die wir nicht haben. Also beschleunigen wir unseren eigenen Entwicklungsprozess, indem wir auf den manuellen »Modus« umschalten und somit unsere persönliche Entwicklungsgeschwindigkeit weitgehend selbst bestimmen, denn unser Urvermächtnis ist NICHT, ob wir zurückkehren WOLLEN, sondern MÜSSEN. Noch haben wir scheinbar die Wahl, denn noch können wir uns selbst entscheiden, ob wir den unserem Lernpotenzial entsprechenden Erkenntniszustand selbst realisieren werden oder als unsere Nachkommen realisieren werden müssen. Und wir müssen ihn realisieren, weil wir es uns bereits vor unserer eigenen Vertreibung als »Geistwesen« versprochen haben geläutert zurückzukehren, und was man sich als vergeistigte Wesen verspricht, das muss man irgendwann einhalten – egal wo und egal wie lange es dauert! Das Zeitalter der Bewusstwerdung hat bereits begonnen und wer seine persönliche Zeit NICHT zum Reifen nutzt, der wird auch nicht geerntet werden, denn unreife Früchte sind meistens unbrauchbar und somit ganz nutzlos!

Bei den nachfolgenden Remotionen sind die Wochentage unsere Remotionsbasis und stellen NUR Alternativbeispiele dar, sodass jeder darin eine zu ihm passende Remotion finden dürfte: Dabei werden die Wochentage gedanklich gesprochen und gleichzeitig visuell mitgezählt.

Der Montag hat die 1, der Dienstag die 2 usw. Der Sonntag schließlich die 7 und wieder von vorne, der Montag die 1, der Dienstag die 2 usw. … Dabei sprechen wir in Gedanken die Wochentage deutlich artikuliert aus, beziffern sie fortlaufend visuell bis sieben und fangen dann wieder gedanklich sprechend mit Montag und der visuellen 1 an.

Sobald wir diese Wochentageremotion beherrschen, gehen wir einen Schritt weiter: Der Montag hat die 1, der Dienstag die 2 usw., der Sonntag schließlich die 7. Bis jetzt läuft alles wie eben gehabt, doch jetzt, beim Sonntag und der 7 angekommen, wiederholen wir diese rückwärts, Sonntag die 7, der Samstag bekommt dann die 6 und der Freitag die 5 usw., der Montag schließlich die 1. Dann wiederholen wir den Montag und die 1 und fahren fort, bis zum Sonntag mit der 7 und wieder zurück. Wochentage-Treppe rauf, Wochentage-Treppe runter, Treppe rauf, Treppe runter, denn »Treppenlaufen hält fit und munter«. Bis sich andere Aktivitäten unseres Verstandes dazwischen drängen. Dann geht es wieder rückwärts voran bis zum Initialgedanken und dessen Auslöser. Anschließend kehren wir zu unserer Wochentag-Remotionsbasis zurück, um mit unserer

Remotion fortzufahren, und zwar mit dem Wochentag, den unser Verstand zuletzt bewusst wahrgenommen hat. Andernfalls beginnen wir, unseren Verstand strafend, wieder audiovisuell mit dem Montag und der 1.

Wie lange die gesamte Sitzung andauert, das sollte jeder für sich selbst entscheiden, denn wer es bis hierher erfolgreich geschafft hat, der kann bereits selbstständig »gehen«, der hat das »Krabbeln« bereits hinter sich gelassen – herzlichen Glückwunsch! Und wer bereits »gehen« kann, der kann auch »Laufen« lernen, denn Laufen ist wie Gehen, nur etwas schneller: Der Montag hat die 1 und der Dienstag die 2 usw. …, der Sonntag vorübergehend schließend die 7. Nun geht es NICHT zurück, sondern mit Montag weiter. Der folgende Montag hat dann die 8 und der Dienstag die 9 usw., bis Sonntag, der vorübergehend mit der 14 schließt. Der nächste Sonntag hat dann die 21 und wiederum der nächste die 28 usw. bis 70. Dann dürfte es fürs Erste ausreichend sein. Doch auch hier gilt: nicht übertreiben – maximal bis zu leichten Kopfschmerzen üben, dann muss die Remotionsübung mit einem lockernd loslassenden Urknall-Melodie-Zuhören beendet werden – loslassend, so als ob sich unser Kopf in alle Richtungen entspannen, ausdehnen und dabei an Volumen zunehmen würde.

Wer sich hierbei unterfordert fühlt, der übt bis über 70, z.B. bis 140, und geht dann rückwärts zurück bis Montag und schließlich der 1. Und wer dann auch das gelernt hat, fehlerfrei zu meistern, der weiß bereits, dass die Remotionsübungen NICHT das Ziel sind, sondern lediglich nur die »Gehhilfen«, die uns den langen Weg zum Ziel erleichtern können, und kann als Meister mit dem Lehren anderer beginnen.

Nach der Wochentage-Remotion kann mit der Monate-Remotion geübt werden, die nichts anderes ist als die Wochentage-Remotion, nur um fünf (7 + 5 = 12) Stationen erweitert. Wie bei der Wochentage-Remotion werden auch bei dieser audiovisuellen Monatenamen-Remotion die Monatsnamen im

Geiste (im Herzrhythmus) DEUTLICH ausgesprochen, wobei visuell eine weitere, gleichzeitige mit den Zehen oder den Zeigefingern andeutungsweise geschriebene Nummerierung erfolgen kann – wenn sie sich nicht bereits automatisch von selbst dazugesellt hat. Es sind die kleinen »Zuckungen« unserer Zehen, Finger, Augen oder ... Der Januar erhält die 1, der Februar die 2 usw. – der November die 11 und der Dezember die 12. Auf den Dezember mit der 12 folgt dann der Januar mit der 13 und der Februar mit der 14 usw. – der November mit der 23 und der Dezember mit der 24 usw. bis zum Dezember mit der 60, 120, 180, 240 oder 300, je nach Zielsetzung, die WIR VORHER festlegen und die unser Verstand grundsätzlich IMMER einhalten MUSS. Es ist wie mit der Kindererziehung: klare – NICHT überfordernde – Zielsetzungen, die dann auch erreicht werden MÜSSEN! Wir dürfen die »Messlatte« NICHT höher legen, als das Kind oder unser Verstand springen kann, denn Frustration ist ein schlechter Lehrmeister. Kleine Erfolge dagegen sind wesentlich motivierender als Niederlagen, und kleine, aber kontinuierliche Schritte führen auch zum Ziel – mit Freude! Nicht nur Kinder freuen sich über Erfolgserlebnisse, sondern auch unser Verstand, und loben ist motivierender als tadeln. Doch überfordern wir unseren Verstand nicht, holen wir ihn stets dort ab, wo er sich gegenwärtig befindet. Lehren wir ihn, wozu sein Entwicklungsstand in der Lage ist zu lernen. Da beides, Unterfordern und Überfordern, zu Desinteresse führt, sogar zur Arbeitsverweigerung, so sollten wir schnell lernen, das rechte Maß der Mitte zu finden, sodass unser Verstand sich zwar anstrengen aber nicht überfordern wird. Auch hierbei gilt: keine »Kuschelpädagogik«, hierbei sind Lob und Tadel die Taktik der Didaktik. Und wer nicht aufpasst, der muss nachsitzen bzw. in den kleineren Wissenskreis zurückversetzt werden, den er UNWISSEND, also unbewusst verlassen hat. Und wer aufpasst, der sollte dafür ordentlich »gezuckert« werden.

Unser Verstand ist zwar ein »schlaues Kerlchen«, allerdings

lässt er sich durch vorliegende Remotionsmethoden gut kontrollieren UND erziehen. Die ständige und immer wiederkehrende Rückführung auf die Remotionsbasis wird er eines Tages als lästig empfinden und dem Naturgesetz »Weg des geringsten Widerstandes« folgen, dabei »übersieht« er, dass er sein »Versteck«, die Geburtsquelle seiner Aktivitäten, nach und nach häppchenweise preisgibt.

Ab hier wird es dann zwischen ihm, seiner Informantin und uns keine Geheimnisse mehr geben, ab jetzt wird er uns vertrauen und wir ihm. Dann wird auch der Zeitpunkt gekommen sein, wo unsere Seele – und NICHT nur unsere – durch unseren Verstand zu uns direkt sprechen wird. Und immer wenn unsere Gedanken sich von der Remotionsbasis entfernen, wenn wir »einschlafen«, wenn wir unachtsam werden, wird unsere Seele es sein, die das als erste bemerkt und uns »weckt«, die unserem Verstand die neue Position sofort mitteilt und ihn an die vorherige Position erinnern wird, sodass wir dann immer wieder den Weg zurück finden und schließlich unser Urvermächtnis erfüllen werden. Unser körperbedingtes Endziel, unsere Selbstgeburt, wird uns dann ahnend sichtbar werden, denn wir werden dann bereits ahnend WISSEN, dass WIR der neutrale Beobachter, das geistige »Kind« beider, unserer Seele und unseres Verstandes, sind. Wir werden dann die Frucht, das neu-, das selbstgeborene Kind sein, das die Vereinigung beider als Resultat hervorbringt, das neutrale Selbst. Dabei werden wir JEDEN Glauben wissensbedingt tolerieren – NICHT akzeptieren, die Welt wird kleiner und die kosmischen Weiten kürzer – schließlich werden wir uns selbst als das ewige Ewig überall erkennend wahrnehmen. Utopie? Nein! Nur eine anders dimensionierte Realität! Als »Frucht« werden wir erkennen, dass der neue »Baum« sich verändert hat und somit fortan veränderte »Früchte« tragen wird. So funktioniert Evolution – durch Mutation! Das passiert nicht plötzlich, sozusagen mit einem Knall, sondern nach und nach, jeden Tag ein wenig mehr, denn wer schnell laufen will, der muss zunächst das langsame Gehen beherrschen. Wer rechnen oder lesen lernen will, der muss zunächst Ziffern oder Buchstaben kennenlernen.

Wessen Verstand bei der Monats-Nummerierung-Remotion bis 1.200 unterfordert ist, wessen Verstand aus »langer Weile auf Reisen« geht, der kann im Herzrhythmustakt üben: ein nummerierter Monat, ein Herzschlag oder etwas schneller. Die Takteinhaltung hat den großen Vorteil, dass wir nicht verlangsamen oder schnell aus dem Takt geraten, was allerdings meistens nur die Älteren unter uns betrifft. Die Jüngeren unter uns dürften mit der Herztakteinhaltung keine größeren Schwierigkeiten haben. Ferner ist die Zeitrhythmus-Einhaltung eine Art Lernzielkontrolle anhand welcher wir unseren Fort- oder Rückschritt objektiv überprüfen können. Die Dauer dieser »Zwölfhundert Remotion« beträgt REIN THEORETISCH, also wenn unser Verstand 100%ig auf der Remotionsbasis bleibt, nur etwa 20 Minuten (1.200 Sek. geteilt durch 60 Sek. = 20 Minuten).

Alles, was wir tun, muss überprüfbar sein und verständlich. Wir müssen alles, was wir tun, auch verstehen, andernfalls wird alles, was wir unverstanden tun, mechanisch und damit weitgehend nutzlos, denn nur wer »mit Leib und Seele« achtsam dabei ist, lebt und nutzt die Zeit sinnvoll – egal, was er tut! »Vertrauen ist gut, Kontrolle ist besser«, denn kontrollieren heißt überprüfen, und so lange wie wir unseren eigenen Fortschritt fortlaufend überprüfen, werden wir NICHT mechanisch oder naiv glaubend werden können, sondern lebendig bleiben und uns fortwährend proevolutionär weiterentwickeln, denn Evolution, wozu auch wir gehören, steht nie still.

Nun ist der Zeitpunkt gekommen, um uns zu etablieren, um uns in unseren Remotionen und in uns selbst zu festigen. Gerechterweise jeder für sich selbst und doch für uns alle, denn keiner ist wirklich eine Insel. Denn selbst scheinbar einzelne Inseln sind ALLE unter der Wasseroberfläche miteinander verbunden – auch wir, nur eben auf einer anderen Ebene. Genau betrachtet ist unsere persönliche proevolutionäre Weiterentwicklung nicht nur ein Fortschritt für uns selbst, sondern gleichzeitig auch der der gesamten Menschheit und weit, unvorstellbar weit darüber hinaus, denn wer sich wegweisend selbst verändert, der wird zunächst zum »Schwarm- oder Herdenführer« mutieren und schließlich dann zum leuchtenden Teilchen (Orientierungspunkt) im GANZEN werden – was bereits dringender denn je geworden ist, denn momentan dominiert uns NOCH das Materielle (Böse), momentan leben wir NOCH in einer für uns realistischen Scheinwelt, die wir schon bald für immer verlassen werden. Unbewusst oder bewusst, unwissend oder wissend – NOCH können wir uns entscheiden, für unser Vergehen oder für unser Neuentstehen – es liegt tatsächlich an uns selbst.

Die folgenden beispielhaften Übungen zum Festigen unserer persönlichen Weiterentwicklung sind recht einfach zu handhaben. Sie können von jedem von uns unverändert weitergeübt oder einfach WEGGELASSEN werden:

Unsere gemeinsame Standard-Remotionsbasis kann beispielhaft durchaus aus den zwei Silben unserer Meditation »MA«-»HA«, dem Lauschen auf das Urknallecho und/oder unserer lautlosen Atmung bestehen. Der Takt ist im Ruhezustand oder bei leichter Tätigkeit 2 zu 2 oder 2 zu 3; zwei Herzschläge einatmen und zwei/drei Herzschläge ausatmen: »MA«-»HA« (2 Sek. einatmend) und »MA«-»HA-A« (3 Sek. ausatmend). Diese Standard-Remotionsübung findet zunächst audiovisuell statt. Wir sprechen dann UND sehen die Silben in unserem geistigen Ohr und vor unserem geistigen Auge, auch OHNE diese geschlossen zu halten (räumliches, panoramaartiges Hören und Sehen). Beim Urknallecholauschen fokussieren wir das Urknallecho und nehmen alles andere passiv wahr. Unsere Atmung sollte dabei möglichst geräuschfrei sein. Die Dauer dieser Remotion kann situationsbedingt jeder selbst bestimmen. Haben wir diese Standard-Remotionsübung gut verinnerlicht, dann könnten wir sie erweitern. Dabei stellen wir uns ein beliebiges Dreieck in der Mitte unserer Stirn vor, dessen Winkel wir mit unseren Silben im Uhrzeigersinn oder andersherum geistig beschriften. Die Silben werden nacheinander an den jeweils nachfolgenden Winkel zunächst kreisend visualisiert: oben, unten rechts, unten links, oben usw. An welchem Winkel wir beginnen; ist nicht relevant, zumal die Positionen bei dieser Silbenkonstellation sowieso fortlaufend getauscht werden. Einatmend oben »MA«, unten rechts »HA«, ausatmend unten links »MA« oben »HA«, unten rechts »BON« usw. Einatmend unten links »MA«, oben »HA«, ausatmend unten rechts »MA«, unten links »HA« oben »BON« usw. Immer, wenn sich unser Verstand verselbstständigt, wenn er unerlaubterweise auf Reisen geht oder gerade gehen will, holen wir ihn in uns bereits bekannter Weise auf unsere Remotionsbasis zur Gegenwart zurück. Natürlich funktioniert unsere Remotion auch mit anderen Zahlen und/oder Buchstaben:

Zahlen: »1«-»2« einatmend und »1«-»2«-»3« ausatmend bzw. »1«-»2« einatmend und »3«-»4«-»5« ausatmend – »6«-»7« einatmend und »8«-»9«-»10« ausatmend – »11«-»12« einatmend usw. Buchstaben: »A«-»B« einatmend und »A«-»B«-»C«, ausatmend »A«-»B« einatmend … oder »A«-»B« einatmend und »C«-»D«-»E« ausatmend, »F«-»G« einatmend und »H«-»I«-»J« ausatmend, »K«-»L« einatmend … usw., bis zum Alphabetende, um neu zu beginnen oder von hinten nach vorn fortzufahren, was wesentlich schwieriger ist. Wir können auch Zahlen, Silben oder Buchstaben selbst visualisierend und rezitierend zugleich als Remotionsbasis verwenden. Dabei »sehen« wir gleichzeitig das Gesprochene oder sprechen das Gesehene. Seid kreativ! Gewöhnt euch nichts dauerhaft an, nicht einmal die Gewohnheit selbst, denn Gewohnheiten machen uns gewöhnlich. Wer es kann, wer unterfordert ist, der kann dabei auch auf die Atemzwischenpausen achten, wobei dann die Zwischenpause nach dem Ausatmen ein wenig länger sein sollte als die nach dem Einatmen.

Wer beruflich erzieherisch tätig ist, der kann die Zahlen-Silben oder Buchstaben-Remotion zum Unterrichtseinstieg, sozusagen als Motivations- bzw. Konzentrationsphase für alle zu Erziehenden, nutzbringend einsetzen. Die Zahlen- oder Buchstabenremotion kann spielerisch vor Unterrichtsbeginn oder während des Unterrichts, wenn die allgemeine Konzentration nachlässt, als fröhlich lustiger Wachmacher praktiziert werden. Hierbei werden einzelne Zahlen oder Buchstaben in der vorher festgelegten Reihenfolge von Schülerinnen und/oder Schülern laut und deutlich rezitiert. Die Leitung können für den Anfang die Lehrenden übernehmen, nach einer gewissen Einübungszeit sollten es die sich von Mal zu Mal ständig abwechselnden Schülerinnen und Schüler selbst tun. Nur Mut, denn den Mädchen und Jungen wird es gefallen, und sie werden lernen, sich so ganz nebenbei auch besser und leichter zu konzentrieren. Dabei darf viel gelacht werden, **OHNE dabei jemanden auszulachen!**

Die Zahlenreihenfolge kann sein: 1-2-3- ... oder 2-4-6- ... oder 1-3-5- ... oder ..., seid erfinderisch! Die Buchstabenreihenfolge kann sein: A-B-C- ... oder A-C-E- ... oder ..., seid kreativ und denkt euch einen euren Schülern stets angemessenen Geschwindigkeitsrhythmus selbst aus. Natürlich funktioniert diese Remotionsübung auch mit der ganzen Familie oder im Freundeskreis – allerdings nur, wenn Kinder dabei sind, denn viele Erwachsene wehren sich humorlos dagegen, etwas humorvoller, etwas kindlich-fröhlicher zu werden. Dabei ist Humor eine ernsthafte Sache, weshalb Humorlose NICHT immer ernst genommen werden sollten.

Eine gute Freizeitremotion ist die achtsame Beobachtung von Schwärmen. Es können Fisch-, Vogel-, Tier- oder Menschenschwärme sein, Wolken oder Sterne. Dabei fokussieren wir ein bestimmtes Schwarmobjekt und bleiben so lange daran »kleben«, bis unser Blick sich davon automatisch abwenden will – was ein paar bewusste Augenblicke lang zu vermeiden gilt.

Normalerweise erfolgen diese Blickwechsel ständig. Sie dauern dann nur wenige Sekunden oder kürzer an. UNSERE Aufgabe ist jetzt eine bewusste Wahrnehmung durch Verzögerung des Blickwechsels. Unser Verstand darf jetzt nicht, ohne uns vorher »gefragt« zu haben, sozusagen ohne einen von uns ausgestellten Passierschein, von einem zum anderen Beobachtungsobjekt wechseln. Es gilt jetzt, den Augenblick vor dem Objektwechsel so lange zu verzögern, bis WIR unserem Verstand das O.K. zum Wechsel geben. Durch kontinuierliche Ausübung unserer Remotion behalten WIR die Kontrolle über unseren Verstand, und wir gewöhnen ihn daran, bei der Sache zu bleiben und immer wieder zu diesem Punkt zurückzukehren, den er UNERLAUBTERWEISE verlassen hat. Anfangs ist es nicht leicht für ihn zu gehorchen, aber unser Verstand ist lernfähiger, als wir es annehmen. Auch für uns ist es leichter, einfach freizulaufen, statt an die »Leine« genommen zu werden. So wie wir uns an unsere Pflichten gewöhnen, so können wir auch unseren Verstand an seine Pflichten gewöhnen, bis er dann, nach einer gewissen »Einarbeitungszeit«, es gerne FÜR UNS tun wird. Bis dahin heißt es: üben, loben und tadeln, belohnen und bestrafen, aufmerksam sein oder nachsitzen lassen bzw. bei Unachtsamkeit bedingtem »Weglaufen« immer und immer wieder zur Remotionsbasis zurückkehren lassen, bis das »Kind« schließlich gelernt haben wird, uns zu respektieren.

Was meine Remotionsbeschreibungen angeht, so denke ich, dass ich das Meiste, was dazu zu sagen ist, mehrmals gesagt habe. Was jeder Einzelne von euch daraus macht oder auch nicht, das muss jeder für sich selbst entscheiden. Seid kreativ und lasst euch von niemandem und nichts binden oder beschränken – auch NICHT von eurem eigenen Verstand. Habt ihr eine Idee, wie ihr etwas abändern könnt, so tut es, jedoch NICHT, um uns gleich »davonzufliegen«. Denn je höher ihr zu fliegen lernt, desto weiter wird euer Horizont werden, bis ihr schließlich die »Türschwelle« zum schattenfreien Licht endgültig überqueren werdet. Sich selbst NOCH in der »Türschwelle« befindend, könnt ihr all denjenigen den Weg erhellen, die bereits perspektiv- bzw. orientierungslos geworden sind und nichts dringender benötigen als eure Initialhilfe, denn wer den inneren Weg vom Schein zum Sein selbst erfahren hat, der sollte seine Erfahrungen nicht »unter den Scheffel stellen«, sondern an andere weitergeben – selbst wenn andere sie NOCH nicht bewusst wissen wollen aber sollen. Einzelne Initialgespräche führen oder eine Remotionsgruppe gründen kann jeder, der den inneren Weg vom Schein zum Sein bis hierher aufmerksam mitgegangen ist. Und wer seine persönlichen Erfahrungen nicht NUR für sich selbst behalten will, sondern AUCH mit anderen teilen möchte, der wird wissen, dass er bei seinem Selbst angekommen ist. Was dann die Endfrucht wäre, an der wir uns selbst und andere erkennen werden. Helfen wir UNS gegenseitig im Hier und Jetzt zu werden, dann werden wir UNSER Urversprechen, UNSER Urvermächtnis erfüllen und rückkehren können, dann werden wir ein andersdimensioniertes Teilchen von IHM für ewig SEIN. Bis dahin Dankeschön für deine Mithilfe und alles Gute für uns alle.

TEIL 2
ERÖRTERUNGEN

GLAUBE

Je unwissender wir sind, desto leichter glauben wir, desto naiver ist unser Glaube oder Aberglaube, desto leichter lassen wir uns führen und verführen und umgekehrt, je stärker unser Wissen wird, desto schwächer wird unser Glaube werden. Nun ist die Zeit gekommen, wissend zu werden. Das bedeutet, dass wir außer Lügen nichts ein- oder ausgrenzen dürfen, denn NUR was auf Fakten basiert, bringt uns unserer Urbestimmung näher – lässt uns, uns als unsere Seele, heimkehren.

Unser naiver Glaube kommt grundsätzlich dann zustande, wenn unser Verstand sich selbst, eine bestimmte Naturerscheinung oder Unerklärliches nicht rational erklären kann. Und da zu glauben wesentlich leichter ist als zu lernen, so kommt es, dass es wesentlich mehr Lernunwillige als Lernwillige gibt – doch das ändert sich bereits. Die vielen Kirchenaustritte beweisen es eindeutig – wenn Wissen kommt, muss jeder auf Unwissen bzw. auf Lug und Betrug basierende Glaube gehen. Leider dauern Lernprozesse oft länger an als unser Leben und so kommt es, dass viele von uns, von unsichtbaren Glaubensmauern umgeben, nicht lange genug leben werden, um ihre persönliche Gefangenschaft selbst erkennen zu können:

Es war einmal ein Fisch, der von seiner Geburt an in einem Aquarium glücklich und in Frieden lebte, bis eines Tages der Aquarium-Besitzer einen bis dahin wild im Meer lebenden Fisch zur Unterhaltung zu ihm setzte, sozusagen zum friedlichen Gedankenaustausch. »Träume ich? Wer bist du? Woher kommst du so plötzlich? Kannst du mich kneifen?«, fragte der seit seiner Geburt an im Aquarium lebende Fisch.

»Ich bin ein Fisch wie du und komme aus dem Meer«, antwortete der Meeresfisch.

»Wie bitte? Du sagst, ich soll ein Fisch sein? Woher willst du das wissen? Mir hat noch keiner gesagt, dass ich ein Fisch bin und was oder wer ein Fisch ist. Aber gut, ich will dir sehr gerne glauben, dass ich ein Fisch bin, dann weiß ich endlich, wer ich bin! Doch wenn ich ein Fisch bin, wer bist dann du? Du siehst nicht so aus wie ich, du bist schwarz und ich weiß, du hast Schuppen und ich nicht, du bist dick und klein, ich dagegen schlank und lang, du hast schleierhafte Flossen, die ich nicht habe, und da ich ein Fisch sein soll, so kannst du logischerweise kaum AUCH ein Fisch sein«, sagte der Aquarium-Fisch, womit er aufgrund seiner Unwissenheit zwar nicht gelogen, aber auch nicht die Wahrheit gesagt hatte. Doch der Aquarium-Fisch ließ nicht locker und fragte neugierig weiter: »Was ist das, ein Meer, und wie groß ist es?«

»Ein Meer besteht aus unglaublich viel Wasser, und da es keinen Anfang hat, so hat es auch kein Ende, es ist unendlich groß, so groß, dass du dein Leben lang geradeaus schwimmen könntest, ohne ein Ende zu erreichen«, erklärte der Meeresfisch und fügte sehnsüchtig hinzu: »Im Meer gibt es unzählige Fische, in allen Farben, Formen und Größen, viele von ihnen sind so groß, dass sie in deine Aquarium-Welt nicht hineinpassen würden, sie sind sogar mächtiger und größer als dein Herr.«

»Du lügst, du bist ein gemeiner Lügner, neben meinem Herrn gibt es keine anderen Herren«, konterte der Aquarium-Fisch wutentbrannt und schwer beleidigt. Seit diesem Tag sprechen die beiden Fische nicht mehr miteinander, was sehr bedauerlich ist, denn ein ehrliches, ein aufklärendes, ein auf Fakten basierendes Gespräch hätte Klarheit schaffen können. Und so bleibt alles beim Alten; der unerfahrene Aquarium-Fisch wird weiterhin nichts dazulernen wollen und der erfahrene Meeres-Fisch seine Erfahrungen nicht weitergeben können. Schade, denn im Dialog hätten sie sich näherkommen können – eventuell sogar einander schätzen und lieben lernen.

Da wir keine dummen Fische sind, so sollten wir vorurteilsfrei miteinander reden, dann werden wir unseren gemeinsamen Rückweg finden, denn konkrete Erfahrungen, die andere bereits irgendwann, irgendwo gemacht haben, müssen von uns nicht selbsterfahrend wiederholt werden.

Bei uns Menschen gib es viele Aquarianer-Gruppen. Eine besonders gläubige Aquarianer-Gruppe nennt sich Christen. Es sind diejenigen Christen, die sich PROVOKANT ein Fischsymbol auf ihre Haut tätowieren lassen, am Goldkettchen um den Hals hängen oder ans Auto kleben. Ihnen reicht es nicht aus, NUR einfache Christen zu sein. Sie nennen sich evangelische, katholische oder orthodoxe, mormonische oder mennonitische Christen, Calvinisten, Lutheraner oder … wer weiß, welche Christen noch? Es gibt so viele verschiedene Fische-Christen, dass sie nicht einmal untereinander ihre eigenen Unterschiede kennen, allerdings »wissen« sie ganz genau, was sie wollen und die anderen sollen.

Obwohl alle Christen angeben, an den einzigen wahren Gott zu glauben, so meinen sie doch IHREN, den katholischen oder den evangelischen Gott, den … Gott. Selbst Moslems und Juden glauben an den christlichen Gott, allerdings nicht an den der Christen. Wenn alle den gleichen Gott verehren, warum gibt es denn so viele? Warum musste Luther die alte Kirche entzweien bzw. eine neue gründen? Weil wir uns fortlaufend promenschlich weiterentwickeln und sobald uns unsere alten Glaubenskleider zu eng werden, suchen wir nach neuen Zwangsjacken, die nicht ganz so eng sind wie die alten! Hinzu kommt noch, dass Selbstsucht, Machtgier oder Geltungssucht einzelner größer ist als ihre wahre Größe, weshalb sich Glaubensstifter gottähnlich groß vorkommen, wenn sie die Kleinen dominieren bzw. verführen können. Immer wieder werden neue Herdenanführer geboren, die ihre »Schäflein« vor der Wahrheit behüten und denen wir vertrauensvoll folgen!

Sind Selbstsucht oder Machtgier der Herdenanführer denn so groß, dass sie kein friedliches Neben- und Miteinander mehrerer Herdenanführer dulden? Dann wäre ein Super-Herdenanführer, der alle Erdbewohner führen würde, sicherlich die richtige Lösung. Dann würde ein einziger durch das Volk legitimierte Gott-

König, eventuell Gott-Kaiser genügen, um die weltlichen und kirchlichen Angelegenheiten aller Völker zu regeln. Es heißt auch: »Proletarier aller Länder vereint euch« – warum eigentlich nicht? Warum kann sich Polen, warum können sich Deutschland und Frankreich, warum kann sich ganz Europa und schließlich die ganze Welt **NICHT** Russland oder wem auch immer loyal anschließen? Warum dürfen wir des besseren Verstehens wegen nicht eine einzige Weltsprache sprechen und schließlich neutral werden? Weil wir als neutrale Erdbewohner ohne Staats- und ohne Kirchenzugehörigkeit identitätslos bzw. feindfrei wären, aber in unserem Tierstadium ohne Feinde noch nicht leben können? Weil es uns NOCH NICHT genügt, NUR friedliebende Menschen zu sein – oder weil wir NOCH keine Frieden wollenden Menschen sind? Nur eine menschenähnliche Primatenart im Übergangsstadium vom Tier zum Mensch, die sich mangels Wissens bereits für Menschen hält? Wie der Wassertropfen, der sich aus Unwissenheit so groß wie der ganze Ozean vorkommt? Wie der unerfahrene Aquarium-Fisch, der sein kleines Aquarium für die ganze Welt hält? Nur weil wir zuerst »größer« werden müssen, um zu erkennen wie »klein« wir sind? Ja, denn zuerst müssen wir erkennen, wie klein wir als »Große« und wie arm wir als »Reiche« sind, um menschlich zu werden, um das Gute durch das Böse, um das Menschliche durch das Tierische in uns zu erkennen.

Als »Aquarianer« denken wir von uns selbst, dass nur wir AUSSCHLIESSLICH die einzig wahren Gläubigen sind und alle anderen uns nur etwas vorlügen. Was nur bedingt stimmt, denn alle Gläubigen kennen ja NUR IHR Aquarium und das ist durch unsichtbare Wände sehr eingeschränkt, sehr eng begrenzt. Solche Aquarium-Gläubigen sagen zwar nicht die Wahrheit, aber sie lügen auch nicht, denn in ihrem Unwissen halten sich alle diese »Aquarium-Gläubigen« für die einzig wahren Fische, und wer andere »Schuppen, andere Farben, andere Flossen oder andere ... hat, der MUSS »logischerweise« etwas anderes sein als ein Fisch!

Die meisten sogenannten Christen nehmen ihren »Aquarium-Glauben« sehr ernst. Sie besuchen NUR IHRE Kirchen und NUR IHRE Gebetshäuser regelmäßig, bezahlen NUR IHRE Kirchensteuern und spenden NUR frei und NUR willig. Ferner glauben sie fest daran, NUR den einzig wahren Glauben vertreten und verbreiten zu MÜSSEN – auch mit Gewalt, denn ihr Gott vergibt ihnen alles, was seine ihn vertretende Sippschaft größer, bunter und einflussreicher macht. Die Kreuzritter durften sogar sündenfrei morden, vergewaltigen, brandschatzen und vieles mehr. »Und wollte mal einer nicht ihr Bruder sein, so schlugen sie ihm den Schädel ein.« Viele archäologische Ausgrabungen beweisen es eindeutig und GLAUBENSFREI!

Dabei berufen sich Juden, Christen und Moslems auf den gleichen Kultgründer bzw. Glaubensstifter Abraham, der – ganz grob geschätzt – etwa 1.700 v. Chr. aus Mesopotamien nomadisierend nach Palästina kam. Vielleicht flüchtete er vor weiteren Überschwemmungen, die, geologisch nachweisbar, regelmäßig zwischen den Flüssen Euphrat und Tigris stattfanden – vielleicht. Vielleicht berichtete er darüber, sodass Moses eine weltweite Sintflut daraus machen konnte, an die alle o.g. drei Religionen, auch heute noch, vereinigt glauben. Und wenn sich Juden, Christen und Moslems darüber einig sind, dass Abraham der Urvater ihrer Religionen ist, warum sollte denn ein Jude NICHT an Christus und Mohammed, ein Christ NICHT an Jahwe und Allah und ein Moslem NICHT an Christus und Jahwe GLEICHZEITIG glauben? Weil wir dann toleranterweise einsehen müssten, dass jeder Mensch »seinen« eigenen Gott hat, der wiederum nur ein Teilchen des allgemeinen Gottes ist und somit AUCH nur ein Teilchen des Gottes des anderen? Oder warum dürfen wir NICHT GLEICHZEITIG mehrere Glauben haben? Warum gibt es keine Multikulti-Gotteshäuser, in die dann ALLE Glaubenden gemeinsam hingehen und ihren persönlichen Gott anbeten würden? Weil wir dann unter einem Dach unsere nächsten Freunde und Feinde antreffen und streitbedingt uns gegenseitig totschlagen würden? Dann müssten wir uns nicht weltweit ständig gegenseitig missionieren oder terrorisieren, dann könnten wir uns an Ort und Stelle gegenseitig umbringen und dabei ein fröhliches »Halleluja« singen! Wenn wir schon glauben müssen, warum glauben wir dann nicht an einen einzigen, neutralen und namenlosen Gott? Warum können alle Religionen, die die Ware Wahrheit verhökern, nicht ein gemeinsames Vertriebssystem haben?

Weil wir dann NICHT wissen würden, wer unsere nächsten Feinde oder Freunde sind? Weil wir uns dann GLEICHZEITIG selbst lieben, hassen und bekriegen müssten? Weil wir uns selbst einmal auf die linke, dann auf die rechte Backe schlagen müssten – jedenfalls so lange, bis wir schmerzlich erkennen würden, dass der ganze religiöse Unsinn reine »Geschäftemacherei« ist und somit nur im Erkennen seines Unsinns einen Sinn ergibt? Was dann die Frucht wäre, an der wir die »Manna-Bäume« erkennen könnten. Bis dahin werden wir weiterhin NUR das glauben, was wir seit unserer Geburt an durch Taufe oder Beschneidung glauben sollen – weil alle Religionsführer nur unser Geld wollen. Und weil es immer mehr neuformierte Religionsführer gibt, so muss auch die Kirchensteuerzahlerzahl ständig wachsen und die Geburtenkontrolle-Diskussion weiterhin ein Tabuthema bleiben?

ALLE Christen haben gemeinsame jüdische Gebots-Regeln, zehn an der Zahl. Die Gebots-Regeln sind für sie heilig und somit verbindlich, obwohl sie sie situationsbedingt ganz unterschiedlich, bedarfsorientiert interpretieren, sozusagen je nach Zeit, Geisteszustand, Ort und Bedarf, einmal so und ein andermal eben anders. So deutet jede Christensekte diese gemeinsamen Gebotsregeln nach ihrem Gusto. Leider legen sie IHRE Gebots-Regeln dermaßen unterschiedlich aus, dass eher das GEGENTEIL der Realität entspricht und somit zutreffender wäre. Sie nennen sie die Zehn Gebote, die ein göttlicher Steinmetz einem gut durchtrainierten Mann namens Mose auf dem Berg Sinai, in Steintafeln gemeißelt, überreicht haben soll. Soll, denn bewiesen ist gar nichts, und das Gegenteil ist ziemlich wahrscheinlich. Leonardo da Vinci hat für seine »geheimen Schriften« einen Spiegel benutzt. Hätte er aber gar nicht müssen, denn auch etwa 3.200 Jahre später, so um 1500 n. Chr., waren die meisten von uns immer noch Analphabeten.

Es sollten cirka 3.700 Jahre vergehen, bis die Zehn Gebote realitätstreu entschlüsselt werden konnten und nun nachfolgend in originaler, erstmalig in »wahrheitsgetreuer« Version vorliegen:

1. Du sollst auch andere Götter neben mir haben – haben wir, jede Menge sogar.
2. Du sollst den Namen deines Herrn missbräuchlich führen. »Herr Gott nochmal«, das machen wir doch »Gott sei Dank und um Gottes Willen« ständig.
3. Du sollst den Feiertag nicht heiligen – tun wir, und an den Wochenenden arbeiten wir am liebsten schwarz, denn »nur Bares ist Wahres«.
4. Du sollst Vater und Mutter nicht ehren – auch dieses Gebot befolgen wir, insbesondere, wenn wir genetisch bedingt, körperlich oder/und geistig behindert geboren wurden, allerdings in der Lage sind, unsere erbgutbedingte Situation selbst zu erkennen.
5. Du sollst töten – jawohl, mein Führer, Gaskammern bauen und bequem in Deutschland am Joystick sitzend, sich im Ausland zu verteidigen, macht sogar Spaß.
6. Du sollst ehebrechen – o danke, Herr, denn Fremdgehen ist spannend, macht viel Spaß und kostet weniger als ein Bordellbesuch – auch wenn das zur Hälfte aller Scheidungen führt.
7. Du sollst stehlen – das ist doch wohl selbstverständlich! Wer tut es nicht? Nur nicht erwischen lassen, sonst sind der Doktortitel oder die Auslandszinsen dahin. Na ja, so-

lange der Diebstahl anonym und straffrei bleibt, ist es okay – oder?

8. Du sollst falsches Zeug gegen deinen Nächsten reden – im Mobben sind wir gut und vor Gericht lügen wir »bis sich die Balken biegen«.
9. Du sollst begehren deines Nächsten Haus – im Beneiden sind wir noch besser als im Lügen. Und wehe, wenn »unser Haus, unser Boot oder unser Pferd« schöner sind als die des Nachbarn, dann können wir den »ehrlichen« Frieden vergessen.
10. Du sollst begehren deines Nächsten Weib, Knecht, Magd, Vieh oder alles was sein ist. Toll!

Neid und Gier kannten schon damals, vor etwa 3.700 Jahren, keine Grenzen. Warum sollte sich ausgerechnet heute etwas daran ändern? Wenn ein System sich schon so lange todsicher bewährt hat, dann kann es doch nur gut sein. Oder? Wie wir offensichtlich sehen können, beziehen sich drei der Zehn Gebote auf Stehlen, sodass wir davon ausgehen müssen, dass gieriges Klauen, Lügen und Betrügen schon damals ein großes Problem war.

Angeblich hat Moses, ein Judenführer, die in steinerne Tafeln gemeißelten Zehn Gebote von Gott vor etwa 3.700 Jahren persönlich erhalten. »Natürlich« fand die Übergabe insgeheim, unter Ausschluss jeder Öffentlichkeit, auf einem ziemlich unzugänglichen Berg namens Sinai statt. Angeblich geschah das, als Moses mit seinem Volk auf der gottgeführten Auswanderung aus Ägypten war. Wobei die Auswanderung vermutlich eine Feindes-Vertreibung war, die tatsächlich stattgefunden haben könnte und keine gottflankierte Auswanderung.

Die weder wissenschaftlich nachgewiesenen noch historisch belegten zehn Landplagen, die angeblich im 13. Jh. v. Chr. und 400 Jahre nach Moses stattgefunden und zum Exodus geführt haben sollen, könnten sich rein rechnerisch nicht ereignet haben, allerdings wären es, rein hypothetisch, nur natürliche Abläufe, die mit einer aus Äthiopien kommenden Rot-Schlamm-Flut oder Rot-Algenblüte, den Nil blutrotfärbend, begonnen haben könnten: Auf Schlamm oder/und toxische Algenblüte folgte sauerstoffmangelbedingtes Fische- dann Frösche-Sterben, dann Insektenvermehrung, Infektionskrankheiten-Verbreitung, bis schließlich zum durch Kornpilzvergiftungen verursachtes Sterben der Erstgeborenen, die sich als Erste die Bäuche füllen durften und somit auch die größte Menge an Toxinen verspeist haben. Ob die zehn Landplagen tatsächlich stattfanden oder nicht, ob die zwei, sich in einer goldbeschlagenen Bundeslade befindenden Steintafeln mit den Zehn Geboten in Rom existieren oder gar nicht, beweisen lässt sich eher nur das Gegenteil.

Welche Geschichten Moses oder andere daraus gemacht haben und warum, das lässt sich nur vermuten. Fakt ist, dass es sich hierbei weitgehend nur um »Wundergeheimnisse« handelt. Doch die Wahrheit kommt immer heraus, auch wenn es ein paar tausend Jahre dauert, und sie kommt immer dann zu uns, wenn wir sie NICHT hören wollen aber hören SOLLEN!

»Die Wahrheitsmühlen mahlen langsam, und steter Tropfen höhlt den Stein«. Ja, ich liebe Sprüche, weil sie vieles auf eine kurze Formel reduzieren, sie sind der geschmacksintensive Fond, aus dem dann schlaue Leute viele Gerichte, Gerüchte und Gedichte entstehen lassen, wobei ein kleiner »Fondgeschmack« meistens noch dabei erhalten bleibt. Den zu finden, ist oft sehr schwierig, doch wenn Sprüche uns zum Staunen oder zum Nachdenken bringen, dann erfüllen sie ihren Zweck.

Was man heute genau weiß, das ist die Tatsache, dass einige der Zehn Gebote bereits lange Zeit vor Moses im sogenannten »Gilgamesch-Epos«, der ältesten Schrift der Menschheit, sinngemäß in Keilschrift, niedergeschrieben wurden. Vielleicht hat es Moses von Abraham erfahren oder anderwärtig Kenntnis davon gehabt, vielleicht war er sogar des Keilschreibens und Keilschriftlesens ein wenig kundig. Vielleicht, ähnlich wie bei Luther, übersetzte er Teile davon und machte sie der Allgemeinheit, bzw. der lesekundigen Priesterschaft zugänglich. Vielleicht verschlüsselte er es dann lukrativ für die Toren als eine Art Grundgesetz. Vielleicht, vielleicht!

Auch die biblische Sintflut wurde bereits im »Gilgamesch Epos«, etwa 1.300 Jahre vor Moses, also bereits vor etwa 5.000 Jahren beschrieben. Sie soll in Vorderasien zwischen den Strömen Tigris und Euphrat stattgefunden haben. Das ist sogar wahrscheinlich, denn die Welt war zur damaligen Zeit, vor etwa 3.800 Jahren, wesentlich »kleiner« als heute, und das Deltaland zwischen den beiden Flüssen wurde damals regelmäßig überflutet, was sich heute eindeutig glaubensfrei durch Untersuchungen dortiger sedimentärer Ablagerungen nachweisen lässt.
Eigentlich ist es reine Zeitverschwendung, sich damit auseinandersetzen zu wollen, denn Märchen bringen uns nicht wirklich weiter, auch wenn sie oft märchenhaft schön sind.

Doch wie sollen wir einem an seinen Aquarianer-Gott glaubenden Aquarium-Fisch erklären, dass es sich bei diesen Romangeschichten weitgehend nur um Märchen handelt? Wie? Sag es mir! Bitte!

Tja, es scheint unmöglich. Denn gegen verhülltes Wissen scheint kein schnell enthüllendes Kraut gewachsen zu sein, doch der Schein trügt und der »stete Tropfen höhlt den Stein«. Bleiben wir also dran und legen eine weitere enthüllende 30-Sekunden-Remotionspause ein, bis aus der Aushöhlung zunächst ein kleines »Guckloch« wird, durch das wir dann jenseits unserer »Aquarium-Mauer« werden schauen können.

So etwa 1.700 Jahre nach Moses im Jahre Null soll Jesus von einer unverheirateten jungen Frau, die vermutlich beim Petting schwanger wurde, unehelich und somit unehrenhaft empfangen und folglich »vaterlos« geboren worden sein. Soll, denn nur ansatzweise Genaueres weiß man auch heute darüber nicht. Etwa 50 bis 70 Jahre später, in den durch Moses »inspirierten« Evangelien-Romanen, wurde eine Jungfrau daraus, die »Gott« persönlich mit seinem »Heiligen Geist«, geschwängert haben soll. Dass man beim Liebesspiel auch ohne eigentlichen Geschlechtsverkehr schwanger werden kann, das war damals sicherlich unbegreiflich bzw. unerklärlich und somit nur durch ein heiliges »Wunder« zu erklären. Er, der männliche Gott, erkannte dann den Evangelisten gegenüber (sonst könnten sie nicht wissen, was sie schrieben) die Vaterschaft an und erklärte Jesus zu seinem Sohn, ohne die geschändete junge Frau Maria zu heiraten oder wenigsten zu alimentieren. Was aus der Königinmutter wurde, wie oder wo sie starb, bleibt auch weiterhin ein in Rom geheim behütetes Glaubensgeheimnis denn Genaueres weiß man auch hierbei offensichtlich nicht! Muss man auch nicht, denn Glauben heißt auch nicht wissen WOLLEN. Glauben heißt, etwas zu »wissen«, was es real gar nicht gibt! Was dann etwa 27 Jahre lang mit Jesus geschah, darüber wussten die Märchenschreiber – den Begriff »Romanschreiber« gab es damals noch nicht – Lukas, Matthäus, Markus und Johannes auch nicht zu berichten, denn auch in den Büchern Moses stand nichts darüber geschrieben. Woher auch? Ganz einfach – weil im »Gilgamesch-Epos« oder anderen Schriften auch nichts über Jesus prophetisch geschrieben wurde.

Es ist Fakt, man kann etwas nur dann abschreiben, wenn es jemand zuvor aufgeschrieben hat. In die Zukunft blicken, das kann keiner, denn die Zukunft beginnt immer in der Zukunft. Es ist kein Kunststück, die Lottozahlen der letzten und die der Ziehungen davor »vorherzusagen« oder einen gelogenen Roman mit geschichtlichem Hintergrund zu schreiben, sodass er durchaus glaubhaft klingen kann. Es ist keine Erfindung unserer Zeit, die Evangelien-Schreiber konnten es damals auch. Etwas »vorhersagen«, was bereits 1.800 Jahre vorher als Niedergeschriebenes existierte und sich dann rückwirkend genau nachlesen und somit »beweisen« ließ.

Auch das Abschreiben voneinander war damals nicht urheberrechtlich geschützt, und so schrieb zwar jeder sein eigenes, angeblich »von Gott synoptisch inspiriertes« Evangelium, doch die Inspirationsquellen, derer sie sich bedienten, waren allen Evangelisten gleich gut bekannt, wobei die Methode bis heute die gleiche geblieben ist. Auch heute recherchiert und sammelt man Informationen zu einem bestimmten Thema, um dann daraus einen historischen Roman zu konstruieren.

Wenn vier Romanschreiber den gleichen Auftrag bekommen, über eine bestimmte Person einen Roman mit geschichtlich gesicherten Informationen zu schreiben, dann wird es keinen wundern, wenn die vier Schreiber sich ähnlicher oder sogar gleicher Quellen bedienen würden und folglich alle vier Romane sich ähnlich wären. Ähnlich, denn unterschiedlich gesinnte Schreiber würden auch unterschiedlich motivierte Romane schreiben – wenn auch mit ähnlichem Aussageinhalt.

Leider berichteten die Inspirationsquellen nichts über Jesu Leben selbst. Seine Geburt ist eine einzige, nachträglich von den Evangelisten durch Moses' Texte legitimierte, tradierte Lüge. Es klingt glaubwürdig, wenn man behauptet, dass das, was man schreibt, bereits im Alten Testament steht bzw. prophetisch vorhergesagt wurde. Dass das im Alten Testament Geschriebene bzw. Vorhergesagte AUCH gelogen ist, interessierte die Evangelisten nicht, weil sie es etwa 1800 Jahre nach Moses auch nicht besser wussten. Es ist so, als ob du eine gelogene Information ungeprüft als wahr weitergeben würdest. Du würdest zwar nicht lügen, doch die Wahrheit wäre es nicht!

Jesus und sein kurzes Wirken als Erwachsener bis zu seiner Hinrichtung ist von den römischen Geschichtsschreibern nur marginal dokumentiert. Für die Römer war Jesus unbedeutend, für sie war er nur EIN Rebell unter vielen. Nicht mehr! Für die Juden war Jesus ein Juden-Gott-Lästerer, der ihnen bedrohlich zur Last wurde und den sie kurzerhand von den Römern durch Kreuzigung ermorden ließen. Für seine Anhänger war Jesus ein Neu- bzw. ein Selbstgeborener, der aus sich selbst zu sich selbst gefunden hat, und dem es sich damals wie heute – der Wahrheit Willen – nicht nur bis zum Kreuze, sondern etwas höher zu folgen lohnte und weiterhin lohnt. Doch das ist eine andere Geschichte, eine Geschichte, die wahr ist, und KEINE Ware, wie sie der geschäftstüchtige Paulus erst etwa 30 Jahre nach Jesus Tod zuerst den Juden, dann den Römern und schließlich der ganzen Welt nachhaltig verkaufte. »Erst«, denn Paulus lebte erst etwa 20 Jahre **nach** Jesuskreuzigung. Für seine Geschäftsetablierung benötigte er – damals wie heutzutage – etwa zehn Jahre, sodass es keinen verwundern dürfte, wenn der größte Teil der »Christengeschichte« auf den geschäftstüchtigen Geschäftsmann Paulus zurückzuführen ist. Die geschäftsbedingte, verkaufsfördernde »Glaubwürdigkeit« Jesu besorgten die vier von der »Pauluskirche« beauftragten Ghostwriter etwa 70 Jahre n. Chr. – nachträglich! Wahrscheinlich kannten sie sich sogar bzw. einer des anderen Schriften. Wahrscheinlich. Im 2. Jh. kam ein bis dahin geheim gehaltenes- zurechtrückendes Evangelium hinzu, das Judas-Evangelium, welches Jesus und Judas zu Verbündeten machte und deftige Kritik an den damaligen geschäftstüchtigen Warenchristen übte, weshalb es auch heute NICHT im Neuen Testament zu finden ist.

So wie die meisten Romane in sich verständlich und plausibel sind, so sind es die Evangelien auch. Merkwürdigerweise »berichten« sie so gut wie gar nichts über Jesu Werdegang – über seine Kindheit, über seine Jugend oder über sein Erwachsenwerden. Denn was soll man schreiben über etwa dreißig Jahre Jesu Leben, wenn man nichts darüber weiß, insbesondere wenn andere nichts darüber geschrieben haben? Dann denkt man sich etwas Romanartiges aus, was es real gar nicht gibt – man lügt sich also etwas zusammen, was halbwegs logisch zusammenpassen könnte und präsentiert es dann als wahr, als von Gott inspiriert oder sogar als von Gott persönlich diktiert, wie beispielsweise Paulus seine Schriften oder Mohammed seine Abschriften.

WAHRSCHEINLICH wuchs Jesus wie alle anderen Kinder zu Hause auf und hatte sogar einige Geschwister, lernte ein Handwerk und ging mit etwa fünfzehn Jahren auf einer damals bekannten Handelsroute nach Indien. Genau kann es keiner sagen, doch bekanntlich erkennt man den Baum an seinen Früchten. Sehr wahrscheinlich arbeitete Jesus in Indien und lernte dabei zunächst die regionale Sprache kennen, eventuell auch die des Sanskrits. Später lernte er auch Selbstbesinnung und den Zugang zum inneren Wissen eines oder mehrerer indischer Weisen kennen. Fakt ist, dass Jesus in seiner Wirkungszeit Lehren und Weisheiten von sich gab, die bereits in Indien vor seiner Zeit in schriftlicher Form existierten und bis heute existieren – z. B. die **Gita**. Schließlich mit der verinnerlichten Erkenntnis ausgestattet, dass NICHT die Lehrer, sondern die Lehren die Menschen Gott näher bringen, dass nicht der Wagen (Körper) bestimmt den Weg, sondern der Wagenlenker (Geist), kehrte Jesus mit etwa 27 Jahren in sein von den Römern besetztes Heimatland zurück. WAHRSCHEINLICH schloss er sich dann einer der vielen damals existierenden Glaubenssekten an, vermutlich den Gnostikern, die aus der Essener Richtung hervorgegangen sind. Sein weiterer Werdegang ist weniger als mehr bekannt, doch darauf kommt es überhaupt nicht an, denn nicht der Lehrer, sondern die reine Lehre ist für die geistige Menschwerdung ausschlaggebend. Das wusste und das lehrte Jesus! Nicht mehr – aber auch nicht weniger.

Die Lehrer sind vergänglich, die Lehren, wenn sie wahrhaftig sind, existieren ewig. Ob in Indien oder China oder anderswo, es ist ohne Bedeutung, welcher sterbliche Lehrer was wann wo gesagt hat, allein von Bedeutung ist es, wenn das Gesagte unsere Seelen berührt und sie dann impulsartig unseren Verstand zum Nachdenken bringt, bis dieser letztlich erkennt, dass nur die zeitlose, nicht deutbare Bedeutung bedeutsam ist! Denn ES ist, wie ES ist, weil ES ist.

Die Gnostiker benötigten keine Kirchen oder Tempel oder Ähnliches. Auch Jesus nicht, denn er war sein eigener Tempel. Sie lebten ihr Wissen von innen heraus. Nicht durch naiven Glauben, sondern durch Selbsterkenntnis, durch Selbst-BE-SINNUNG, durch Selbst-BE-GEISTERUNG. Sie wussten, dass »Das Äußere und das Innere des Gefäßes zu der gleichen Schale gehören«, dass »Alles Eins ist«. Auch Jesus wusste ES, wurde ES, lebte und lebt als ES fortwährend, denn wer einmal im Zeitlosen ankommt, der wird zur Wahrheit, der wird selbst zur Lehre und als Lehre bleibt er für immer zeitlos.

Die damaligen Eingeweihten und Erleuchteten kannten den Weg, der in das »Innere der Schale« führt. Er hat sich bis heute nicht geändert. Wer diesen inneren Weg vom Ich zum Selbst gehen wird, der wird dort ankommen, wo er ankommen soll – im Zeitlosen – bei sich selbst, heute genauso wie damals und davor. Wer eine gewisse Reife erlangt hatte, dem haben die Eingeweihten und Erleuchteten den Weg zur Selbstgeburt gewiesen. Gehen musste ihn dann damals wie heute jeder für sich selbst, auch Jesus, denn niemand wird geistig verwirklicht geboren – das kann nur der Geist aus dem Geist durch den Geist – gerechterweise nur jeder aus und für sich selbst. Damals gingen Selbstsuchende für mehrere Wochen in die Wüste, um zur Erleuchtung, zur Selbsterkenntnis bzw. zur Selbstgeburt zu gelangen und kamen nie wieder so zurück, wie sie ausgingen. Auch Jesus musste seine »alten Kleider ablegen«, um das lebendige Wissen in sich selbst zu erkennen und um fortan als Neugeborener ewig zu sein. Das gefiel den damaligen Staatskirchen überhaupt nicht, denn sie duldeten, und auch das hat sich bis heute nicht geändert, nur staatlich anerkannte Götter und Kulte. Was sollten und sollen Staaten mit Menschen anfangen, die rebellierten und keine Steuern zahlen wollten? Das Gleiche wie heute! Sie verfolgten die Urchristen Jahrhunderte lang. Bis ein geschäftstüchtiger Kaiser namens Konstantin der Große, der bis dahin den römischen Sonnengott Sol verehrte, sich nach der ERSTEN viele Menschenleben fordernden Schlacht am Ponte Molle, die er angeblich im Zeichen der CHRISTEN(!) erfolgreich führte, anfangs des 3. Jh. zum Christentum bekannte. Es war die erste Menschen-Abschlachtung im Zeichen der friedliebenden, der nächsten-liebenden »Christen« und sollte leider, leider nicht die letzte sein, sondern nur der scheinbar kein Ende nehmende Anfang der »Nächstenliebe«. Anschließend wurde das Christentum legalisiert und zur Staatskirche erklärt. Nach dem Motto: Wenn man einen Feind nicht vernichtend besiegen kann, so sollte man sich mit ihm verbünden, Zwist verbreiten und dann vereint die Führung übernehmen – im Geschäftsleben und in der Politik eine auch heute noch durchaus erfolgreich praktizierte Methode. Ab dann haben die Römer etwa drei Jahrhunderte lang erfolglos versucht, die sogenannten Barbaren mit Gewalt zu besiegen. Kirchen wurden gebaut, die parasitären Bischöfe und andere Fürsten erhielten die Gerichtshoheit sowie das Recht der ersten Nacht, (Ius primae noctis – siehe auch Gilgamesch: Tafel 2, Zeile 144) von dem sich einige Betroffenen gegen **»Stechgroschen«** freikaufen konnten, ferner wurde die Sonntagsheiligung erneuert – damit die Gläubigen ein kollektives Bewusstsein unter Kollektivzwang suggestiv eingeprägt bekommen konnten. Ferner wussten dann die feinen Leute durch Beichten bzw. durch Abhören (auch heute noch), was die unfeinen Leute dachten.

Etwa 200 Jahre später, so um das Jahr 550, trat Chlodwig, König der Franken, der Katholischen Kirche bei. Etwa 150 Jahre später erloschen die germanischen Götter gänzlich. Im 7. Jh. wurden die Bayern christianisiert und im 8. Jh. die Slawen missioniert. So gesehen haben die Römer zwar die Schlachten verloren, dafür aber die Kriege nachhaltig gewonnen. Die »Teutonen« haben zwar die »Legionen« vernichtend vertrieben, doch deren unglaublicher Glaube ist uns bis heute geblieben. Heute bezeichnet sich die halbe Welt als Christen, obwohl Jesus selbst nie Christ hieß oder war! Uns Christen ist der Name, das »Gefäß«, wichtiger als die Lehre, als der Inhalt, und der flüchtige Schein wichtiger als das dauerhafte Sein. Was haben die bunten Papageienkleider im Vatikan noch mit dem einfachen Jesusgewand zu tun? Und was wurde aus den Urchristen, aus den Gnostikern, aus den Essenern? Gibt es sie noch? Menschen, die den inneren Weg vom Ich zum Selbst für sich realisiert haben? Menschen, die ihr lebendiges Wissen leben? Die unter Führung der Eingeweihten Selbsterkenntnis erlangten und somit selbst zu Eingeweihten wurden? Gibt's dieses Wissen nicht mehr? Ist es für immer verloren gegangen? Nein! Aber in einem Kirchentempel finden wir es nicht, sondern jeder NUR in seinem eigenen »Tempel«. Wir sollten ihn öfter betreten. Anfangs reichen schon unsere wiederkehrenden 30-Sekunden-Atempausenbeobachtungen aus. Bitte, jetzt!

Bedenken wir, dass die Evangelien-Schreiber erst etwa 70 Jahre nach Jesu Hinrichtung über das Leben Jesu »berichteten«, dann ist es so, als ob wir jetzt vier Ghostwriter bitten würden, über unsere, deine oder meine Ur-Ur-Großeltern eine »Biografie« zu schreiben. Sie würden sich an eine über damalige und aus damaliger Zeit berichtende Quelle halten, vielleicht an eine Stadt- oder Kirchenchronik, oder uns persönlich befragen und den Rest unseren Wünschen entsprechend mehr oder weniger hinzudichten bzw. hinzulügen, denn »wer die Musik bezahlt, der bestimmt auch, was gespielt wird«. Viel Wahres über unsere Ur-Ur-Großeltern würde dabei nicht herauskommen – oder kennst du dich mit dem Leben deines Urgroßvaters oder deiner Urgroßmutter aus?

Damals war es auch nicht anders und so kam es, dass Jesus von den vier Evangelisten in den Mund gelegt bekommen hat, was er selbst nie gewusst, geschweige denn gesagt hat. Hinzu kam es, dass die »Jesus-Geschichten« einem politischgeschäftlichen Zweck dienten und schließlich bis heute dienen. Mit dem Koran verhält es sich ähnlich, nur viel naiver und laienhafter, denn Mohammed, der angebliche Schreiber des Korans, dem heiligen Buch des Islam, hat sich nicht einmal die Mühe gemacht zu verändern oder, wie etwa 900 Jahre später Luther es tat, zu reformieren. Er oder jemand anderer, wer weiß das schon, haben einfach übersetzt, manchmal sogar wörtlich abgeschrieben oder einfach etwas Fantasiertes hinzugedichtet – im Verborgenen von Gott inspiriert oder diktiert, versteht sich, natürlich ohne Zeugen.

Warum sollten alte Erkenntnisse nicht zur Wahrheitsfindung verwendet, sondern durch Lügen ersetzt werden? Warum müssen Wahrheiten in Rom unter Verschluss gehalten werden? Damit wir sie nicht erfahren und uns von den uns vorgelebten Lügen freimachen? Damit wir nicht sehen können, was sich wirklich in der »Goldenen-Lade« befindet oder was uns das dritte Geheimnis der Fatima offenbart? Warum sollen wir unwissend leben? Weil Glaubende sich leicht lukrativ manipulieren lassen? Weil naiv Glaubenden Lügen leichter verkauft werden können als Fakten? Weil zu glauben einfacher ist als zu lernen? Weil mit EINER Glaubensströmung zu schwimmen einfacher ist als gegen sie – auch wenn »es den Bach immer weiter hinuntergeht«? Werden wir aufgrund unseres naiven Glaubens anders glaubende, anders denkende, anders farbige Menschen weiterhin ermorden – bis es keinen mehr zu ermorden geben wird? Jesus ist zwar leidvoll ermordet worden, doch er hat durch seine eigene und die Kinderlosigkeit seiner wahren Nachfolger vielen viel Leid erspart, denn Ungeborene weinen nicht! Und es wäre sicherlich in seinem Sinne, wenn wir daraus selbsterkennend lernen könnten.

Um den Koran in Ruhe schreiben zu können, soll Mohammed etwa 600 Jahre nach Jesus in die Berge gegangen sein, wo ihn keiner beim Übersetzen und Abschreiben jüdischer und christlicher Schriften störte. Dem Volk »verkaufte« er den Koran als gehcime »Diktate«, als Offenbarungen eines einzigen Gottes. Ob Mohammed selbst der »Engel Gabriel« war, ist ein »Geheimnis« und wird es wohl auch bleiben – genauso wie Fatimas drittes Geheimnis oder die zwei Gebotssteintafeln von Mose, die logischerweise als christliche Glaubenslegitimation in Roms Archiven für gewöhnliche Fischchristen unzugänglich aufbewahrt werden?

Koran bedeutet ursprünglich auf Arabisch »Rezitationsstück«. Einige Moslems rezitieren diese Stücke so oft und so schnell, dass ihr Verstand davon auch ohne Alkohol »betrunken« wird. Und wer sich mit einem Gedanken intensiv beschäftigt, der kann nicht gleichzeitig einen anderen denken, denn keiner kann »auf zwei Hochzeiten gleichzeitig tanzen«. Es ist eine Art Selbsthypnose, die berauschende Euphorie hervorruft. Eine Art suggestive Trance, die nicht nur einen »Derwisch« kurzzeitig drogenfrei glücklich machen kann.

Was den Buddhismus und Hinduismus angeht, so handelt es sich hierbei um weitgehend friedliche Weltreligionen, in denen auch die bereits genannten Gnostiker ihre Wurzeln verankert haben könnten. Auch Zen und Konfuzius spiegeln sich in ihnen wider, denn es sind weitgehend kommerzfreie Religionen, die mehr auf das innere Schauen und weniger auf das äußerliche Ausschauen bedacht sind.

Ob eine Sintflut tatsächlich stattgefunden hat oder nicht, ob sich irgendwelche sieben oder zehn Plagen in Ägypten wirklich ereignet haben oder auch nicht – WER will das jetzt noch wissen? Letztlich ist es nicht wichtig, welche Religion was, wann oder zu wem gesagt hat, wichtig ist NUR, dass das Gesagte wahr und wegweisend ist. Es ist nicht wichtig, was uns eine Kirche oder ein System sagen, wichtig ist NUR, ob sie die Wahrheit sagen, denn NUR die Wahrheit wird uns frei machen, und wer sie findet, der wird selbst zur zeitlosen Wahrheit werden. Doch so lange, wie Kirchen uns IHRE uns verdummende Wahrheit weiterhin als die einzig-selig-machende Wahrheit verkaufen können, werden wir weiterhin unser unsichtbar begrenztes Aquarium für das grenzenlose Meer halten und nie wirklich scheinfrei werden können. Wir werden weiter und weiter suchen, bis wir uns TOT gesucht haben. Generation für Generation, Religion für Religion. Immer weiter und weiter, bis unser weißes, unschuldiges Lebensblatt-Papier, das unser Verstand bei unserer Geburt war, am Ende fremdverschuldet schwarz sein wird und wir gar nichts Lesbares darauf werden erkennen können.

Mit wie vielen Religionen müssen wir uns NOCH auseinandersetzen, wie viele Religionen müssen wir NOCH versuchen zu verstehen, wie viele »inspirierende« Bücher müssen wir NOCH lesen, wie viele TV-Berichte, Talkshows und Dokumentationen müssen wir NOCH konsumieren, um endlich satt zu werden, um persönlich zu erfahren, wer wir sind? Wie viele NOCH? Wie lange müssen wir leben, um die vielen »NOCH« zu unserer Lebenszeit zu ergründen? Die meisten von uns werden auf diese Frage keine Antwort bekommen und sterben, ohne sich selbst gefunden zu haben, belogen und verlogen, resigniert und desorientiert, halbfertig – von den Allmächtigen mächtig verblendet!

Unser Leben ist wie ein scheinbar unendlicher Staffellauf, an dem ALLES (Energie, Elemente, Materie, Stoffwechsel, Mikroben, Algen, Flechten, Pilze, Pflanzen, Tiere und Menschen) sich ständig weiterentwickelnd teilnimmt. Auch wir, du und ich, sind die Erben dieses mystischen Urvermächtnisses und tragen sogar persönlich dazu bei, zuerst selbst und dann allgemein etwas gerechter zu werden. Das allmächtig Böse, das uns durch Lug und Betrug unserer Vorbilder auch böse werden ließ, ist nicht das Endziel unseres Lebensstaffellaufes, doch es zwingt uns zu erkennen, dass wir uns verlaufen haben und umkehren müssen.

Es zwingt uns zur Umkehr, es zwingt uns, uns selbst in Frage zu stellen, es zwingt uns, Fragen zu stellen und auf Antworten lauschend zu warten – manchmal sogar durch Krankwerden. Wir sind verblendet und zu laut geworden, sodass wir das Sehen und Lauschen wieder neu lernen müssen – wir sind gerade dabei, es wieder einzuüben. Auch wenn es zunächst nur 30 Sekunden sind, doch »steter Tropfen hüllt den Stein« – bitte, jetzt.

Stell dir vor, deine Seele spricht mit dir! In welcher Sprache? In Französisch, Deutsch, Polnisch, Russisch oder Arabisch? Sicherlich nicht, aber in welcher dann? Etwa NUR in Latein? Damit sie nur die Lateinkundigen in Rom verstehen und uns dann deutungsweise als bedeutsame Glaubens-Offenbarungen ablassmäßig verhökern?

Vielleicht sprechen unsere Seelen alle Sprachen zugleich – als eine Art gebrabbelte Zungensprache, die keiner versteht, nicht einmal die Brabbelnden selbst. Oder in einer einzigen Sprache, die wir ALLE deutungsfrei verstehen?! Welche wäre das? Deine, meine? Sicherlich nicht. Doch wie erreichen uns unsere Seelen, ohne unsere Sprache zu sprechen? Durch TATEN! So wie wir den Baum an seinen Früchten erkennen können, so können wir unsere Seelen an deren Taten erkennen, z.B. durch unerwartete Präsentationen von Problemlösungen oder an der Duplizität der Ereignisse. Einmal zu stolpern, ist in Ordnung, aber gleich noch einmal? Einmal »danebengreifen« ist o.k., aber gleich mehrmals? Einen Schrecken im Straßenverkehr zu bekommen, ist o.k., aber bald darauffolgend einen zweiten? Fortwährend passiert den Gleichen das Gleiche, doch darüber wundern sie sich nicht, dabei wäre das Wundern ein wunderbarer Anfang zum Verstehen des uns Verwundernden. Einmal eine zufällige »Nachricht« aus dem Weltall zu erhalten, ist sicherlich möglich. Die gleiche Nachricht ein zweites und drittes Mal zufällig zu empfangen sicherlich nicht – es sei denn, dass es KEIN Zufall ist, sondern dass es etwas gibt, das diese Nachricht wiederholend aussendet.

»Wundersame« Duplizität der Ereignisse, Unerklärliches oder einfache Wunschwahrwerdungen erfahren wir tagtäglich, ohne es wahrzunehmen. Wir erfahren es in einer wundersamen Sprache, die ALLE gleichermaßen glaubensfrei verstehen können, denn Taten sind Früchte, an denen wir reale »Wunder« erkennen können und Wundern ist der Anfang vom Verstehen. Und damit wir uns noch mehr wundern, geschieht das gleiche Wunder an verschiedenen Orten der Welt mehreren Personen gleichzeitig, sodass sie sich dann beispielsweise sogar den Nobelpreis teilen müssen.
Wenn identische Erfindungen an verschiedenen Orten unserer Welt zu gleicher Zeit von andere Sprachen sprechenden Menschen EINZELN gemacht werden, dann sind es zwar keine Wunder, aber wundersame Fakten, die weder eines Glaubens, noch eines Aberglaubens bedürfen.

Glaube oder Aberglaube, wo ist da der Unterscheid? Die einen lügen anerkanntermaßen und die anderen möchten gerne anerkannt werden. Die einen werden beschnitten, die anderen bekreuzigt, mit Wasser bespritzt oder beweihräuchert, damit, obwohl unwissend und feindfrei geboren, wir schon im Windelalter wissen SOLLEN, wer unsere Feinde sind, an welche Kirche wir Kirchensteuern zahlen, wen wir unser Leben lang für ungläubig halten oder bekämpfen werden. Schon ziemlich krank das ganze Glaubens-Getue, doch »selig« sind diejenigen, die ganz genau wissen, wo IHR Glaubenshammer hängt.

Weil wir die Gründe für unser Dasein noch nicht kennen, die Rätsel unseres Daseins NOCH nicht gelöst haben, so suchen wir ständig nach Orientierungen, zunächst in unserem Elternhaus, dann in den sogenannten Gotteshäusern. Es gibt so viel schwachsinnigen Glaubensblödsinn, an den viele von uns glauben, dass wir uns als Menschen schämen sollten, zu der gleichen Gattung zu gehören, denn Glaube und Aberglaube halten KEINER wissenschaftlichen Überprüfung stand. Das sollten, das

MÜSSEN wir wissen UND glaubensfrei verstehen, andernfalls wird unser Wissen NUR ein naiver Glaube bzw. Aberglaube sein. Wirkliches Wissen würde logischerweise auch unser Verhalten ändern. Doch verändert haben wir uns kaum. Wir kaufen weiterhin Ablässe, bezahlen brav Kirchensteuer, damit sie uns weiterhin steuern, brav zu bleiben, lesen Horoskope, gehen zu Wahrsagern und anderen »Klarsehern und Wahrheiten-Verdrehern«, nehmen inhaltslose Placebo-Tabletten ein und schreiben ihnen statt uns selbst eine heilende Wirkung zu.

Die Kirchen bezeichnen die Menschen als abergläubisch, die eine von ihrer Glaubensrichtung abweichende Ansicht vertreten. So hielten die ihren Sonnengott Sol verehrenden Römer vor 2.000 Jahren die Germanen für primitive Völker, die in dunklen Wäldern lebten und ihren regionalen Göttern Wodan, Wotan oder Odin huldigten und die es zu bekehren galt. In Wirklichkeit ging es zunächst um Versklavung und später um Unterwerfung, um Abschwörung und Annahme des Aberglaubens der Römer. Was schließlich ein paar Jahrhunderte später auch gelang und bis heute lukrativen Fortbestand hat – wenn auch anfänglich zeitliche Zugeständnisse gegenüber den »heidnischen« Religionen gemacht werden mussten. So fand dann die Geburt Jesu ZUFÄLLIG zur Wintersonnenwende und seine Auferstehung aus dem Totenreich auch ZUFÄLLIG etwa zur Frühjahrssonnenwende statt und sicherlich wurde dabei auch ZUFÄLLIG der alte Sonnengott Ra der Ägypter bzw. Römer bedacht, denn Kompromisse gehören zum Geschäft und »eine Hand wäscht die andere«. Mit dem Glauben und Aberglauben ist es so wie mit der Politik; wir erfahren NUR das, was wir glauben sollen, damit wir nicht das denken, was wir denken wollen. Wann Aberglaube begann, wird keiner genau sagen können, denn praktisch kann jeder jeden als abergläubisch bezeichnen, der nicht genauso verrückt ist wie er selbst, der nicht der gleichen Glaubensmeinung ist oder nicht an den gleichen Unsinn glaubt wie er selbst.

Vor etwa fünftausend Jahren, als die Babylonier die Wüsten mit ihren Kamelkarawanen durchwanderten, da gab es weder befestigte Wüstenstraßen noch beleuchtete Hinweisschilder mit genauen Entfernungsangaben, geschweige denn GPS-Navigation. Auch Orientierungsbilder lassen sich in der Wüste oder auf dem Meer nicht bilden, denn sowohl die Sand- als auch die Wasseroberfläche verändern sich ständig. Doch »Not macht erfinderisch« und so kam es, dass Karawanenführer sich nach bestimmten Sternkonstellationen zu richten begannen, die dann zu Sternbildern wurden. So bekamen bestimmte Sternbilder – mit viel Fantasie – ihre Namen, denen heutige Astrologen bestimmten magischen Blödsinn zuschreiben. Damals dienten sie zuverlässig der Orientierung in der Wüste und auf dem Meer – nicht mehr! Ein Karawanenführer wusste, wenn er einem bestimmten Sternbild folgte, würde er ein bestimmtes Ziel bei gleichbleibender Marschgeschwindigkeit an einem bestimmten Tag erreichen. So war es damals und so ist es auch heute noch. Die Sternbilder erhielten konkrete (genormte) Namen, sodass jeder Karawanen- oder Schiffsführer sofort wusste, wo die Reise hingeht, wenn er sich an dem oder jenem Sternbild orientieren und NICHT den Weg für das Ziel halten würde.

Da diese Sternbildorientierungsmethode einwandfrei funktionierte, so wurde sie schnell als eine lukrative Lebensorientierungsmethode missbraucht. Heute wissen die »Astrolügen«, dass das Geld naiver Leute ihre Taschen erst dann erreicht, wenn es ihnen gelingt, den Orientierungslosen aus ihrer Orientierungslosigkeit einen Ausweg zu weisen. Wenn es ihnen gelingt, den Leuten zu zeigen, wo es lang geht, wo ihr Sichel-Kreuz-Stern und unzählige andere »Hämmer« hängen.

Tatsächlich gibt es weltweit nicht einen einzigen Astrologen, der unter wissenschaftlichen Bedingungen die Zukunft voraussagen kann. Rein mathematisch müsste jede zweite Vorhersage richtig sein, doch selbst davon sind die Astrologen unendlich weit entfernt. Dabei wäre es zu zweit ziemlich einfach. Jeder müsste nur das Gegenteil des anderen behaupten. Wie beim Roulette, der eine setzt permanent auf rot und der andere permanent auf schwarz. So hat, mathematisch betrachtet, jeder jedes zweite Mal gewonnen oder verloren. Nach diesem System spielend, könnte kein Spieler, der beide Farben gleichzeitig und mit gleichem Einsatz spielt, gewinnen oder verlieren – wobei wir die »Null« außer Acht lassen wollen. Jährlich werden Unsummen für diesen irrsinnigen Hokuspokus ausgegeben, nur weil wir unseren Daseinsgrund nicht kennen, nur weil wir nicht wissen, wer wir sind, woher wir kommen und wohin wir wann gehen werden. Es sind unsere Angst und unser Unwissen, unser Wunschdenken und unser Glücksverlangen, die uns jeden halbwegs plausibel erklärten Hokuspokus glauben bzw. für unseren Lebenssinn halten lassen.

Weil zu glauben einfacher und leichter ist als zu wissen, so bleiben viele von uns aus Bequemlichkeit lieber unwissend, es reicht uns dann völlig aus, von Geburt an naiv glaubend zu sein. Problematisch und richtig kriminell wird es, wenn Glaube oder Aberglaube uns Menschen geistig und körperlich zerstört, denn nur »in einem gesunden Körper wohnt auch ein gesunder Geist«. Wird unser Verstand durch einen irrsinnigen Glauben »umprogrammiert«, dann werden wir zu naiven Marionetten und tragen irgendwelche uns verhüllende Tücher, Nasenringe oder andere SICHTBAR provozierende Sektenzugehörigkeitszeichen wie Tätowierungen, Motorradkutten oder andere sportartspezifische Verkleidung oder Zugehörigkeitssymbole – je kleiner, desto »feiner«! Wir identifizieren uns dann mit unserem Glauben oder Aberglauben und lassen keine glaubensfreie Erkenntnisse an uns heran. Wir sind dann glaubensbedingt dermaßen beschränkt, dass wir nicht einmal bereit sind, glaubensfreie Schriften zu lesen, geschweige denn, uns mit ihren Inhalten auseinanderzusetzen. Wir könnten ja in ihnen auf Hinweise, auf Wegbeschreibungen stoßen, die uns »entblößen«, die unseren Glauben einstürzen lassen und uns somit zum Umdenken zwingen würden. Denn wer andere NICHT von vornherein anzweifelt, der ist auch bereit, ihnen im Dialog zuzuhören und umgekehrt. Wenn wir von vornherein andere anzweifeln, dann werden wir ihnen auch nicht zuhören und somit NIE erfahren, was AUCH sie zu sagen bzw. erfahren haben. Mit wenigen Ausnahmen schließen wir immer von uns auf andere. Diese Egozentrierung funktioniert nach dem Motto: Was mir gut tut, das müsste auch allen anderen gefallen. Wenn ich einen verrückten Aberglauben habe, den ich persönlich für den allein und alles selig machenden Glauben halte, dann müssten sich doch auch alle anderen einen »Ring« durch die Nase ziehen lassen. Wir fangen an zu missionieren, beschränkende Überzeugungsarbeit zu leisten, zu verrücken, sodass es nur noch beschränkt Verrückte geben soll? Leider erkennt unser Verstand im fortgeschrittenen Stadium seiner Verrücktheit seine eigene Gefangenschaft ohne fremde Hilfe nicht mehr, denn je eingeengter er ist, desto gefestigter, desto stabiler, desto standfester kommt er sich vor. Tja, Schwestern und Brüder, »seid fest in euren Glauben«, dann wird euch auch die Wahrheit nicht erschüttern. Schon nach recht kurzer Zeit nimmt unser Verstand die neue – wenn auch irrsinnig verrückte Identifikation an und hält sie nicht nur für richtig, sondern auch noch für besonders wertvoll und verbreitungswürdig. Je stärker unser Glaube oder Aberglaube wird, desto mehr spaltet er uns, desto gefühlskälter werden wir, desto schwächer werden unsere Selbst, desto mehr ziehen sich unsere Seelen zurück, desto geringer werden unsere Chancen, gemeinsam friedvoll zu werden. Mit dem Aberglauben oder Glauben ist es wie mit dem Sport, die Gleichgesinnten halten geschlossen zusammen, die Andersgesinnten werden ausgeschlossen, die Gleichgesinnten sind Freunde, die Andersgesinnten sind Feinde, die es »zu töten«, »zu vernichten«, »zu besiegen«, »zu schlagen« gilt – dabei wäre NUR »zu gewinnen« oder NUR »zu verlieren« eine friedensfördernde Alternative. Tja, Toleranz oder gar Akzeptanz können gelernt werden, allerdings nur von lernfähig Geborenen, die anderen werden weiterhin NUR ihren Glauben oder NUR ihren Aberglauben, NUR ihren Verein oder NUR ihre Nächsten verehren und somit fortlaufend den weltweiten Unfrieden weitervermehren.

EVOLUTION

Ist es ein Unterfangen, eine Unmöglichkeit, in unseren 70 Lebensjahren all das zu lernen und zu verstehen, was die Menschheit in mehreren Tausenden von Jahren an Wissen hervorgebracht hat? Sicherlich ja, doch wir können uns auf das Wesentliche beschränken – auf uns. Schließlich sind wir der Grund dafür, warum wir so viel Wissen über uns wissen wollen müssen, um den Grund für unser eigenes Dasein zu enträtseln. So sollte es uns anfangs genügen, wenn wir uns zusammenhängend als ein Teilchen der gesamten Evolution erahnen. Wir sind zwar nicht die ganze Evolution, doch momentan sind wir die am weitesten entwickelten Teilchen von ihr, welche sich durchaus für die ganze Evolution halten dürfen, denn wir sind die Summe der etwa fünfhundert Millionen Erdenjahre andauernden Entwicklung. Wer sich selbst exakt verstehen will, der muss zunächst verstehen, wie er sich im Laufe der Jahrmillionen entwickelt hat. Es ist NICHT die Evolution, die uns hervorgebracht hat, sondern vielmehr umgekehrt. Streng genommen, sind wir es – als was auch immer – die durch unsere ständige Suche nach uns selbst uns immer wieder intuitiv neuformierten und somit die Evolution hervorgebracht haben. Wenn wir unsere Suche nach uns selbst nicht vor 500 Millionen Jahren begonnen und bis heute fortgesetzt hätten, dann wäre unser Leben sehr wahrscheinlich auf dem heutigen Marsniveau stehen geblieben. Als es vor etwa 500 Millionen Jahren auf dem Mars einen Asteroiden-Einschlag gab, da existierten wir dort in unseren Ururanfängen bereits. Ob wir parallel dazu auf unserer Erde existierten oder erst mit der Einschlagexplosion als »belebte« Marsmaterie zur Erde geschleudert wurden, das wissen wir noch nicht. Es ist sogar durchaus möglich, dass erst durch die Explosion des Mars das Leben und damit auch die Evolution auf unserer Erde möglich wurden. Exakt verstehen können wir das Ganze nicht, doch das müssen wir auch nicht. Andernfalls verzetteln wir uns nur und die Zeit rennt uns davon – **unsere Zeit!** Wer es trotzdem versucht, der wird sein Leben lang forschen, lernen und schließlich unwissend als Reisender sterben. Die meisten von uns werden ihr Leben lang reisend Suchende bleiben und nur kleine Etappenziele erzielen. Aber ohne die »Kleinen« gäbe es auch die »Großen« nicht und umgekehrt. Ähnlich wie bei den Reichen und Armen, die gerne reich wären – und sind wir einmal reich geworden, dann kommen wir uns zunächst beneidenswert groß vor. So funktioniert Evolution, die gierigen Großen machen die Kleinen neidisch und Neid spornt zum Größerwerden an.

Umfassend begreifen werden wir die Evolution nie, weil Evolution NIE still steht – weder die kosmologische noch die geomorphologische, weder die animalische noch die menschliche, weder die technische noch die geistige. Und genau dieser Punkt ist es, den wir beim Verstehen-Wollen der Evolution immer vor unseren Augen haben müssen: KONTINUITÄT.

Kontinuität? Wozu? Was ist der Grund dafür, dass es überhaupt Evolution gibt? Wozu soll sie gut sein, wenn sie auf Zerstörung, ständigem Vergehen und Neuentstehen basiert? Was macht es für einen Sinn, wenn es am Ende keinen neuen Anfang gäbe? Wozu sich mühen und quälen, wenn das gesamte evolutionäre Geschehen am Ende sinnlos wäre? Sterne, Galaxien, Universen entstehen und vergehen. Planeten, Monde, Asteroiden, Kometen entstehen und vergehen. Leben jeglicher Art entsteht und vergeht – alles ist vergänglich und nichts hat Bestand – alles verändert sich – auch wir, zunächst als Einzelne und dann als Kollektiv! Bis wir eines Tages erkennen werden, dass das allgemeine Streben nach Vergänglichem NUR so lange einen Sinn ergibt, bis wir daraus lernen, auf Vergängliches zu verzichten, denn der Sinn des körperlichen, des materiellen Lebens ist die Erkenntnis seiner Sinnlosigkeit, doch damit wir das erkennen können, müssen wir zuerst Menschen WERDEN und nicht ewig eine Übergangsform vom Affen zum Menschen bleiben. Weshalb auch unser Verhalten bis dahin nicht menschlich, sondern mehr tierisch als menschlich ist: Wir zerstören mühsam Aufgebautes, bekriegen, belügen und betrügen uns – nichts hat Bestand, weil wir selbst NOCH nicht beständig sind, weil wir selbst in unser Selbst noch nicht selbstwerdend zurückgekehrt sind. Es ist ähnlich wie mit manchen reichen Leuten, wie beispielsweise mit Buddha oder Franziskus von Assisi, die erst reich werden mussten, um zu erkennen, wie arm sie in Wirklichkeit waren.

Die gesamte Evolution, wozu und insbesondere auch wir als letztes(?) Glied gehören, folgt unserem Urvermächtnis, dass wir eines Tages als »vergeistigte Menschen« dorthin zurückkehren sollen, wo wir vor unserem Urknall waren: in das »Paradies«. Leider können die meisten von uns diese Tatsache aufgrund unseres jetzigen Standes unserer evolutionären Entwicklung noch nicht verstehen. Doch das kommt noch, spätestens, wenn wir uns in unserer Remotion kontinuierlich weiterüben werden. Bis dahin reicht es aus, ahnend zu wissen, dass wir NICHT grundlos »ururexplodiert« sind und nun seit etwa 14.000.000.000 Jahren epochenübergreifend lernen MÜSSEN, den Grund unserer »Vertreibung« zu erkennen, zu verstehen und schließlich ihn NICHT wiederholen wollend reumütig zurückkehren. Bis dahin werden wir uns weiterhin körperlich verändern MÜSSEN, um mehr geistige Leistungen erbringen zu können. Unsere »Hardware« muss innovativ erweitert werden, damit unsere »Software« mehr kreative Leistung erbringen kann. Zerstörung, feindseliger Wetteifer, Missgunst, Schadenfreude, Gier, Neid, Eifersucht usw. sind evolutionär bedingte Eigenschaften, die uns in unserer Entwicklung so lange vorantreiben werden, bis wir deren Sinnlosigkeit erkennen. Diese »vor-die-Wand-laufen-lassen-Lehrmethode« ist zwar schmerzlich, jedoch effektiv, denn durch Schock und Schmerz lernen wir am besten. Vorausgesetzt, wir sind lernfähig geboren worden! Andernfalls MÜSSEN wir noch eine Zeit lang nachsitzen, von genetisch bedingter Angst zugleich beschützt und getrieben, uns genetisch weiterentwickeln und somit lernfähiger werden.

Hätten wir keine »Angst-Gene« in unserem Erbgut, dann würden wir nicht lange genug leben, um unsere eigenen Gene weitergeben zu können. Genetisch bedingte Angst macht uns augenblicklich wach und lässt uns somit Notsituationen überdauern oder Fehler vermeiden. Sie bewirkt einen plötzlich erhöhten Adrenalin-Ausstoß; unsere Augen, Ohren und Nasengänge erweitern sich fokussierend, unser Pulsschlag und unser Blutdruck steigen mehr Energie liefernd an, schneller, als wir denken können, denn unsere Seelen handeln, OHNE zu verhandeln. Bevor unser Verstand begreift, dass er sich in Gefahr befindet, haben WIR bereits reagiert und unsere Körper entweder zur Flucht oder zum Kampf veranlasst, je nachdem was für unser Überleben situationsbedingt günstiger war. Allerdings, überleben können wir nur lernend und lehrend, denn unser Lebensstaffellauf wird erst mit dem letzten Lebensstaffelläufer zu Ende sein, der dann wieder einmal der ERSTE seiner Zeit sein wird, der ankommt und dem eine Zeit lang wiedermal viele Suchende nachfolgen werden. Wieder und wieder, bis wir gelernt haben werden, zeitlos zu werden.

Unsere Zeit vergeht und am Ende unseres Lebens werden die meisten von uns nicht viel weiter sein als am Anfang oder sogar davor, je nachdem in welche Richtung wir uns evolutionär entwickeln, denn Mutationen sind von unregelmäßigen, sprunghaften Veränderungen der Gensequenzen abhängig, die dann zu zufällig gewollten evolutionären Anpassungen führen. Die Evolution SUCHT permanent in ALLE Richtungen. Sie legt sich nicht fest, weil sie sich gar nicht festlegen darf! Festlegung würde Stillstand bedeuten und Stillstand ist endlich – ob in der technischen, organischen, geistigen oder politischen Welt. Weil sich aber unsere Erde kontinuierlich weiter verändert, so muss sich selbst die Evolution den neuen Veränderungen anpassen. Sie bastelt und tüftelt, bis plötzlich etwas Neues entsteht, etwas, was auf dem »Markt« eine gewisse Zeit lang Nachfrage finden könnte und was wiederum ein Grundstein für weitere Innovationen ist.

Auch die technische Evolution unterscheidet nicht zwischen Wichtigem und Unwichtigem, zwischen friedlichen und nicht friedlichen Innovationen, weil sie und wir mit ihr dem übergeordneten Befehl »ÜBERLEBE« folgen müssen – egal wie! Und so dürfte es keinen besonders verwundern, wenn wir den größten Teil unseres technischen Fortschrittes der »BÖSEN« Waffenentwicklung zu verdanken haben. Exakt gesehen, hat BÖSES am Ende viel GUTES an sich. Letztlich wird es das scheinbar sinnlos Böse sein, das uns durch die Erkenntnis seiner Sinnlosigkeit zum Gutwerden und somit zur Weiterentwicklung zwingen wird. Zunächst werden Scheindemokratien vergehen und Realdiktaturen entstehen, um wiederum erneut zu vergehen, denn die Evolution gewinnt immer! Und da auch wir zur Evolution dazugehören, so werden wir, dem Befehl »ÜBERLEBE« folgend, immer weiter suchen, immer höher aufsteigen oder immer tiefer absteigen, vielleicht bis auf die Tierebene zurückfallen, um dann wieder als neue Spezies die Suche nach uns selbst neu zu beginnen. Vielleicht wird es ein Vulkanausbruch, eine Eiszeit oder Krieg oder Dürre sein, die uns notgedrungen südwärts oder nordwärts zum Auswandern zwingen und erst nach vielen Generationen genverändert zum erneuten Auswandern veranlassen. Vielleicht, denn die Geschichte wiederholt sich und was bereits im Laufe der Erdgeschichte mehrmals geschehen ist, das sollten wir nicht ignorieren.

Wenn aus Energie Materie werden kann, dann kann auch aus Materie Energie werden. Wenn aus Sonnenwärme kohlenstoffhaltige Pflanzen werden können, dann können Pflanzen bei ihrer Verbrennung diese gespeicherte Sonnenwärme wieder freisetzen – auch nach Jahrmillionen. Wenn Energie zu Körpern werden kann, dann können auch Körper wieder Energie werden. Wenn wir urursprünglich »REINE Energie« waren, dann können wir es wieder werden! So gesehen sind Energie und Materie identisch. Was sie voneinander unterscheidet, sind deren Aggregatzustände, sind ihre Dichten. Schließlich ist alles Eins, was keine neue Erkenntnis ist, denn bereits im Thomas-Evangelium V.77 steht Folgendes geschrieben: »Ich bin das Licht, das über allen ist. Ich bin das All. Das All ist aus Mir hervorgegangen, und das All erstreckt sich bis zu Mir. Spaltet ein Holz: Ich bin dort! Hebt den Stein, und ihr werdet Mich dort finden!« Mystisch? Nein, nur eine alte Definition neuer Erkenntnisse!

Heutzutage heißt es »$E=mc^2$« bzw. »$mc^2=E$«. Wenn aus Sonnenstrahlen bzw. aus Sonnenenergie mittels Fotosynthese durch Assimilation Glukose (Zucker) bzw. Cellulose (Holz) wird, dann kann diese in Pflanzen eingebaute Sonnenenergie bei der Verbrennung wieder als Wärmestrahlung freigesetzt werden. Letztlich besteht alles »NUR« aus gegenstandsloser Strahlung – auch wenn sie uns zu unserer körperbehafteten Lebenszeit gegenständlich erscheint!

Wir werden unwissend geboren und die meisten von uns werden auch unwissend sterben. Obwohl ein Wissen von vielen tausenden von Jahren existiert, kann es ein einzelner Mensch schon aus Zeitgründen nicht in seiner Gesamtheit erfassen oder nutzen, denn wir sind Sklaven unserer Terminkalender geworden. Doch welches Wissen ist für dich oder für mich wichtig? JEDES Wissen, welches uns auf der Evolutionsleiter weiterbringt und somit unserem Selbst näher. Ein Wissen, das uns selbst besser verstehen und erkennen lässt, ist für uns und unsere Mitmenschen wichtig. Wissen, welches der Ablenkung oder der Beeinflussung dient, das aus Unwahrheiten besteht, sollten wir schleunigst versuchen zu vergessen und zukünftig kategorisch meiden.

Um unsere Gegenwart und Zukunft verstehen zu können, müssen wir weit in die Vergangenheit zurückreisen, mindestens aber bis vor UNSEREN Urknall und dann mit sehr, sehr großen Schritten voranschreiten, bis in UNSERE jetzige Gegenwart.

Hierbei können wir nicht Klein in Klein oder Schrittchen für Schrittchen detailgenau vorgehen, denn es geht immerhin um cirka 14 Mrd. Erdenjahre, die wir in etwa 50 Jahren unseres Lebens verstehen könnten. Cirka, denn nicht immer waren Erdentage 24 Stunden und Erdenjahre 365 Erdentage lang. Vor etwa 400 Mio. Jahren hatte das Erdenjahr cirka 410 Tage und ein Tag cirka 21 Stunden. Die Tendenz setzt sich weiterhin fort. Auch heute werden die Tage kontinuierlich länger, so etwa zwei Mil. Sek. pro Jahrhundert. Da die Zeit das Einzige an unserem Erdendasein sein wird, was wir als Menschen an unserem baldigen Ende nicht haben werden, so müssen wir hierbei aus Zeitmangel exemplarisch vorgehen und unsere uns versklavenden Terminkalender sinnvoll umorganisieren oder ganz abschaffen, sonst sterben wir unterwegs, bevor wir angekommen sein werden, denn neue Terminkalender werden permanent nachgedruckt.

Für unsere Selbsterkenntnis steht uns zunächst nur unser Verstand zur Verfügung. Und wenn unser Verstand mehr begreifen soll, dann muss er sich dieser Herausforderung anpassen und leistungsfähiger werden – unsere Seele hilft ihm dabei. Allerdings nur »scheibchenweise«, damit wir uns nicht »verschlucken«, lenkend, damit wir in der Spur bleiben, wegweisend, damit wir uns nicht verfahren, ahnend, damit wir uns neuformieren können, damit wir nicht völlig ahnungslos werden. Sie lässt uns unsere verfahrene Situation erkennen, ohne dabei die Gründe zu benennen. Die müssen wir, durch Ungerechtigkeiten genervt, selbst herausfinden oder wiedermal verschwinden!

Die »geistige Lebensenergie« existiert kontinuierlich und überall. Sie füllt auch gegenwärtig den größten Teil unseres Universums aus. ES füllt unser Universum nicht nur aus, ES hält es auch zusammen! Ohne diese »geistige Lebensenergie«, ohne die dunklen Teilchen der Elementarteilchen, würde unser Universum einfach auseinanderfallen, denn die Gravitationskräfte der Gestirne allein würden für einen Zusammenhalt der vielen

Universen sicherlich nicht ausreichen.

Unter diesen dunklen Teilchen der Elementarteichen sind hier die allerkleinsten, sich selbst organisierenden Teilchen der Energie zu verstehen. Natürlich sind sie wesentlich kleiner als ein Atom, das noch vor wenigen Jahrzehnten als unteilbar galt, denn sie sind die Bestandteile SEINER Bestandteilchen. Es sind universell neutrale, sich selbst organisierende und somit Evolution ermöglichende, »stammzellenähnliche Teilchen«, durch die sich alle Elementarteilchen der Atome – Protonen, Neutronen, Elektronen – entwickeln, bzw. wie »von selbst« organisieren. Allerdings zerfallen oder verändern sie sich oft oder kehren in den vorherigen Zustand zurück, bevor sie sich stabilisiert haben, bevor sie sich entschieden haben, zu irgendwas zu werden. Es handelt sich also um Teilchen, aus denen Elementarteilchen entstehen, wenn man hier überhaupt von Teilchen sprechen kann, denn in diesem unschuldigen Stadium sind sie sehr unstabil, aber experimentierfreudig; mal sind sie »gut« und mal »böse« und mal »gut« und »böse« zugleich, mal sind sie sich selbst UND andere organisierende Energie, dann wiederum Anfänge der elementaren Energie-Materie, wobei sie, je nach augenblicklichem Zustand, mal keine und mal Masse vorweisen. Dieser wechselhafte Übergangszustand ist ein immerwährender Prozess, der fortlaufend andauert.

Alles, was auf unserer Körperebene seit UNSEREM Urknall passiert ist, können wir ahnend verstehen, denn faktisch waren wir ja als Urelemente IMMER dabei. Zuallererst als Wasserstoff (H), Kohlenstoff (C), Sauerstoff (O), dann als Kohlenstoffmonoxid (CO) bzw. als Kohlenstoffdioxid (CO2), die später, als die Erde sich abkühlte, von Bakterien in Kohlenstoff und Sauerstoff gespalten wurden. Aus Aminosäuren, Kohlenstoff (C) und anderen mikroorganischen Molekülen wurden die ersten Lebensgrundelemente gebildet. Der Sauerstoff (O) verband sich mit dem in der Atmosphäre ausreichend vorhandenem Urelement Wasserstoff (H) zum neuen »Leben«, was eine lange, Ozeane bildende Regenzeit zur Folge hatte. Zeit genug, um überall auf unserer Erde lebensermöglichendes Wasser hervorzubringen und Zeit genug, um adhäsionsbedingt so etwas wie spätere schleimartige Zellenbestandteile zu erfinden, aus denen einzelne Zellen, dann Zellenverbände und schließlich auch wir hervorgegangen sind.

Als die ersten schleimartigen Bakterienbestandteile sich zur Sauerstoff produzierenden Cyanobakterien vor etwa 2 Mrd. Jahren organisiert haben, konnten sie sich klimatisch bedingt ungehindert feindfrei durch Zellteilung explosionsartig vermehren. Dadurch nahm die Sauerstoffproduktion und somit auch der Sauerstoffgehalt in unserer Erdatmosphäre und mit ihm die Oxidation bedingte (H2 + O = H2O) Wasserbildung weiterhin ständig zu, bis vor ca. 1,5 Mrd. Jahren, dann waren die ersten Grenzen des unkontrollierten, wasserstoffmangelbedingten Wachstums erreicht. Allerdings war dieses Ende ein neuer Anfang, der Grundlagen geschaffen hat für komplexere, für größere, für sauerstoffabhängige Organismen, die sich über 1,25 Mrd. Jahre fortlaufend bis zu 80 Tonnen schweren Riesendinosauriern weiterentwickelt haben und schließlich durch einen gewaltigen Asteroideneinschlag vor etwa 250 Mio. Jahren weitgehend ausstarben. Die Überlebenden, nachdem der Sauerstoffgehalt der Atmosphäre von etwa 35 auf 25% sank, entwickelten sich weiter, allerdings nicht so riesig groß wie ihre Vorfahren, bis schließlich auch sie durch einen zweiten Asteroideneinschlag vor cirka 65 Mio. Jahren weitgehend ausstarben, sodass wieder einmal ein neues Zeitalter beginnen konnte, das Zeitalter der Säugetiere. Wobei alles Leben epochenüber-greifend durch und aus dem »Lebewesen« Wasser besteht. Es ist das kleinste der »Molekularleben«, das den größten zusammenhängenden, amöbenartigen Körper darstellt, aus dem größtenteils ALLE Organismen bestehen, auch unsere Körper. Durch seine wechselwirkenden Adhäsionseigenschaften trägt Wasser dazu bei, dass Leben überall dort entstehen kann, wo Leben auf der Wasserbasis möglich ist, denn jeder Regentropfen kann ein Lebensträger und damit ein Lebensverbreiter sein. Ein Regentropfen bildet sich oberflächenspannungsbedingt, wenn er ein Staubpartikel »einfängt« – egal woher dieser kommt, und kosmischer Staub mit eventuellen Erbinformationen gehört dazu. Die amöbenartig einverleibten Staubpartikel können durchaus mikroorganische Erbinformationen enthalten, sozusagen konkretes Erbgut, das sich woanders bereits erfolgreich bewährt hat und auf unserer Erde gut vererben lässt – von Blitzen reanimiert, als Niederschlag. Auch die selbstreinigende, adhäsive, auf elektrischen Wechselwirkungen basierenden Verklumpungen, Ablagerungen, bzw. Sedimente bildende Eigenschaft des »Lebewesens« Wassers hat die gleiche Funktion: Zusammenfügende Grundlagenbildung verschiedener Grundstoffe, bzw. Grundelemente und Verbreitung mikroorganischer Informationen, damit Neues überall dort entstehen kann, wo Neues geomorphologisch möglich ist.

Obwohl es ziemlich lang her ist, befinden sich die Zellenbausteine wie Kalzium und Natrium auch heute noch in jeder einzelnen Zelle. Sowohl bei fossilen Funden, als auch in unseren und den Zellen ALLER lebenden Organismen sind die gleichen Zellenbestandteile bis heute vorhanden. Zellenbestandteile, die sich bereits aus Mineralien gebildet haben, welche wiederum einen gemeinsamen Ursprung haben, den sich anfangs aus dem Zeitlosen gebildeten Wasserstoff: Aus Wasserstoff wurde Helium und aus drei Helium-Kernen wurde schließlich Kohlenstoff, der wiederum durch die Aufnahme eines weiteren Heliums zu Sauerstoff mutierte usw. usw. Für uns Menschen ist es eine unendlich lange Geschichte. Das Zeitlose oder die Lebensenergie, die Teilchen der Elementarteilchen verbindende Masse bildende Energie, ist unser Existenzbeginn: Atomteilchen, Atome, Elemente, Mineralien, Kieselalgen, Sauerstoff produzierende Bakterien, die sich über Algen und Pflanzen, über Mikroorganismen bis zu unseren vielfältigen Körpern hin organisiert haben, waren UND SIND unsere allerersten Verwandten. Sind ein Lenkrad, ein Anlasser, eine Lichtmaschine oder ein Auspuff schon ein Auto? Sicherlich nicht. Aber ohne die für sich funktionierenden Einzelteile, die systematisch am Rahmen befestigt und von einer Karosserie (Zellenwand) gegen Außeneinflüsse geschützt sind, gäbe es kein Auto. Auch eine lebendige Zelle benötigt Einzelteile. Ohne funktionierende, miteinander kommunizierende, von einer Zellmembran geschützte Zellen-Einzelteile gibt es keine intakte Zelle! Einzelne Autoteile und schließlich ein Auto zu organisieren, ist für fachkundige Menschen unter uns heutzutage relativ einfach. Aber wer organisiert eine Zelle? Wer baut ihre Bestandteile? Wer ist der kreative Bauplaner? Wer macht eine Zelle zu einem funktionierenden, sich dann selbst reproduzierenden »Lebewesen«, das nach etwa vier Mrd. Jahren Entwicklungszeit ein Haus oder ein Auto bauen kann? Das erfahren wir in Zukunft, vorausgesetzt, dass es für uns Menschen eine Zukunft geben wird, denn alles verändert sich – auch die Zukunft und sie wird anders sein, als wir sie uns mit unserem heutigen Verstand vorstellen können.

Ob wir uns weiterhin disharmonisch verändern MÜSSEN, um zu lernen, harmonisch zu werden, ob wir weiterhin Böses tun müssen, um daraus zu lernen in Zukunft gut zu werden, ist wahrscheinlich, aber NICHT gewiss. Entweder machen wir uns wissend oder wir werden schon bald mangels ehrlichen Wissens eines Besseren terrorartig belehrt werden. Nicht mehr Staat, nicht mehr Polizei, nicht mehr gierige Reiche, sondern mehr Gerechtigkeit, mehr ehrliche, auf Fakten basierende Aufklärung, wäre gewiss die richtige Lösung zur Sicherung unserer ungesicherten Zukunft.

Auch ein unsere Gesundheit gefährdendes Bakterium, das weltweit Epidemien oder sogar Pandemien auslösen könnte, würde uns in unserer evolutionären Weiterentwicklung um Jahrzehnte oder sogar weiter zurückwerfen. Auch ein klitzekleines

Virus, das kleiner ist als ein kleines Bakterium, könnte weltweit großes Aussterben unserer Zivilisation verursachen. Es ist unwahrscheinlich, jedoch nicht unmöglich, denn Pest und Cholera hatten wir bereits und Krankheitserreger bilden sich immer, sogar in Krankenhäusern und Kliniken, denn **wir** als das GESAMTEBEN kämpfen an allen »Fronten« gleichzeitig um unser eigenes Überleben und sind anpassungsfähiger als wir es uns selbst vorstellen können – auf allen Lebensebenen!

Doch was wäre, wenn ein verrückter, ein schwachsinniger Atombombeninhaber einen nuklearen »Verteidigungs- Joystick« drücken lassen und somit einen weltweiten Nuklearkrieg auslösen würde? Möglich wäre auch das, denn Schwachsinnige, die uns »Sieg und Heil«, körperliche Auferstehung von den Toten, Jungfrauenbelohnung oder ähnlichen Unsinn versprachen, gab es schon immer und wird es sicherlich auch in Zukunft geben. Leider kommt gegen Dummheit keine Klugheit und gegen Einbildung keine Bildung an. Na denn: Seid fruchtbar und mehret euch, damit ihr euch anschließend durch »Pest und Cholera«, durch Terrorkriege oder gar durch Nuklearkriege vernichten könnt? Möglich ist auch das, obwohl ziemlich unwahrscheinlich, denn die »bösen« Atomreaktorkatastrophen in Tschernobyl und Fukushima könnten uns gelehrt haben, gelehrig zu werden.

Aufgrund der sich kontinuierlich verlangsamenden Umlaufgeschwindigkeit der Erde um die Sonne – im Moment sind es ca. 100.000 Km/h – nehmen die Fliehkraft und die Anziehungskraft unseres Planeten kontinuierlich ab, sodass alles »leichter« wird, wobei die Anziehungskraft der Sonne zunimmt, denn alles ändert sich permanent – nicht nur das Klima, auch das All und wir mit ihm als winzige Teilchen von ihm. Die Erdenjahre werden länger, und die Erde rast immer schneller auf die Sonne zu, bevor die Sonne sich »ausgebrannt« haben wird. Mit der zunehmenden Nähe der Erde zur Sonne steigen auch die Temperaturen und die Strahlungsintensität auf der Erde zunächst langsam und dann immer schneller an. Schließlich wird alles Wasser, aus dem auch unsere Körper größtenteils bestehen, in Sauerstoff und Wasserstoff gespalten. Der Wasserstoff entweicht ins All. Der Sauerstoff verbleibt zum großen Teil auf unserer Erde und verbrennt oxidierend ALLES, was einmal organisch auf ihr gelebt hat, sodass nichts organischen Ursprungs erhalten bleibt. Selbst Mineralien wie Eisen werden oxidiert, sodass sich unsere Erde vor dem Verschlingen durch die Sonne rot färben wird. Natürlich kann alles auch ganz plötzlich kommen: Die Einschlagenergie eines Asteroiden oder eines Kometen könnte die Erde binnen kurzer Zeit aus der Umlaufbahn werfen oder ihre Beschaffenheit folgenschwer verändern. Würde die Erde nicht zerbersten, dann würde sich möglicherweise ihre Rotationsrichtung ändern, was erneut zur Polverschiebung oder einer weiteren Mondbildung oder Marsumbildung führen könnte. Je nach Einschlagwinkel, Einschlagrichtung und Einschlagmasse würde sich die Rotationsgeschwindigkeit beschleunigen oder verlangsamen, die Erdenmasse vergrößern oder verkleinern, was zur Tagesverlängerung oder Tagesverkürzung mit entsprechenden Folgen führen würde. Die Umlaufgeschwindigkeit um die Sonne würde sich ändern und damit die Jahreslängen mit fatalen Folgen. Schließlich könnte unsere Erde aus der jetzigen Sonnenumlaufbahn in Richtung Weltall oder in Richtung Sonne verdrängt werden. Auch das wäre für uns fatal, denn wir, du und ich, würden dann entweder erfrierend, verdampfend und verglühend zu kosmischem Staub werden, der, von winzigen Regentropfen amöbenartig einverleibt, irgendwo im All, auf einer anderen »Erde«, lebensspendend die Suche nach sich selbst erneut beginnen würde. Doch bis dahin, wenn wir Glück haben und unsere Erde bereits NICHT schon im Jahre 2029 oder 2036 mit dem sich auf sie zubewegenden Asteroiden Apophis kollidieren wird, haben wir wahrscheinlich noch etwas Zeit, doch der nächste Einschlag kommt bestimmt. Dann wird zum wiederholten Male alles zerstört werden, alles, wofür wir uns 5.000.000.000 Jahre lang mühsam entwickelt haben? Alles, wofür wir Kriege geführt und gemordet haben? Alles, was wir gehasst und geliebt haben – auch das begehrte Gold, das schöne Geld, den wertvollen Schmuck, das Auto, das Haus, den Titel, die Gier? All das soll sinnlos enden? Nein, nicht ganz sinnlos, denn wir sollen erkennen, dass Kriege und Morde, Hass und Liebe, sowie die Gier nach dem »schönen Geld« sinnlos sind und schließlich daraus lernen, dass der Geist über der Materie, über dem Materiellen steht – jetzt, wo wir noch glauben, ewig Zeit zum Lernen zu haben. Verlassen sollten wir uns darauf nicht, denn wir wissen weder den Tag noch die Stunde, in der unser Anfang enden wird, um irgendwo im All als kosmischer Staub die Suche nach uns selbst neu zu beginnen. Wie, was oder wann etwas kommen oder nicht kommen wird, das weiß keiner, auch nicht unsere kosmischen Verwandten, nach denen wir tagtäglich sehr kostenintensiv suchen.

Ich weiß nur, dass derartige Theorien eher beängstigend als ermutigend sind, doch manchmal müssen wir schockierend geängstigt werden um aufzuwachen, um achtsam zu werden, um uns unseres »Schlafes« bewusst zu werden, denn Bewusstwerdung ist die einzige Methode, die über Selbsterkenntnis zur Selbstfindung, zum unvergänglichen Werden führt.

Einerseits möchten wir Neues kennenlernen, andererseits halten wir am Alten fest, weil wir uns vor Neuem fürchten und beim Alten in Sicherheit wissen. Es ist die urelementare Triebfeder, die das Leben immer und immer wieder vorantreibt, bis zur Umkehr! Wir fahren gern für eine gewisse Zeit in den Urlaub oder anderswohin fort, doch wir freuen uns dann wieder auf unser schönes Zuhause. Und 14 Mrd. Erdenjahre weg sein von zu Hause sind Urlaub genug!

Die Evolution ist eine ständige kosmische Fortentwicklung. Täglich entstehen neue und vergehen alte Entwicklungsrichtungen. Kulturen entstehen und vergehen. Das »Spiel« beginnt immer neu, und je kleiner oder unwissender die Teilnehmer sind, desto schneller ist ihr Wandel. Ein Bakterium kann an einem

Tag mutieren, neu entstehen und vergehen. Algen können innerhalb einer Saison von Schwebealgen über Schleimalgen zu Fadenalgen mutieren. Auch Flechten und Pilze können sich innerhalb relativ kurzer Zeit verändern – sogar gegen Strahlung oder Pflanzengifte resistent werden und uns diese in Nahrungsform zurückgeben. Täglich vergehen alte Arten, damit neue Arten entstehen und wieder und wieder vergehen. Das sollten die sogenannten selbsternannten Umwelt- und Klimaschützer-Organisationen wissen, bevor sie uns panikmachend belehren, um uns dann spendenmäßig zu entleeren. Einige ganz Schlaue unter ihnen sprechen dann gerne panikmachend vom alarmierenden Aussterben der Arten. Schlauerweise gründen sie dann profitable Firmen und tarnen sie als gemeinnützige Umweltorganisationen. Gemeinerweise reden sie uns dann absichtlich eine Art schlechtes Gewissen ein, sodass wir dann bereit sind, ihnen ihre »Ablässe« abzukaufen. Unsere Erde hat sich seit Anbeginn ständig verändert, und sie wird es fortwährend weitertun. Mit oder ohne GEMEIN-nützliche Organisationen, mit oder ohne uns. Unsere Erde ist gastfreundlich zu uns, wir sollten uns eines Gastes würdig erweisen und nicht nur so tun, als ob wir ihrer Gastfreundlichkeit würdig wären, denn Gäste sind NICHT von Dauer!

Auf UNSERER Erde sind bereits unzählige Male neue Arten entstanden und wieder vergangen: Bevor wir ans Land gingen, entwickelten wir uns zunächst im Wasser, denn das Land war zu diesem Zeitpunkt noch weitgehend vegetationsfrei, wie der Mond oder der Mars es z.Z. sind. Wir warteten also ein paar Mrd. Jahre, bis die Erde grün wurde, bis die Winde algenähnliche Bakterien, in kleinen Wassertropfen verpackt, von der Wasseroberfläche an und aufs Land wehten, wo sich dann diese mutierend bis hin zu riesigen Farnen und Schachtbäumen entwickelt haben. Zeitgleich entwickelte sich auch das Leben im Wasser weiter, wobei die Urausgangsstoffe für die Lebensanfänge die gleichen waren und immer noch sind: Aminosäuren, Kohlenstoff, Stickstoff und ein paar andere mikroorganische Zutaten, denen die Reibungsenergie blitzartig vakuumbildend zur Verklumpung, zur Lebensgrundlagenbildung verhalf und auch gegenwärtig weiterhin verhilft. Schließlich gingen die Mutigen unter uns ins Schlaraffenland, denn die Landfläche war zwischenzeitlich sehr nahrungsreich geworden. Zunächst nur für kurze Zeit, und schließlich, als aus unseren Kiemen Lungen wurden, auch dauerhaft. Der Tisch an Land war so üppig gedeckt, dass keiner nein sagen konnte. Schließlich blieben die Anpassungsfähigsten von uns als Mutanten gänzlich an Land und vermehrten sich ständig sehr schnell weiter und weiter. Zunächst als kleine, dann als große Pflanzenfresser, zunächst als kleine, dann als große Amphibien, zunächst als kleine, dann als große Reptilien und irgendwann sogar als vogelartige Dinosaurier – so ganz genau wissen wir es nicht. Die »lernfähigen« bzw. die anpassungsfähigen Mutanten entwickelten sich weiter, die »lernunfähigen« dagegen starben einfach aus. Andere Tierspezies, aus denen im Laufe der Zeit Wale oder Delfine wurden, gingen dann viel später wieder ins Wasser zurück, und wiederum andere, wie Seelöwen oder Robben und Pinguine, pendeln noch heute zwischen Wasser und Land oder wie beispielsweise eine bestimmte Krabbenart, welche an Land dauerhaft lebt und das Wasser nur zur Eiablage benötigt. Wobei die »Feuchtgebiete« für die Eier- oder Spermaablage« bis heute artübergreifend beibehalten wurden – auch von uns.

Was uns Menschen angeht, so sind wir nicht dieselben, die wir vor etwa fünf Millionen Jahren waren. Damals gab es uns in Afrika in verschiedenen Ausführungen. Wir kreuzten und paarten uns auf der grenzenlosen Erde miteinander, wanderten aus und kehrten genverändert wieder zurück, um irgendwann erneut auszuwandern, je nachdem, ob wir woanders einen annehmbaren Lebensraum fanden oder nicht, ob wir gut zu Fuß waren oder gehbehindert wie alle Menschenaffen es noch heute sind. Da unsere Erde sich ständig verändert, so sind viele »Mensch-Ausführungen«, die sich nicht schnell genug den neuen geomorphologischen Bedingungen anpassen konnten, einfach ausgestorben, wie beispielsweise die Steinzeitmenschen oder unsere direkten Vorfahren, die Neandertaler, die vor etwa 38.000 Jahren vulkanausbruchbedingt die darauffolgende Eiszeit als kleine Restgruppe in der Gibraltar-Region nur kurzzeitig überlebten, bis sie schließlich auch dort als letzte ihrer Gattung gänzlich ausstarben. Täglich vergehen alte Arten und entstehen neue, denn die Mutter Evolution ist immer schwanger. Heute versuchen wir, unsere Erde uns anzupassen und bedenken dabei nicht, dass sie uns nur begrenzt zur Verfügung steht, sowohl zeitlich als auch räumlich und sich UNS garantiert NICHT anpassen wird. Auch wenn wir immer höhere Wolkenkratzer bauen, um der Überbevölkerung Herr zu werden, bedenken wir dabei NICHT, dass dabei gewichtsbedingt der Druck auf die bebauten Flächen ansteigt und somit zu ihrer Absenkung führen wird, denn unsere Erde ist wie ein Luftballon, der durch Eindrücken schnell Dellen bekommt. Ferner benötigen große Wohnmetropolen große Mengen an Trinkwasser, welches meistens aus darunterliegendem Grundwasser gewonnen wird. Leider führt Grundwasserentzug zur Austrocknung und somit zur Verdichtung des Bodens, was zu weiteren Absenkungen der bebauten Flächen führen wird. Ganze Wohnmetropolen werden dann überflutet und somit unbewohnbar gemacht werden. Wir werden NICHT, wie es einige geschäftstüchtige Umweltschützer gerne behaupten, durch klimaerwärmungsbedingten Meeresspiegel-Anstieg, sondern durch menschengemachte Landmassenabsenkungen untergehen bzw. in höher liegende, bereits überbevölkerte Regionen, auswandern – was NICHT konfliktfrei bzw. ohne Gewalt geschehen wird. Na denn, »seien wir fruchtbar und mehren uns«, bis wir uns platzmangelbedingt totvermehrt haben werden? Unsere Erde ist NICHT zu klein geworden, sondern wir zu groß bzw. viel zu viele. Unsere Gastgeberin Erde ist freundlich zu uns – wir sollten uns revanchieren. Andernfalls werden wir schon bald feststellen MÜSSEN, dass unser grenzenloses Trinkwasser untrinkbar geworden ist, dass unsere grenzenlose Atemluft stinkt, denn Wasser und Luft kennen keine Grenzen! Dass unsere Ozeane sauer sind, denn die strahlenden Müllberge werden immer höher und die in Meeren versenkten, vor sich hin rostenden Giftgranatenhülsen aus den Weltkriegen von Tag zu Tag dünner und dünner. Wir werden uns dann »strahlender« Gesundheit erfreuen und strahlenden Tod auf Raten erleiden – schließlich dann, irgendwann, unsere Suche auf Utopia neu beginnen, doch das wird NICHT unsere, NICHT deine und NICHT meine Zeit sein!

So wie wir heute existieren, gab es uns nicht einmal vor einhundert Jahren. Es ist ein Zeitabschnitt, den ein einzelner Mensch durchleben kann. Nicht nur unsere Erde, auch wir werden nicht auf dem gleichen Entwicklungsniveau sterben, auf dem wir geboren wurden. Es ist durchaus möglich, dass wir körperlich kleiner oder größer, mehr oder weniger intelligent sterben werden als unsere Eltern.

Beuteltiere entwickelten sich auf dem australischen Kontinent weiter, weil er von anderen Erdteilen durch »Wasser-Schranken« getrennt war. Ferner mussten dort Tiere weite Strecken auf ihrer Nahrungssuche wachsam zurücklegen, sodass sich ein Beutel zur sicheren Nachwuchsaufbewahrung und somit zur Reproduktion auf Dauer in Australien als sehr vorteilhaft bewährt hat.

Auf nahrungsarmen Südseeinseln, die sich vor langer Zeit vom Festland getrennt haben, gibt es Elefanten, die so groß sind wie normale Menschen, und normale Menschen haben die Größe von Pygmäen. Goldfische können bis vierzig Zentimeter lang werden, je nachdem, welche Lebensraumgröße ihnen zur Verfügung steht. Der vorhandene Lebensraum ist eine feste Größe, der auch wir uns anpassen MÜSSEN. Andernfalls gehen wir unter, wie viele Kulturen, von denen die meisten von uns nicht einmal wissen, dass es sie jemals gab.

Auf Unwissen basierende Auswanderungen in andere Lebensräume, Flucht in andere Länder oder zu anderen Planeten, sind keine dauerhaften Lösungen. Wir dürfen nicht mehr Menschen werden, als uns unser Lebensraum ernähren kann. Alles andere sind nur profitgierige Scheinlösungen, die in der gesamten Menschheitsgeschichte noch nie dauerhaft funktioniert haben und deshalb auch zukünftig nicht funktionieren werden.

In einem mit fünf Kubikmetern Wasser gefüllten Gartenteich werden keine großen Fische auf Dauer überleben können, es sei denn, der Teich wird technisch durch Filtersysteme und Medikamente so aufgerüstet, dass zeitbegrenzt künstlich lebensnotwendige Voraussetzungen zum Überleben der Fische entstehen, bis dann irgendwann keine weitere Nach- oder Aufrüstung möglich sein wird. Das Ende JEDER unnatürlichen Entwicklung ist dann voraussehbar, denn unser Erd-Aquarium wächst nicht mit. Entweder wir stoppen unser unkontrolliertes Wachstum, werden kleinwüchsig – wozu wir keine Zeit mehr haben – oder es wird uns so ergehen wie den Mayas, den Wikingern oder den Neandertalern.

Sterben wir aus, weil wir nicht rechtzeitig gelernt haben werden, weniger zu werden, weil wir durch Gier bedingt, nicht lernen wollen, uns rechtzeitig unserer raumbegrenzten Mutter Erde anzupassen?

Momentan findet ein weiterer Höhepunkt der technischen Evolution statt, die man auch als eine abartige künstliche Evolution bezeichnen könnte. Rein körperlich gesehen werden die meisten von uns genbedingt kränker, schwächer und somit auch NICHT länger, sondern kürzer lebend. Allein die – NICHT auf genetischer Auslese beruhende – ausgeklügelte Medizin und Nahrungsüberproduktion lassen uns einhundert Jahre alt werden. Operationen, technische Möglichkeiten und Medikamente aller Art lassen uns körperlich älter werden als noch vor fünfzig Jahren, doch vom Geiste her, sind die meisten von uns bereits mit etwa 28 Jahren »tot« und sogar wesentlich früher.

Wir telefonieren und kommunizieren miteinander und alles ist »voll gut«, »total easy« und »cool«. Wir protestieren und demonstrieren. Heute sind wir dagegen und morgen dafür. Wofür? Das ist nicht wichtig, Hauptsache, es ist was los, und wir waren dabei. Das reicht uns, »denn dabei sein ist alles«! Wobei? Beim selbstverschuldeten Untergang einer ganzen Zivilisation, einer ganzen Kultur, die sich dabei auch noch für intelligent hält? Wir sind gefühlskalt geworden – unsere Seelen frieren bereits. Spenden wir uns gegenseitig etwas Wärme, andernfalls erfrieren wir, bevor wir unser gemeinsames Urvermächtnis realisiert haben werden.

Irgendwann wird diese künstliche Evolution enden – und was dann? Nachhaltigkeit? Welche Nachhaltigkeit? Vielleicht ein kurzer Nachhall, aber Nachhaltigkeit? Nein! Immer mehr Menschen verhungern, weil wir nicht gelernt haben weniger zu werden. Immer mehr Verbrechen geschehen, weil die Zahl der Ungerechten gestiegen ist und weiterhin steigen wird. Etwas läuft hier falsch – es ist die künstliche, die profitorientierte Evolution, denn eine natürliche Auslese gibt es bei uns Menschen nicht mehr. Na denn, habt Spaß an der hormongesteuerten, Kirchen- und andere Steuerzahler hervorbringenden Freude – zur Freude der Steuerempfänger. Entweder wir halten an und besinnen uns unser selbst, oder wir bleiben besinnungslos, wie viele Kulturen vor uns. Kulturen entstehen und vergehen – soll das eine Rechtfertigung für das Ende unserer Kultur sein? Haben wir wirklich nichts dazugelernt? Sind wir wirklich so starrsinnig, so arrogant und uneinsichtig, dass wir aus Fehlern nicht lernen können? Eine gesunde und gerechte Gesellschaft ist wie eine homogene Kette mit weitgehend gleichstarken Gliedern. So eine homogene Kette kann bis an ihre Reißgrenze belastet werden ohne zu reißen. Andererseits ist eine Kette nur so stark wie ihr schwächstes Glied, und das sind diejenigen, die ehrliche Leistung erbringen.

Es wird eng, wir müssen umdenken und die Notwendigkeit zum Handeln erkennen. Momentan sind wir, obwohl wir bereits ziemlich gefühlskalt gemacht worden sind, noch intelligent genug, um den Abgrund zu erkennen, auf den wir uns zubewegen. Noch könnten einige von uns anhalten und wegweisend umkehren! Ob es in absehbarer Zukunft auch noch möglich sein wird anzuhalten und umzukehren, wenn Aberglaube, Anarchie, Chaos und Gewalt herrschen werden, ist sehr, sehr fraglich! Es wäre eine nachhaltige, eine geistig-evolutionäre Anpassung, die es so noch nie in der Geschichte der Menschheit gab. Es wäre das erste Mal in der Menschheitsgeschichte, dass eine Kultur sich selbst vor ihrem eigenen Untergang durch ihre eigenen Intelligenzleistungen retten würde – unmöglich? Nein, denn das Intelligenzpotenzial zur Selbstfindung hat jeder von uns, doch nur wenige nutzen es bislang. Allerdings nimmt die Zahl der Aufgeklärten weltweit ständig zu, was die vielen Geburtenrückgänge und Kirchenaustritte – insbesondere in Europa – eindeutig hoffnungsvoll beweisen, und Hoffnung stirbt bekanntlich zuletzt.

Nun zurück zu unserem Anfang, denn ohne ihn gäbe es auch unser vorhersehbares Ende nicht. Und wer sein Ende, bzw. seine Gegenwart verstehen will, der muss mit seinem Anfang beginnen. Damit es uns ursprünglich zunächst als eine Zelle geben konnte, mussten zuerst kompatible Zellenbestandteile entstehen, die sich dann gegenseitig symbiotisch ergänzend zusammenfanden und schließlich sich als eine Zelle weiterentwickelt haben. Ähnlich unserer Europäischen Gemeinschaft, nur etwas kleiner. Konkret wurde es vor etwa 5 Mrd. Jahren, als sich parasitäre, amöbenähnliche Fressschleime einzelne Zellen, bzw. Zellenbestandteile wie Zellorganellen, Mitochondrien, Zytoplasmen oder Golgi-Apparate und Ähnliches einverleibten. Diese Einverleibung »fremder Geister«, wenn auch nicht freiwillig, führte schließlich zu einer stabilen Zellenbildung, aus der dann im Laufe der Zeit Ein- und Mehrzeller hervorgingen und letztlich auch wir. Gäbe es diese anfängliche Eroberungskriege ähnliche

Zwangseinverleibung »fremder Geister« nicht, dann gäbe es auch keine Zellenneubildung – die »Hardware«, in der sich die »Software«, sich selbst verstehend, notgedrungen weiterentwickeln könnte. Notgedrungen, weil Viren Störenfriede sind, gegen die sich nicht nur unsere Computer durch Abwehranpassung wehren müssen um fortzubestehen, sondern auch die Zellen allgemein – insbesondere die ersten Einzeller. Diese mussten sich gegen die in sie eindringenden Keimviren zwangsläufig immer wieder »neue Waffen« einfallen lassen, um fortzubestehen, um sich proevolutionär weiterentwickeln zu können. So funktioniert nun mal Evolution; ohne das Schlechte gäbe es das Gute nicht und umgekehrt. Auch wenn das Schlechte sich am Ende immer wieder mit zerstört, so ist es doch die treibende evolutionäre Kraft, die immer wieder neidbedingt Neues hervorbringt – damit sich unser altes Urvermächtnis irgendwann erfüllen kann.

Dieses »Fressschleim-Amöben-Prinzip« der Einverleibung hat sich bereits vor etwa 5 Mrd. Jahren so gut bewährt, dass es zum Naturgesetz wurde und überall gleichermaßen gut funktioniert – auf unserer Erde in Biologie, Chemie oder Physik, im All und Überall – auch in Wirtschaft, Politik und Kirche. Aus Einzellern wurden Mehrzeller, dann hochorganisierte Organismen, dann Pflanzen, Tiere und schließlich einzelne Personen, aus denen dann Familien und Völker wurden.

Aus Energie wurden Elementarteichen, dann Atome und Moleküle bis hin zu komplexer Materie. Aus Steinen, Stöckchen und Knochen wurden Werkzeuge, mit denen dann immer komplexere Maschinen gebaut werden konnten wie Autos oder Flugzeuge. Aus einzelnen Glaubensstiftern wie Moses, Buddha, Jesus oder Mohammed wurden Menschen versklavende Religionen für Millionen. Unsere Erde ist entstanden, weil sie sich viele kleine »Erden« einverleibt hat und es immer noch durch »Einverleibung« kosmischer Einschläge tut. Galaxien wachsen zusammen und das Universum dehnt sich permanent immer weiter aus. Firmen verleiben sich gegenseitig ein, gehen an die Börse und werden dann ihrerseits von großen Konzernen »geschluckt«. Länder vereinigen sich, die Europäische Gemeinschaft, ein gefräßiger »Mehrzeller« entsteht, der sich gerne weiter, hauptsächlich nach Osten ausbreiten würden, doch der Osten ist seinerseits mindestens genauso gefräßig und fortwährend auf Einverleibungen bedacht. Der Süden möchte sich gerne nach Norden ausbreiten, allerdings nicht im Zeichen des Kreuzes, sondern des Halbmondes – er tut es zunächst durch Einschleusung von »Sichelviren« in die europäische »Amöbe«, die im Laufe der Zeit sesshaft werden und schließlich das Kommando übernehmen könnten. Ähnlich, wie es die Römer insbesondere mit Europa und schließlich mit der ganzen Welt getan oder es momentan die RADIKALEN Moslems zu tun versuchen, nach dem Motto: Wenn du die Schlacht nicht kurzfristig gewinnen kannst, dann gewinne langfristig den Krieg – verbinde dich unterwandernd mit deinen Feinden, indoktriniere sie und übernehme schließlich die Führung. Welche »Fressschleimzelle« welche fressen wird oder auch nicht, ist ungewiss. Bis dahin werden sich, als kleine Ableger, neue »Fressschleimzellen« bilden, die sich für die einzig wahren Zellen halten werden. Doch eine Zelle bleibt eine Zelle, eine raumbegrenzende Wohnung, wozu auch unsere Erde zählt. Eine Wohnungswand zu bauen, die aus einer Primär-, Sekundär- und Tertiär-Wand, aus besonders resistentem Pektin und Chemiecellulosen besteht, ist sicherlich keine einfache Angelegenheit. Eine Wohngemeinschaft, in der jedes einzelne Zellteilchen seine spezifische Aufgabe perfekt zu erfüllen hatte, also in harmonischer Koordination mit allen anderen Zellenbestandteilen perfekt funktioniert, sicherlich auch nicht – da können wir noch einiges von unseren »primitiven« Zellen-Vorfahren lernen. So eine einzelne Zelle ist fast genauso komplex wie unser gesamter Organismus, der schließlich auch NUR aus unzähligen einzelnen Zellen besteht, die bei der Zusammenkunft lediglich aus zwei Zellen mit zwei halbfertigen

»Notizzetteln« bestanden – aus dem Spermium und der Eizelle.

Eine andere Frage ist nur, wer diese neuen genetischen Schaltkreise fortwährend erweitert, die die einzelnen Zellbestandteile zu einer Zelle, dann zu organspezifischen Zellen und später zu einem ganzen Organismus werden ließen? Wer hatte die Idee, die Zellbestandteile durch eine Zellwand zu schützen, zu vereinen? Wie oder wodurch haben sich die Zellbestandteile verständigt und schließlich dazu entschlossen, eine Zelle zu werden? Wer hat die einzelnen Bestandteilchen der zukünftigen Zelle koordinierend zum Zusammenschluss, zum Überleben gedrängt? Sie selbst – ohne Gehirn und ohne Verstand – zufällig? Ging es den einzelnen Bestandteilen der Zelle nur um Dominanz, um Gier und unbegrenztes Wachstum? War es ein Irrtum, den wir seit unserem Urknall bis heute NOCH nicht ausreichend verstanden haben und weshalb wir damit nicht aufhören können? Mit der Einverleibung, mit dem Wachstum, mit der unendlich scheinenden Gier? Ja, denn nichts kann vergehen, ohne vorher zu entstehen. Wir können nur das erkennen, was wir sind – nicht mehr! Um mehr erkennen zu können, müssen wir zuerst MEHR werden, uns weiterentwickeln, unsere genetischen Schaltkreise nach dem Lernprinzip der konzentrischen Kreise erweitern, denn erst mehr geworden, werden wir mehr erkennen können.

Fakt ist, dass ALLE Lebewesen, auch wir, die gleichen genetisch festgelegten Zellbestandteile haben, welche dann unterschiedliche Organe bilden, die wiederum spezifische Aufgaben erfüllen. Unser Herz und unsere Lungen versorgen unsere Körper über das Hämoglobin der roten Blutkörperchen mit dem zur intrazellulären Energiegewinnung benötigten Sauerstoff. Unsere Beine tragen uns von Ort zu Ort, unsere Ohren hören, unsere Augen sehen, unsere Nasen riechen und unsere Hände greifen und begreifen, damit unser Verstand versteht, worum es geht, denn er ist auf Informationen von außen angewiesen, damit innen, damit genetisch etwas verändert werden kann, was sich dann draußen eine Zeit lang gut bewähren könnte und die Evolution wieder ein Stückchen vorantreiben würde. Unser Verstand kann kognitiv bedingt rechnen, analysieren, zuordnen, beurteilen und am liebsten verurteilen. Ob unser Verstand gut oder schlecht »rechnen« kann, das hängt weitgehend von unserer sich ständig anpassenden, sich ständig wie von selbst aktualisierenden Genkombination ab. Wenn einer besser rechnen kann als ein anderer, so kann der andere etwas anderes besser – z. B. springen, lesen oder singen. Man spricht dann von Begabungen, die so unterschiedlich sind wie unsere Meinungen, wie wir Menschen selbst. Und was sich situationsbedingt besser bewährt, das bleibt eine Zeit lang in Bewährung. Allerdings können wir nur das, was unsere momentane genetische Festlegung in der Lage ist zu leisten. Finden z.B. getrennt voneinander lebende eineiige Zwillinge ähnliche Umweltbedingungen vor – egal wo – dann kommen sie aufgrund ihrer genetisch bedingten spezifischen Wahrnehmungen auch zu sehr ähnlichen Verhaltensmustern. Was hierbei den evolutionären Aspekt anbelangt, so sind Reproduktionen nur so lange sinnvoll, wie es genügend Nahrung gibt, sonst sind sie NICHT erstrebenswert und im Falle von eineiigen Zwillingen eher als Unglück zu bezeichnen, denn Wiederholungen rufen nichts Neues hervor. Kopien sind identisch und deshalb kontraevolutionär. Damit Neues entstehen kann, MÜSSEN scheinbare Fehler gemacht werden, die sich dann faktisch auch als proevolutionär erweisen können. So gesehen hat das zerstrittene Europa, vom Kopf auf die Beine gestellt, d.h. den demokratischen Willen der Völker berücksichtigend, doch noch gute Chancen, initialgebend zu einer Welteinheit zu werden – zunächst durch ein gemeinsames Feindesbild, die Lug und Betrug hervorbringende Gier armer Leute mit viel Geld oder durch Fehlverhalten einzelner Mitglieder. Klingt paradox – ist es aber nicht, denn Disharmonie bringt Harmonie hervor und ein gemeinsamer »Feind« stärkt den Zusammenhalt einer Gemeinschaft. Wir könnten sogar zu einer homogen-solidarischen Weltgemeinschaft werden, wenn unsere Erde von sogenannten Aliens existenziell bedroht wäre.

Stellt euch vor, die Welt würde NUR aus Klonen bestehen. Wenn die erste Zelle sich nicht weiterentwickelt, sondern immer nur verdoppelt hätte – was wäre dann? Wenn die Zellbestandteilchen sich NICHT zusammengeschlossen hätten bzw. zusammengeschlossen worden wären – was wäre dann? Wenn Moleküle nicht aus Atomen, Atome aus Elementarteilchen und Elementarteilchen nicht aus experimentfreudiger Lebensenergie entstanden wären? Was wäre dann? Dann hätten wir keine Probleme, dann würden wir heute nicht reumütig nach unserem Daseinsgrund lebenssinnsuchend fragen, nach unserem Urzuhause suchen MÜSSEN, dann würden wir vermächtnisfrei existieren, wie wir bereits vor unserem Urknall und davor existiert haben – in grenzenlos harmonischer Freiheit.

Wären wir damals einsichtig gewesen, müssten wir nicht 14 Mrd. Jahre lang nachsitzen, suchen und pauken. Ich hoffe sehr, dass wir das jetzt verstanden haben und voneinander lernen – vorzugsweise unser Verstand von unserer Seele, die sich oft nachts »freinimmt« und auf eine mystisch transzendentale Reise geht. Insbesondere nachts, wenn wir träumen, reist unsere Seele in eine anders dimensionierte, in eine mystische Welt, die so mancher Dichter als den kleinen Bruder des Todes beschrieben hat. Eine solche im Traum erlebte transzendente Erfahrung werden wir dann manchmal tagsüber erahnen. Manchmal werden diese transzendentale Denkdimensionen übersteigenden Erfahrungen direkt zu unseren Ei- und Spermazellen als genetischer Code geleitet und schließlich, damit Neues entstehen kann, an die zeugende Generation weitergegeben.

Diese transzendentale Evolution hat grundlegend zur Folge, dass erst durch sie die genetische Evolution möglich wird. Die erkennende Seele verändert dann sprunghaft die Genetik und die veränderte Genetik wiederum unseren Körper und damit auch die Erkenntnismöglichkeiten unseres Verstandes. Man nennt es dann Mutationen oder einfach geniale Missgeburten, wenn einem auf Madagaskar lebenden katzenähnlichen Fingertier **ein** überdimensioniert langer, dünner Mittelfinger wächst, der sich hervorragend zum Larvenjagen eignet. Mit identischen Kopien ist der Evolution nur so lange gedient, wie artenspezifische Nahrung im Überfluss vorhanden ist. Danach ist wieder Anpassung durch Mutation angesagt. Es ist kein Zufall, wenn alles sich zu Größerem oder Stärkerem entwickelt, auch unser Verstand, denn er ist es, mit dem wir irgendwann alles ahnend verstehen werden. Bis dahin wird uns die Technik bei unserer Weiterentwicklung helfen, insbesondere der Computer. Einige unter uns ahnen es zwar mehr als andere, doch wissen können wir es nicht, denn es ist eine anders dimensionierte Ebene. Eine Ebene, zu der nur unsere Seele transzendierend Zugang findet und es dann unserem Verstand »scheibchenweise« mitteilt – als ein unverbindliches Angebot. Scheibchenweise, denn unser Verstand erfährt immer nur so viel oder so wenig, wie er seinem Entwicklungszustand entsprechend in der Lage ist zu verstehen. Eigentlich ist es so wie in der Schule, wie im täglichen Leben, nur auf einer anderen, auf einer mystischen Ebene, zu der wir, als körperlich bedingter Verstand, noch keinen direkten Zugang haben. Es ist wie mit unseren Atempausen, wie bei der Tag-Nacht-Dämmerung, wie mit dem Leben und dem Tod – entweder sind wir hier oder wir sind dort vor Ort, an beiden Orten gleichzeitig zu sein ist NUR unserer Seele möglich, die ES uns dann manchmal durch unseren Verstand erahnen lässt. Wir sollten lernen ihr zuzuhören – bitte, jetzt – es sind NUR 30 kleine Sekunden, die aus Ahnung Gewissheit werden lassen können!

Beispielsweise ärgern wir uns irgendwann über ein schmerzliches Missgeschick. Diese »schmerzliche Lektion« werden sich einige unter uns merken. Andere werden nichts dagegen unternehmen und gegen die »gleiche Mauer« erneut anrennen. Noch andere werden sich eine Zeit lang Gedanken über eine Problemlösung machen, dann geben sie auf. Und noch andere bleiben hartnäckig dabei, doch auch ihnen fällt per se keine Lösung ein, bis sie eines Morgens aufwachen und plötzlich wissen, wie das Problem zu lösen sei, obwohl sie ganz sicher in der letzten Zeit überhaupt nicht über eine Problemlösung nachgedacht haben. Wenn nicht sie, WER war es dann? Ein anderer, der uns kennt, dem unsere Probleme bewusst sind und der über uns wacht, den WIR noch NICHT kennen?

Sollten wir tatsächlich mehr sein als die Summe unserer Identitäten? Sind WIR tatsächlich mehr, als wir es zu wissen ahnen? Tröstlicherweise JA, wir sind MEHR, WIR müssen ES NUR noch werden. Ja, wir haben ein liebevolles Urzuhause, wir müssen NUR noch zurückkehren! Werden wir wie Kinder und lernen uns wieder zu wundern, dann werden wir nicht nur Wunder verstehen, sondern auch uns selbst – als ein einmaliges, überall sichtbares wunderbares Wunder!

Nehmen wir uns einen Schmetterling oder eine Schmetterlingsraupe als Beispiel. Am besten eins von beiden, den, der zuerst da war, der durch Mutation veränderte Schmetterling. Oder doch die Raupe? Als Schmetterling haben wir sicherlich keine Erinnerung an unser Dasein im Raupenstadium, und als Raupe wissen wir sicherlich nichts von unserem zukünftigen Leben als Schmetterling. Wirklich? Ist es wirklich so? Weiß der Frosch denn nichts über sein vergangenes Dasein als Kaulquappe, bzw. die Schmetterlingsraupe über ihr zukünftiges Dasein als Schmetterling? Es darf experimentiert werden: Trainieren wir eine Raupe, die auf der Nahrungssuche ist, derartig, dass sie, um Nahrung zu finden, etwas lernt, z.B. an der Weggabelung immer den Weg nach links einzuschlagen. Wenn wir diese Raupe erfolgreich konditioniert haben, dann wird der aus ihr nach der Verpuppung gewordene Schmetterling trotz völlig unterschiedlichen Nahrungsbedarfs auch den linken Weg zur Nahrungsquelle einschlagen. Ein Wunder? Nein, nur eine bewundernswerte Realität. Doch es geht auch ohne Training: Ein Monarch-

Schmetterling, der seine Paarungszeit an einer bestimmten Hainstelle in Mexiko verbringt, fliegt zur Eierablage etwa 3.500 km weit – bis nach Kanada. Aus den verpuppten Larven schlüpfen dort das Jahr darauf wunderschöne Monarch-Schmetterlinge, die ohne den Weg zu kennen, den gleichen Paarungsbaum in Mexiko aufsuchen wie ihre Eltern ein Jahr zuvor.

Haben wir denn als Baby, als Kleinkind, eine Erinnerung an unser Sperma bzw. an unser Ei-Dasein? Oder erst dann, wenn diese beiden, als Sperma- und Eizelle zusammenkommen? Wenn aus zwei Zellen eine wird und daraus ein Individuum entsteht, das die Eigenschaften beider Zellen vorweist? Können wir uns als Kleinkind an unseren Vater oder an unsere Mutter erinnern? Eventuell an unsere Großeltern oder sogar an unsere Ur-, Urgroßeltern? An unser Dasein als Tiere oder als Pflanzen? Wie weit gehen UNSERE »Déjà-vu«- Erinnerungen zurück? Bis zum Urknall? Manchmal kommt uns irgendwer oder irgendwas bekannt, sympathisch oder unsympathisch vor – ohne zu wissen, warum wir es »wissen«. Irgendwie ahnen wir es, doch wir wissen es nicht, warum wir es ahnen oder woher unsere Ahnung kommt.

Warum können wir Menschen uns artenübergreifend in die Lage des anderen AUGEN-BLICKLICH versetzen? Kann ein Pferd oder ein Hund sich augenblicklich in unsere Lage versetzen und unsere Stimmung nachvollziehen – mit uns mitfühlen? Ja, wenn wir nicht lügen! Wenn unsere Augen unser wahres Empfinden widerspiegeln, wenn wir und unsere uns betrachtenden Betrachter authentisch sind. Wenn es unseren Tieren oder Pflanzen schlecht geht, dann sind auch die sensiblen Tier- oder Pflanzenfreunde unter uns traurig. Oft erkennen wir die Stimmung unseres Partners ungesehen, an dem Klang seiner Gedanken bzw. an den Schwingungen seiner Stimme, der Körperhaltung oder anderen unsichtbaren Ausstrahlungssignalen. Selbst nachts, wenn unser Partner neben uns still und unbeweglich im Bett wach liegt, »wissen« wir, dass er nicht schläft.

Wenn wir einfühlsam sind, dann sprechen wir mit Kleinkindern, oft in die Hocke gehend, liebevoll und mit erhöhter, mit kindlicher Stimmlage. Wir lächeln dabei und unsere Augen spiegeln unsere innere Einstellung wider, sodass Kleinkinder unsere Seelenbotschaft sofort richtig deuten können – noch bevor sie sprechen lernen, denn »unsere Augen sind die Spiegel unserer Seelen«. Und wenn Kleinkinder sich bei unserem Anblick ängstigen, dann liegt es am Ausdruck unserer Augen. Denn was die Augen »sagen«, das können nicht nur Kleinkinder, das können auch wir ohne Sprache, sozusagen sprachunabhängig, artenüberschreitend augenblicklich gegenseitig deuten und verstehen. Als ob wir uns gegenseitig in unseren Seelen spiegeln würden, als ob Menschen und Tiere, Pflanzen und Bakterien anteilig die gleiche alles und jedes ausfüllende Seele hätten, als ob alle und alles ein Teilchen der »Urknall-Seele« wären. Unsere gemeinsame Seele ist so etwas wie ein riesiger Spiegel, in dem sich alle und alles anteilig begegnen. Als ob unser »Computer« mit allen anderen »Computern« auf der ganzen Welt vernetzt und somit nur ein Teilchen der gesamten Vernetzung wäre. So ist es einerseits für die Sensiblen unter uns nicht überraschend, wenn sie augenblicklich wissen, was andere denken oder fühlen.

Dass es so etwas wie »Duplizität der Ereignisse« gibt, wissen die meisten unter uns aus eigener Erfahrung. Manchmal rufen wir jemanden an, und sein Telefon ist besetzt, sodass wir unseren Anruf nach fünf Minuten wiederholen und zu hören bekommen: »Schön, dass du anrufst, ich habe es bei dir gerade vor fünf Minuten versucht, aber dein Telefon war besetzt!« Oder: »Unglaublich, aber soeben wollte ich dich anrufen. Ich war gerade auf dem Weg zum Telefon.« Und manchmal müssen wir von jemandem träumen oder an jemanden denken, weil er von uns träumt oder an uns denkt – auch wenn sein Körper bereits verstorben ist. Unglaublich? Nein, nur eine anders dimensionierte Realität, zu der die meisten von uns aus unserer derzeitigen Daseinsdimension NOCH keinen bewussten Zugang haben.

Evolution ist ein langer und zunächst recht unverständlicher Prozess, doch es ist wie mit der Dunkelheit, die bei Licht verschwindet, und allen anderen Dingen, die uns so lange kompliziert erscheinen, bis wir sie verstehen. Den Spruch, bevor wir etwas nicht verstehen, »Das kann ich nicht, und ich werde es auch nie lernen« und den Spruch danach, wenn wir es verstanden haben, »Das ist ja einfach«, kennen sicherlich die meisten von uns aus eigener Erfahrung.

Alles hat und braucht seine Zeit – auch die zeitlose Evolution, denn das eine bedingt das andere. Als wir noch nicht sprechen konnten, verständigten wir uns hauptsächlich über Blickkontakte und über weitere Entfernung durch Gestik oder Grunzen, bis wir eines Tages das Problem erkannten und überlegten, wie wir uns auch ohne uns zu sehen, z.B. im Dunklen oder im hohen Steppen-Gras, verständigen könnten. Den Rest kennen wir bereits. Irgendwann wurde ein »missgebildeter« Mutant geboren, der kehlkopfverändert differenzierte Laute von sich geben konnte, was die paarungswilligen Damen schon damals sehr interessant und imposant fanden, sodass er so viel Nachwuchs zeugen durfte, wie er konnte, denn von da an wollten alle weiblichen Gruppenmitglieder »sprechenden« Nachwuchs haben. Heutzutage kommt noch ein weiterer Begehrensfaktor, der Kontostand, hinzu, damit einige Damen und Herren paarungswillig werden. Obwohl sich alles kontinuierlich ändert, die Spielregeln der Evolution sind die gleichen geblieben und gelten sowohl für groß als auch für klein fortlaufend weiter. Imposant ist interessant, fällt auf und weckt Begehren, macht neidisch, gierig und paarungsbereit. Neid, Gier und Missgunst sind wichtige Faktoren in der natürlichen Evolution. Sie sind die Triebfedern, die uns immer weiter, schöner, größer, reicher und klüger werden lassen – leider auch gieriger!

Egal wie, egal wo, egal wie lange, »ÜBERLEBE«, denn nur lebend, sich ständig verändernd und neuen Situationen anpassend werden WIR irgendwann unseren »Weg nach Hause« finden MÜSSEN! WIR als WIR selbst, WIR als unsere Nachkommen oder WIR als die Nachkommen unserer Nachkommen. Nur weil die meisten von uns unser gemeinsames Lebensziel, unser gemeinsames Urvermächtnis nicht einzeln realisieren wollen, so werden wir uns instinktiv weiter vermehren und unbewusst darauf hoffen, dass unsere Nachkommen irgendwann, irgendwo, dort ankommen werden, wo WIR gegenwärtig ankommen sollten, aber nicht konnten oder wollten! Doch wir werden es als Menschheit schaffen, weil WIR das schaffen **müssen**, was wir uns selbst vor 14 Mrd. Jahren versprochen haben – friedvoll, einsichtig und reumütig zu unserem Urzuhause zurückzukommen. NOCH sind wir weitgehend ziellos Reisende, doch irgendwann, irgendwo, als irgendwer werden wir unserem Reiseziel zunächst instinktiv, dann auch bewusst näherkommen, denn auch die längste Reise endet meistens dort, wo sie angefangen hat, zuhause!

Auch wenn wir es nicht gleich einsehen, aber wir sind JEDEN TAG mit uns erst dann richtig zufrieden und glücklich, wenn wir ein Teilstückchen unserer Remotion, dieses langen Rückweges gegangen sind. Wenn wir uns selbst ein winziges Stückchen nähergekommen sind. Wir fühlen uns gut, wenn wir jeden Tag erfolgreich sind oder das Gefühl empfinden, etwas Gutes getan zu haben. Weil wir ein winziges Stückchen in die richtige Richtung gegangen sind, setzt unsere Seele in unserem Gehirn Endorphine (Glücksstoffe) frei, sodass wir uns dabei augenblicklich glücklich fühlen. Es muss nicht gleich das Endziel unseres »Lebensstaffellaufes« sein. Winzig kleine Abschnitte unseres Lebensstaffellaufes genügen schon. Hauptsache, wir folgen unserer evolutionären Bestimmung. Sie sagt dann »danke« zu uns, was in uns ein freudiges Gefühl auslöst, denn Lob und Tadel sind auch hierbei die Taktik der Didaktik und über gute Früchte freut sich der Baum. Es genügt schon, wenn uns etwas gelingt: im Büro, in der Schule, in der Werkstatt oder im Hobbyraum, wenn unser Auto schön glänzt, wenn wir das Zimmer ordentlich tapeziert oder etwas Schmackhaftes gekocht haben, wenn wir in der Urzeit Nahrung gefunden, ein Tier erlegt haben oder einem Tier selbst als eine Mahlzeit entkommen sind. Immer wenn wir das Gefühl haben, etwas Kreatives geleistet zu haben, werden in unserem Gehirn Gefühlszentren aktiviert, die unseren Körpern Glücksstoffe zukommen lassen und umgekehrt, wir werden bestraft, wenn wir uns von uns selbst hinwegbewegen, dann sind wir unzufrieden und haben schlechte Laune – wobei wir fatalerweise die »Schuld« für unsere eigene Unzufriedenheit meistens schnell bei anderen finden, statt sie geduldig bei uns selbst zu suchen. Dabei sind wir es selbst, die unsere eigene Vertreibung aus dem »Paradies« unserer Läuterung wegen veranlasst haben, um irgendwann als Mensch wieder neutraler Geist zu werden. Bis dahin werden wir, von unseren Seelen liebevoll geführt, weitersuchen, belohnt oder getadelt, je nachdem in welche Richtung wir uns weiterentwickeln – manchmal »gezuckert«, meistens jedoch »gepeitscht« werden, doch »leichte Peitschen-Schläge fördern das Denkvermögen«.

Wenn Ameisen Pflanzen bei Parasitenbefall helfen, diese zu vertreiben, dann werden sie mit Nektar und kostenloser Unterkunft belohnt. So überleben beide voneinander profitierend, Pflanzen und Ameisen. Die Pflanzen werden von den Ameisen beschützt, wobei die Ameisen dafür Schutzgelder in Form von kostenloser Unterkunft und Nahrung kassieren. Diese Schutzgeldmethode funktioniert auch bei uns – sogar gewerblich. Bestimmte Pilzarten können nur dann überleben, wenn Termiten sie in ihren Termitenbauten hegen und pflegen. Die Termiten ernähren die Pilze, und sie ernähren die Termiten. Vögel können einem Honigdachs den Weg zum schmackhaften Bienenstock zeigen, und der Honigdachs belohnt die Vögel mit einem Stückchen Wabe, die mit Bienenhonig gefüllt ist.

Wenn ein Fisch von Parasiten befreit werden will, dann lässt er sich von kleinen Fischen putzen, welche gerne die ihm lästig gewordenen Parasiten als Belohnung verspeisen. Wir sagen »eine Hand wäscht die andere« dazu. Diese voneinander abhängige Art des Zusammenlebens ist auf allen Entwicklungsebenen der Evolutionsleiter zu finden, ganz oben bei uns Menschen und ganz unten bei den Bestandteilen einer Zelle und davor. Wasserstoff und Sauerstoff »lieben« sich so sehr, dass sie sogar ihre eigenständige Existenz zugunsten einer Molekularehe aufgeben. Allen Molekülen ergeht es so. Selbst eine stabile Ehe funktioniert nach diesem Prinzip der gemeinsamen Einswerdung. Wer das noch nicht versteht, der sollte lieber als Single leben.

Die artenübergreifende evolutionäre Aufgabe ist es zu überleben, als Pflanze, als Tier und schließlich auch als Mensch, dem vorläufig letzten Lebensstaffelläufer. Wir können den Staffellaufstab nur deshalb ins Ziel bringen, weil wir ihn von unzähligen Vorläufern überreicht bekamen. Jeder der unzähligen Vorläufer ist für seinen Abschnitt auf seine Weise belohnt oder bestraft worden, damit WIR Menschen den »Lebensstab« irgendwann ins Ziel bringen. Ohne die erste Sprosse der Evolutionsleiter können wir die zweite nicht erreichen und ohne die zweite auch nicht die dritte usw., bis zu unserer eigenen Selbstgeburt, der vereinenden »Hochzeit«, die alles verändert, die Neues hervorbringt, das »WIR« und das Alte auflösend sterben lässt, die vielen ICHS. Bis dahin müssen wir uns an das halten, was uns zur Verfügung steht, an unseren Verstand! Wir sollten ihn immer wieder aufs Neue schärfen. Bitte, jetzt – mit unserer 30-Sekunden-Stille-Remotion – und dann immer wieder, bis er scharf genug sein wird, um sich selbst »sezieren« zu können. Bis dahin heißt es üben!

Im Laufe unserer Evolution haben wir drei wichtige Evolutionswege beschritten, die Luft-, Erd- und Wasserbeherrschung zum Ziel hatten. Als Bakterien besiedelten wir zunächst Wasser, dann das Land. Diejenigen, die an Land blieben, lernten im Laufe der Zeit zunächst das Kriechen und letztlich das Laufen. Diejenigen, die zunächst das Laufen lernten, lernten im Laufe der Zeit springen, hüpfen und schließlich fliegen. Manche, die sich im Wasser entwickelt und gelebt haben, kamen an Land, und andere, die sich dann an Land weiterentwickelt haben, gingen wieder zurück ins Wasser, je nachdem, wer welche »Idee« hatte, wer welche Situationen wo vorfand und sie anpassungsmäßig zu meistern wusste. Andere, die nicht in der Lage waren, neue Situationen zu meistern, hatten das Nachsehen und starben aus.

Da wir bereits im Mutterleib »fliegen, laufen und schwimmen können«, so müssen wir es bereits auch davor gekonnt haben, mindestens aber theoretisch, als »Raupe«, bevor wir »Schmetterling wurden, auf der Gen-CD fest eingebrannt als Code, also weit vor unserer Zeugung. Es gehört einfach zur Evolution, dass Gelerntes als Potenzial nicht nur in unseren Genen festgelegt ist, sondern auch »woanders«, sodass das »Rad« nicht immer wieder mühsam neu erfunden werden muss. Wir starten EINZELN, als Nachwuchs, dort, wo unsere Vorfahren gentechnisch stehen geblieben sind, was einzelne zum Ziel oder ins Verderben führen könnte. Je nachdem, ob wir genetisch bedingt lernfähig oder lernunfähig geboren wurden. In Wirklichkeit sind es »Missgeburten«, die evolutionäre Sprünge herbeiführen. Allerdings sterben die meisten lernunfähigen, NICHT anpassungsfähigen, keinen Erfolg versprechenden Missgeburten unter natürlichen Lebensbedingungen zwangsläufig aus. Einige Missgeburten, die mit den veränderten geomorphologischen Gegebenheiten besser klar kommen als die »Alteingesessenen«, gewinnen an Dominanz und übernehmen schließlich im Laufe der Zeit die Führung, sodass die »Alteingesessenen« sich ihnen unterordnen oder einfach eingehen müssen.

Wenn die Erde und damit die auf ihr herrschenden Lebensbedingungen sich ändern, ist die Evolution in der Lage, sich der neuen Situation anzupassen. Daran wird kein Mensch etwas ändern. Unser Hauptproblem sollte es sein, unseren Kindern keine Umwelt- oder Rohstoffprobleme, keine Nahrungs- oder Energieprobleme zu hinterlassen, denn unsere Kinder tragen für unsere »Kurzsichtigkeit« KEINE Verantwortung, sondern wir! Allerdings sollten das auch unsere Kinder bedenken, BEVOR sie neues Leben »schenken«, denn Probleme zu vermeiden, ist leichter, als sie zu erleiden. Wir benötigen nicht MEHR Platz, nicht MEHR Nahrung, nicht MEHR Energie, wir müssen nur WENIGER werden, dann reicht es für alle!

GERECHTIGKEIT

Als ein eingeborener Kannibale von einem Missionar gefragt wurde, was Gerechtigkeit, was gut oder böse sei, antwortete er ihm: »Gerecht und gut ist, wenn ich dich fresse, ungerecht und böse, wenn du mich frisst.« Ungerecht und schlecht ist meistens das, was andere tun, gut und gerecht dagegen ist das, was wir tun, was uns persönlich gut tut. Wobei auch Gutes schlecht sein kann, wenn es zum Bösen führt, und Böses gut, wenn es zum Guten führt. Alles ist nur eine Frage des aktuellen Standpunktes des Betrachters oder der Vorausschaubarkeit. Wir sind gerecht, wenn wir beides sind, gut und schlecht, wenn wir uns genau zwischen den beiden Polen im neutralen Bereich befinden. Es ist der schmale Weg in der neutralen Mitte, der zur Wahrheit führt. Sobald wir eine Position beziehen, links oder rechts, verlassen wir die neutrale Mitte, denn jede Münze hat zwei Seiten und einen schmalen Rand. Manchmal muss man Schlechtes tun, um Gutes zu bewirken, und ein andermal muss man Gutes (Dummes?) vermeiden, um Schlechtes zu verhindern. Man geht auch nicht in einen Löwenkäfig hinein, um die Löwen zu füttern, und man weicht mit einem Auto nicht unbedacht aus, um ein Tier nicht zu überfahren – viele haben es trotzdem versucht, allerdings war das für sie die erste und die letzte Lektion vom Guten (Dummen), das böse endet. Manchmal muss man das kleinere Übel in Kauf nehmen, um größeres Unheil zu verhindern. Und manchmal müssen einzelne »geopfert« werden, um viele zu retten.

Gerecht und gut ist meistens das, was WIR tun und was UNS persönlich den größten Nutzen bringt. Gehören wir zu den 10% der armen Leute mit viel Geld, dann denken wir uns sogar gerechter und viel besser als der restliche »Pöbel«, als die restlichen 90% der naiven Marionetten, die nur 10% des Gesamtvermögens ihr Eigen nennen. Wenn 90% des Gesamtvermögens 10% der Bevölkerung gehören, dann sind es zusammen 100%

und wenn 10% des Gesamtvermögens 90% der Bevölkerung gehören, dann sind es zusammen auch 100%, dann ist alles gerecht, denn mehr als 100% Gerechtigkeit gibt es doch gar nicht! Tja, rechnen müsste man können.

Es ist wie mit den Geschäftsleuten, die ihre »Pillen« für zwei Euro einkaufen und für fünf Euro verkaufen. Von den »3%« leben sie dann dermaßen sparsam, dass sie das von uns ergaunerte Geld auf geheimen Konten im Ausland bunkern müssen. Gerechtigkeit sollte wahrhaftig sein und ohne falsche Rechenakrobatik, ohne Ansicht der Person und für alle gleichermaßen gelten, denn Gerechtigkeit führt zur Freiheit, zur Freiheit für uns ALLE! Dabei könnte wahrhafte Gerechtigkeit ganz einfach sein. Sie muss ohne Ausnahme für ALLE gelten, auch für Vorbilder sein wollende Sportler, Sportfunktionäre oder andere Boni-Millionäre, und die begangene Ungerechtigkeit muss bei eindeutiger Beweislage doppelt so hoch gesühnt bzw. verhöhnt werden, wie sie es wert ist. Es wäre eine einfache Gesetzesformel, die sich jeder von uns leicht merken würde. »Auge um Auge und Zahn um Zahn« reichen nicht aus, um uns zu mehr Gerechtigkeit, zu mehr Menschlichkeit zu zwingen. Wer anderen absichtlich materiellen, körperlichen und seelischen Schaden zufügt, der muss mit mindestens einer doppelten Wiedergutmachungsstrafe belegt werden. Wenn ein potenzieller Kinderschänder oder Vergewaltiger wüsste, dass ihn als Konsequenz für seine Tat eine Kastration erwartet, dann würde sich das Problem mit dem Kindermissbrauch und Vergewaltigung schnell von selbst erledigen. Das könnte doch gehen, darüber könnten wir doch in einer ehrlich funktionierenden Demokratie auch ohne Sarkasmus oder Heuchelei sprechen.

Lügner, Betrüger, Diebe und andere Verbrecher leben NICHT FÜR eine Gesellschaft, sondern VON ihr, nämlich von uns, von dir und von mir. Wer eine Gesellschaft schädigt, der schädigt auch die Teile der Gesellschaft, aus denen sie besteht; nämlich UNS – dich und mich! Wenn wir eindeutig wüssten, was für eine Strafe uns für eine begangene Straftat erwartet, dann hätten wir die Wahl. Wir könnten uns aus freien Stücken für oder gegen eine strafbare Tat, der Konsequenzen bewusst, entscheiden – sie wäre immer mindestens doppelt so teuer, wie sie es wert ist.

Ein Steuerbetrüger betrügt nicht nur den Staat, sondern uns, die Bürger, die der Staat sind! Wir sind nicht nur das Volk, wir SIND auch der Staat – sogar ALLE Staaten. Wir müssen in dem Bewusstsein zu leben lernen und uns verinnerlichen, dass der Staat und wir nicht verschieden, sondern identisch sind. So lange uns das nicht gelingt, wird Gerechtigkeit eine Farce, eine Scheinheiligkeit, eine Heuchelei bleiben. Wir dürften über Gerechtigkeit nicht reden, wenn wir Ungerechtigkeiten duldend »übersehen«. Wir dürfen keine Ungerechtigkeiten tolerieren oder sie straffrei durchgehen lassen und es ist gut, dass es auch mutige Journalisten gibt, die die ausländischen »Briefkastenverstecke« unanständiger Leute aufdecken und offenlegen. JEDER von uns hat den gleichen rechtlichen Anspruch auf Gerechtigkeit, auch die Superreichen – nicht weniger aber auch nicht mehr. Natürlich klingt all das für die bestimmten armen Leute mit viel Geld unmoralisch und unmenschlich, doch ist es menschlich, uns, die Gesellschaft, zu betrügen und zu bestehlen? Auf solche Leute kann eine gerechte Menschheit gut und gern verzichten, und sie wird es auch zum Selbstschutz, aus Notwehr, schon bald tun müssen oder selbst im Lügensumpf der Profitgier und Geheimniskrämerei untergehen. In einer gerechten Gesellschaft hat jeder für jeden gleichermaßen da zu sein, und jeder muss nach seinen Möglichkeiten zum Wohl der Gesellschaft beitragen. Jeder sollte so viel geben, wie er kann, und NUR so viel nehmen, wie er wirklich zum Leben benötigt. Parasiten und Verbrecher benötigt eine gerechte Gesellschaft NICHT, und Wegsperren kostet nur viel Geld, das wiederum von der gerechten Gesellschaft kommt. Sind lebenslange Inhaftierungen mit freier Beköstigung und freier Unterbringung gerecht? Sind lebenslange Zwangsunterbringungen ohne Resozialisierungsaussichten sozial? Ist ein Mensch auch dann noch ein Mensch, wenn er sich wie ein gewissenloses, wie ein NICHT mitleidsfähiges Raubtier verhält? Sicherlich nicht! Doch wer kein Mitleid mit seinen Opfern empfindet, der darf nicht bemitleidet werden, wenn er gerechterweise selbst geopfert wird.

Würde eine Gesellschaft das viele Unterbringungs-Geld in Bildung und Aufklärung investieren, dann gäbe es weniger zum kostenintensiven Wegsperren. Wenn wir nicht wollen, dass uns die Ungerechten überrollen, dann müssen wir Gerechtigkeit ungeheuchelt leben WOLLEN! Dann dürfen wir kein Auge zudrücken und so scheinheilig tun, als ob wir nicht wüssten, dass unsere Bekannten schwarz arbeiten und damit unser Finanzamt und somit uns persönlich betrügen, denn wir SIND **auch** das Finanzamt. Diebstähle oder Meineide sind Straftaten, die öffentlich geahndet werden sollten. Für die »kleinen« Diebe könnte eine allgemein sichtbare Ohrenschlitzung sicherlich keine so schlechte Idee sein. Allerdings würde sie nur wenig nutzen, denn Körperverstümmelungen sind heutzutage modern und bei vielen Leuten mit wenig Lernbereitschaft und viel Lernbehinderung sehr beliebt. Für die wenigen »großen«, raffgierigen Diebe, wäre eine regelmäßige Veröffentlichung ihres Vermögens eine Möglichkeit, um etwas mehr Gerechtigkeit für alle zu erreichen. Warum sollen Steuer- und andere Diebe nicht öffentlich bloßgestellt werden – z.B. in Diebes- oder in Gier-Ranglisten? Weil wir ihnen Menschenwürde für ihr unmenschliches, NICHT menschenwürdiges Verhalten zugestehen? Damit sie ermutigt werden, weitere Raffgier bedingte Straftaten straffrei zu begehen? Dann wäre das eine strafbare Anstiftung zu einer Straftat durch uns bzw. durch den Staat selbst. Was sind das für »gerechte« Politiker, die den raffgierigen Steuerdieben bei Zahlung einer relativ geringen »Buß-Ablassgeldspende« Straferleichterungen oder Straffreiheit versprechen, statt sie öffentlich an den »Pranger« zu stellen, ihre Konten zu konfiszieren und genauso bloßstellend zu bestrafen wie jeden anderen Verbrecher auch? Wenn sie Steuerdiebe zu dreieinhalb Jahren HAFT verurteilen und sie bereits nach wenigen Monaten als Freigänger FREI herumlaufen lassen und ihnen dann den größten Teil der Gesamtstrafe aufgrund »guter Führung« gänzlich erlassen? Wenn sie die 10% der reichen »Ablasskäufer«, denen 90% des Volksvermögens gehört, wohlwollender behandeln als die restlichen 90% des Volkes, dem nur 10% des Volksvermögens gehört? Wenn Großlandbesitzer wie Kirchenmagnaten und andere Erbaristokraten für »ihre« Ländereien fortlaufend Pachtzinsen kassieren? Warum muss Reichtum vererbbar sein? Damit die Reichen immer reicher und die Armen immer ärmer werden? Ist das gerecht, wenn Leute in EINER Stunde mehr »verdienen« als viele Rentner oder Sozialhilfeempfänger im ganzen Monat zum Leben zur Verfügung haben? Gerechtigkeit geht anders und sollte Geldmengen unabhängig und ablasskauffrei funktionieren. So korrupt und verlogen können doch keine honorigen Volksvertreter sein, dass sie die reichen Steuerdiebe nicht als Steuerdiebe bezeichnen, sondern womöglich sogar als Wohltäter der Nation. Unsere honorigen Politiker und damit vertrauenswürdigen Volksvertreter, denen wir vertrauen, auf die wir uns durch unsere Stimmabgabe bei jeder Wahl verlassen, sollen die Volkswirtschaft schädigenden Steuerbetrüger unterstützen und gar beschützen? Ist es wirklich genauso wie bei den Kannibalen, Glaubensanstalten, Betrügern und anderen Dieben, die nur ihresgleichen lieben? Man muss KEIN Prophet oder Visionär sein, um langfristige Unruhen, Aufstände und andere Aggressionen kurzfristig vorherzusagen – zunächst gegenüber den Beschäftigten des öffentlichen Dienstes. Unsere Ordnungshüter, Lehrer, Sozialarbeiter oder Gerichtsvollzieher bekommen es als erste zu spüren. Dann kommen auch die an die Reihe, die die Gaunereien durch Duldung oder »bewusste Unwissenheit« verursacht haben, unsere Politiker. Müssen wir diese bald kommende Eskalation der Gewalt und damit die »bürgerschutzbedingte« Aufstockung von Polizei, Geheimdiensten, V-Spitzeln und Militär über uns ergehen lassen oder können wir sie NOCH verhindern, z.B. durch etwas weniger Reichtum für wenige und somit etwas mehr Gerechtigkeit für viele? Durch mehr Bildung und weniger Einbildung, durch ehrliche Aufklärung statt weiterer Verklärung? Möglich ist es, doch die Zeit drängt und es ist ziemlich unwahrscheinlich, dass wir es rechtzeitig schaffen werden, gemeinsam gerechter zu werden – versuchen sollten wir es trotzdem, denn letztlich sind es die Einzelnen, die die Zugrichtung eines ganzen Schwarmes, einer ganzen Herde oder sogar der ganzen Menschheit richtungsweisend verändern können. Versuchen wir es nicht, dann überlassen wir unsere gemeinsame Zukunft denen, die es bis dahin nicht geschafft haben, lernfähige Menschen zu werden.

Für einen Selbstgeborenen ist Gerechtigkeit so selbstverständlich, dass er darüber nicht einmal nachdenken muss. Er erwartet von den Menschen und der Gesellschaft, in der er lebt, nur das, was er selbst in der Lage ist, ihr zurückzugeben – nicht mehr, aber auch nicht weniger. Nimm nicht mehr, als du gibst, und alles wird gut! Diese Aussage ist nicht neu und den meisten von uns sehr wohl bekannt, insbesondere denen unter uns, die sich Christen nennen. Eine gerechte Gesellschaft lebt vom Geben UND vom Nehmen. Wer in einer Gesellschaft nur nimmt und nichts gibt, wer sie betrügt und belügt, den benötigt eine Gesellschaft nicht. Wobei an unserer jetzigen Gesellschaftsform nichts auszusetzen ist. Im Gegenteil! Demokratie ist das Größte, was sich eine Gesellschaft bereits etwa 500 Jahre v.Chr. in Athen erdacht hat. Allerdings hat auch Volksherrschaft eine negative Seite und kann sogar für das ganze Volk sehr gefährlich werden – wenn auf Unwissen, wenn auf Lug und Betrug basierende Dummheit zu Mehrheit wird. Absolut ehrliches, auf ehrlichem Wissen und NICHT auf Lug und Betrug oder auf Geschichtsmärchen basierendes Religions-WISSEN wäre hierfür die richtige Medizin, das richtige Kraut gegen Unwissen. »Währet den Anfängen, denn sie können unser baldiges Ende werden, das ein neuer Anfang sein könnte«. Für ALLE, für die Ungerechten UND für die Gerechten. Und manchmal MUSS(?) die lernunfähige Mehrheit kurzfristig gewinnen, damit die lernfähige Minderheit daraus langfristig lernen muss, das Böse vorausschauend zu vermeiden. Entweder wir lernen es, oder wir lernen es nicht, andere Möglichkeiten sind nur Glaubensträume!

Gerechtigkeit und Freiheit ist das größte Gut der Menschheit. Allerdings muss Gerechtigkeit auch gerecht sein und für ALLE Teilnehmer der Gesellschaft gleichermaßen gelten, auch für die reich geborenen und deren Handlanger, denn nichts lässt sich langfristig schlechter erdulden als Ungerechtigkeiten. Armut und Hunger können sogar langfristig ertragen werden, NICHT Ungerechtigkeiten! Hauptsächlich durch Gier der »feinen Leute« verursachte Ungerechtigkeiten bringen allgemeinen Hass hervor, der schon bald zu gewalttätigen Unruhen in der Allgemeinheit führen wird, denn gegen Ungerechtigkeiten wehrt sich jeder auf eine seinem Entwicklungs- bzw. Bildungsniveau spezifische Art: Die einen schimpfen leise, die anderen laut, die einen diskutieren, die anderen protestieren, die einen demonstrieren ohne zu argumentieren, die einen schlagen zunächst »nur« verbal zu, z.B. in sozialen Medien, die anderen werden handgreiflich. Entweder wir schaffen es, kurzfristig gerechter zu werden, oder wir bekommen langfristig gewaltige Gewaltprobleme. Wir benötigen nicht mehr Polizei, wir benötigen mehr tabufreie, auf Fakten basierende Aufklärung und keine gelogenen »Wahrheiten«.

Keiner soll schlechter oder besser behandelt werden, als wir es uns selbst für uns wünschen – das müsste doch gehen! Wenn es sein muss, dann müssen wir es, auch durch Schock und Schmerz, rigoros lernen! Wenn Bloßstellungsschmerzen zu mehr nachhaltiger Gerechtigkeit führen, dann sollten wir sie eine kurze Zeit lang ertragen. Die technischen Medienmöglichkeiten zu schneller Veröffentlichung und somit zur Verbrechens-Bloßstellung haben wir bereits, sodass die elektronischen Geister, nach denen »die da oben« riefen, auch die Rufenden selbst kurzfristig zwingen könnten, langfristig etwas ehrlicher, etwas gerechter zu werden.

Alles hat seine Zeitdauer, wobei alle Veränderungen sprungartig erfolgen. Wollen wir gleiche Gerechtigkeit für alle, dann müssen wir, du und ich, selbst gerechter werden, denn die Welt ist nur so gerecht, wie wir es selbst sind. Die Welt wird gerecht, wenn wir es werden, wenn aus verlogenen Leuten ehrliche Menschen werden, wenn wir unsere »Schafspelze« ausziehen. Wir verlieren nicht das Geringste, wenn wir unsere Verlogenheit endgültig der Gerechtigkeit wegen aufgeben. Unsere Urschuld, unser schlechtes Gewissen, erinnert uns ständig daran. Nehmen wir dieses gerechte Urvermächtnis einfach an – werden wir gerecht, richten wir uns auf, damit wir am Ende unseres Lebens »gerade durch die Wache werden gehen können«. Entweder fangen wir neu an und betreten die nächste Stufe unserer evolutionären Entwicklung oder wir gehen unter, bevor WIR unser Ziel erreichen. Entweder wir steigen zum Geistwesen hinauf oder zum Tierwesen herab. Wir müssen damit aufhören, nur so zu tun, als ob nur wir gerecht wären und die anderen nicht! Die anderen müssen damit aufhören so zu tun, als ob nur sie gerecht wären und wir nicht – gleichzeitig, OHNE Gegenrechnungen!

Ich persönlich kenne keinen einzigen Menschen, selbstverständlich mich eingeschlossen, der absolut gerecht ist, denn es gibt ihn auf der ganzen Welt nicht, weil es ihn NICHT geben kann. Ungerecht zu sein, ist in unserer verlogenen Ellenbogengesellschaft etwas ganz Normales, denn jeder tut es. Jeder ist auf seine Art und nach seinen Möglichkeiten ungerecht. Und was alle tun, das kann gar nicht so ungerecht sein? Wenn jeder jeden betrügt, dann ist ja an alle gedacht worden. Wenn alle ungerecht sind, dann wäre es ungerecht, als einzelne gerecht zu sein. Logik ist das eine, Realität dagegen etwas ganz anderes. Auf uns Leute bezogen bedeutet es, dass wir lügen und betrügen müssen. Wir nennen es dann Geschäft, wenn wir einen wucherbedingten Gewinn auf Kosten anderer erzielen. Dabei würde keiner auf die Idee kommen, uns als Betrüger und unser Geschäft als Betrug zu bezeichnen. Im Gegenteil, Geschäftsleute (Geschäftsmenschen gibt es sprachgebräuchlich nicht) werden oft bewundert und geschätzt, insbesondere von Artgenossen, die so sind oder so sein möchten wie sie. Solange wir uns evolutionär noch auf der Tier- bzw. auf der Leuteebene befinden, ist Täuschen, Lügen und Betrügen salonfähig und NICHT anrüchig oder gar ungerecht. Sogar Gerichte haben indirekt nur wenig dagegen, wenn wir als Angeklagte unvereidigt lügen – wenn wir uns auf einen »Kuhhandel« einlassen. Für uns Leute ist alles gerecht, was Recht ist. Ändern wir auf demokratischem Wege, z.B. durch eine Volksabstimmung, das Recht, so wird es gerecht werden, gerecht zu sein. Es wird gerecht sein, nicht zu lügen und nicht zu betrügen, denn es wird ein Recht sein, an das sich dann ALLE halten müssten – auch die Ungerechten. Utopie?

Momentan vollziehen wir einen evolutionären Sprung in Richtung mehr Gerechtigkeit. Ethisch gesehen ist Ungerechtigkeit verwerflich, machen wir daraus eine verbindliche Moral und schließlich ein Gesetz: »Du sollst nicht lügen und Gerechtigkeit üben gegen jedermann«. Wie bitte? So ein Grundgesetz haben wir bereits? Warum befolgen wir es denn NICHT? Wir sind doch keine Heuchler – oder etwa doch? Weil wir gar nicht gerecht sein können oder wollen? Oder ist es reine Auslegungssache, wie bei den Zehn Geboten? Es soll auch heißen, dass »Reichtum bzw. Besitz (zur Gier?) verpflichtet« – auch reine Auslegungssache – oder? Wir teilen gerne aus, doch wir stecken nicht so gerne selber ein, wir treten und werden getreten. Wir verteilen gerne Fremdes, ohne dabei Eigenes zu teilen. Wir sind

Meister im Betrügen, und weil wir selbst ständig lügen und betrügen, so haben wir uns daran gewöhnt, auch selbst belogen und betrogen zu werden. Ungerechterweise halten das viele von uns sogar für gerecht, denn unser Verstand gewöhnt sich an vieles, sogar an die Ungerechtigkeit selbst, sodass es dann ungerecht wäre, gerecht zu sein.

FREIHEIT

Meine, deine, unsere Freiheit, sozialistische, kommunistische oder kapitalistische Freiheit, evangelische, katholische oder islamische Freiheit, es gibt wohl kein anderes Thema, über das so viel und so oft unfrei, aber willig geschrieben und diskutiert wurde und immer noch wird. Ob es einzelne Leute sind, Kirchenführer oder Politiker, alle sprechen über IHR Verständnis von Freiheit, das sie uns gerne verkaufen, am liebsten als ihre uns fesselnden Ketten.

Was sind das für Scheinfreiheiten, und warum folgen wir ihnen? Was ist der tatsächliche Grund, Freiheiten zu folgen, die neutral betrachtet gar keine Freiheiten sind? Die uns unfrei für jede andere Freiheit machen, auch – und insbesondere – für unsere eigene. Wir entscheiden uns für Freiheiten, die uns verhüllen, begrenzen und ausgrenzen, für Nasenringe, an denen wir geführt werden, sodass wir innerlich völlig verkümmern. Viele von uns sind bereits ausgebrannt, noch bevor sie ihre eigene Freiheitsflamme in sich entzünden konnten, denn das innere »Feuer«, das uns zu uns führen könnte, wird frühzeitig durch fremdbestimmte, identitätsgebende Scheinfreiheiten in uns vorzeitig erstickt.

Doch manchmal flammt das erloschen geglaubte Feuer der Freiheit in einigen von uns auf, wenn der Wind sich dreht, wenn wir plötzlich und unerwartet mit einer zündenden Erkenntnis konfrontiert werden. Es ist wie mit der Jugendliebe, die wir zufällig nach vierzig Jahren wiedertreffen und bei der wir mit Erstaunen feststellen, dass sie trotz der vielen Jahre nicht erloschen ist. Dass sie immer da war, auch wenn wir uns ihrer Anwesenheit nicht bewusst waren.

Wir müssen wachsen, ob wir es wollen oder nicht, andernfalls ergibt die gesamte Evolution keinen Sinn. Es sei denn, dass der Sinn, dass das Ziel der gesamten Evolution nur Generationen- bzw. artenübergreifend erreicht werden kann. Dann passt alles zusammen, dann sind wir nur Teilnehmer einer winzigen Etappe der langen Rückreise zu unserem Uranfang, dann sind wir die latente Erfüllung unseres Urvermächtnisses, denn wir sind die Einzigen auf unserem Planeten, die über dieses mystische Potenzial zur Selbstfindung verfügen. Leider werden viele von uns von fremdbestimmten Scheinfreiheiten dermaßen eingeschränkt, dass wir davon erst psychisch und dann sogar physisch krank werden.

Weil wir nicht wissen, dass nur wenige uns krank machen, so wehren wir uns gegen alle – zunächst nur verbal und schließlich auch körperlich. Unsere Stimmen, insbesondere die der Männer, klingen dann bedrohlich und angstmachend, laut und einschüchternd gegen jedermann. Wir sind gerade dabei, wieder zu verrohen, unsere Empathie zu verlernen und schließlich gewalttätig gegen jeden zu werden. Dabei sind es nur wenige, die die Verantwortung für die immer größer werdende verbale Verrohung und physische Gewaltbereitschaft unserer Gesellschaft tragen – insbesondere bei den Lernschwachen. Wir sind zwar das »Krumme Holz«, jedoch »krumm« gemacht haben uns andere! Wir sind zwar die »Früchte«, jedoch NICHT die Bäume, die sie hervorgebracht haben! Wir sind orientierungslos gemacht worden, weil wirtschaftliche, durch Politiker und Kirchenführer hervorgebrachte Gier-Systeme unseren inneren Kompass nach und nach systematisch zerstört haben. Es wird Zeit aufzuwachen, unsere Lethargie zu überwinden, unseren inneren Kompass lügenfrei zu justieren und neu durchzustarten, denn Freiheiten entwickeln sich immer weiter und wir mit ihnen. Es geht immer weiter und weiter, Tag für Tag, Jahr für Jahr und Leben für Leben, bis wir die absolute Freiheit finden werden – uns selbst! Irgendwann werden wir erkennen müssen, dass es keine persönliche Freiheit ohne die Freiheit der gesamten Menschheit gibt. Allein die Tatsache, dass wir immer wieder nach neuen Freiheiten suchen, beweist es, dass wir die zeitlose Freiheit noch nicht gefunden haben. Dass wir an unserem Ziel, Mensch zu sein, noch nicht angekommen sind. Dass die meisten von uns sich momentan noch in der Übergangsphase vom Affen zum Menschen befinden. Wir sind noch suchend unterwegs, unser Lebensstaffellauf dauert noch an.

Die urvermächtnisbedingte Sehnsucht nach »Rückkehr nach Zuhause«, nach Freiheit, haben wir alle. Manche von uns spüren sie ganz deutlich, andere dagegen nur schwach oder kaum, je nachdem auf welcher Entwicklungsstufe wir uns gerade befinden. Wir wissen zwar nicht, woher diese Sehnsucht kommt, doch wir ahnen instinktiv, dass wir ihr folgen sollten, auch wenn ihr Ruf nur sehr leise ist. Und weil wir nicht besonders gut »hören« können, so folgen wir manipulierten, auffälligeren, konsumorientierten Scheinfreiheiten und sind jedes Mal davon überzeugt, diesmal die endgültige Freiheit gefunden zu haben. Dass es nicht so ist, dass wir wiedermal belogen und betrogen wurden und wieder und wieder den falschen Freiheitsversprechungen gefolgt sind, erkennen wir daran, dass alle Scheinfreiheiten keine Beständigkeit haben – nur vorübergehend sind.

Altes muss zerstört werden, damit Neues entstehen kann. Alte Bauten verfallen oder werden zerstört, damit auf ihren Fundamenten neue Bauten entstehen können. Bücher müssen überarbeitet und ergänzend neugefasst werden, weil auch ihre Verfasser sich weiterentwickeln. Die Alten müssen sterben, damit die Jungen das fortführen, was die Alten zwar begonnen, aber nicht beendet haben und auch nicht beenden konnten, denn dazu wäre ein neutrales, ein absolutes Frei-Sein notwendig. Das Einzige, was uns gegenwärtig in UNSERER Gegenwart wirklich frei machen kann, ist die Erkenntnis, dass es im Hier und Jetzt KEINE absolute Freiheit gibt. Das bedeutet, dass wir NICHTS wirklich freiwillig tun, dass all unser Handeln und Tun fremdbestimmt ist – selbst unsere eigenen Gedanken und Träume.

Ist unser Leben von Faktoren bestimmt, die wir nicht kennen bzw. nicht bewusst wahrnehmen und somit auch nicht beeinflussen können? Sind unsere Gedanken und unsere Körper nur »Sklaven« von Neuronen, Hormonen und insbesondere von Pheromonen? Und was ist, wenn wir tatsächlich außerirdischen Ursprungs sind? Sogenannte Aliens? Wenn unser Ururanfang woanders, bereits vor unserem Urknall, stattgefunden hat? Dann gibt es uns auch anderswo – vielleicht als Bakterien oder als eine gänzlich andere Spezies, eventuell sogar als Übermenschen oder reine Geistwesen, die uns bereits Jahrtausende voraus sind und uns für primitive, körperbehaftete Primaten halten, die nicht in der Lage sind, in Frieden und Harmonie auf ihrer Erde zu leben, denn wer »sägt den Ast ab, auf dem er selbst sitzt?«. Geistwesen, Übermenschen oder Menschen tun so etwas nicht, aber wir! Weil wir NOCH keine menschliche Menschen sind?

Nichtvorausschauend »denkende« Viren oder Keime zerstören ihr eigenes »Pferd« und damit auch sich selbst, schließlich ist »ein tot gerittenes Pferd für den Reiter nichts wert« – wir sollten daraus lernen, andernfalls werden wir schmerzlich belehrt werden gelehriger zu werden.

Bis zu unserer Selbstfindung agieren wir nicht, wir reagieren nur auf unser Äußeres und unser Inneres, insbesondere auf unseren hormonell erzeugten Zeugungszwang. Solange wir uns mit unseren Körpern und deren Gedanken identifizieren, sind wir nicht wirklich unabhängig – weder von unseren Hormonen noch von den Einflüssen unserer Gesellschaft, die uns fortlaufend umgestaltet, und wir sie! Ob es die Nahrung ist, die wir zu uns nehmen oder der Sexualtrieb, ob wir etwas fühlen oder denken, das Meiste geschieht NICHT freiwillig, weil wir die endgültige Freiheit noch nicht sind. So lange wie unser Körper unseren Geist dominiert, sind und bleiben wir körperbedingt. Erst wenn unser Geist die Dominanz über unsere Körper übernimmt, werden wir neugeboren werden und damit ewig frei werden können. Bis dahin werden wir körperbedingt leben UND schließlich auch spurlos sterben, denn HALB fertig ist meistens GANZ unbrauchbar.

Wir nehmen Nahrung zu uns, weil unser Hungergefühl uns dazu zwingt. Dieses Hungergefühl wird durch Nahrungsmangel in unseren Körperzellen ausgelöst, welche dann »Hungersignale« an unser Steuerzentrum im Zwischenhirn senden. Aber auch die Blutzuckersenkung und der sich schmerzlich zusammenziehende Magen zwingen uns permanent, an Nahrungszufuhr zu denken, und lassen uns, in Ausnahmesituationen, wie es beispielsweise im Winter 1942/1943 im Zweiten Weltkrieg in Stalingrad geschehen ist, sogar zu Kannibalen werden, die hungerbedingt ihre eigenen Kameraden unfreiwillig verspeist haben. Wie schrecklich müssen denn Lehren sein, damit wir aus ihnen lernen, Sinnloses NICHT zu wiederholen? Was dann der Sinn einer solchen Sinnlosigkeit wäre!

Es können Träume oder Fantasien, visuelle Reize oder Geruchs-Reize sein, welche unseren Körper Geschlechtshormone freisetzen lassen, die uns dann zu ihren »Sklaven« machen. Der Sexualtrieb ist bei manchen Männern derart animalisch ausgeprägt, dass er sie sogar zum Morden zwingt. Eigentlich dient der Sexualtrieb der Fortpflanzung. Eigentlich, aber unsere sehr nahen Verwandten, die Bonobo-Affen, und wir tun es meistens nur, um unseren Sexualtrieb zu befrieden – und natürlich weil es schön ist, Spaß macht und oft konfliktbefreiend ist. Danach, wenn unsere Sexualdrüsen sich geleert haben, sind wir wieder entspannter und befreiter, wir sind FREIER. In unserer Drangzeit genügt es, wenn wir visuell eine uns ansprechende Körpererscheinung wahrnehmen, um unseren Sexualtrieb zu aktivieren. Durch Annäherung kommt eine entscheidende Sexualkomponente hinzu: der Geruch. Riecht unsere Nase einen für sie angenehmen Duft, dann wird sehr wahrscheinlich mehr daraus, dann können wir uns gut riechen, dann stimmt die Pheromon-Chemie und es wird dauerhaft mehr daraus, vorausgesetzt, dass der Duft echt ist und keine parfümbedingte Geruchslüge. Dann übernehmen die Pheromon gesteuerten Hormone die Herrschaft über uns. Wir werden zu Sklaven unserer »eigenen« Gefühle! Wenn uns jetzt auch unser Tast- und Gehörsinn Angenehmes signalisieren, dann rutscht unser »Verstand in die Hose«. Wir nennen es dann Liebe; Liebe, die unser Gehirn paralysiert, die blind macht, die mit Freiheit und freier Entscheidung nicht das Geringste zu tun hat – dennoch, von unbewusst aufgenommenen Pheromonen gesteuert, von hormonell ausgelösten Gefühlen verblendet, fühlen wir uns frei dabei.

Wie wir auch gedacht werden, wie unser »Computer« auch tätig sein mag, WIR müssen seine kognitiven Aktivitäten nicht nur bewusst, sondern auch rechtzeitig wahrnehmen. Nur so können WIR ihm auf die Schliche kommen, Reaktionen vermeiden. WIR, denn es ist ja UNSER Denken und UNSER »Computer« und nicht umgekehrt – oder doch? Wenn wir uns mit anderen unterhalten, dann wissen die meisten von uns nicht, was das nächste Thema der Unterhaltung sein wird. Immer wenn ein Stichwort (Initialzündung, Schwarm- oder Herdenprinzip-Verhalten) fällt, zu dem unsere »Computer« etwas abgespeichert haben, inszenieren sie ein neues Gesprächsthema. Oft hat es einer der Gesprächspartner ganz eilig und unterbricht die anderen mitten im Satz. Insbesondere bei den Älteren, die jede Menge wertloser Informationen in ihrem Leben angesammelt haben, ist dieses Verhalten zu beobachten. Diese Art der Unterhaltung funktioniert ganz automatisch, sozusagen assoziativ, weil der Gedanke des einen den Gedanken des anderen auslöst. Da wird der Weg zum Ziel. Hauptsächlich tratscht man miteinander, zunächst über das Wetter und dann am liebsten über Krankheiten oder Probleme anderer Leute, als ob man keine eigenen Probleme hätte.

Wenn einer einen Witz erzählt, dann fällt auch dem anderen einer ein. Es ist so, als ob die Gehirne der Gesprächspartner miteinander vernetzt wären. Als ob wir ein einziges gemeinsam denkendes, schwarmartiges Gehirn wären. Diese gedankenandockende Art zu denken beherrscht nicht nur unseren eigenen

Computer, sondern auch die von allen anderen Gesprächsteilnehmern – völlig autonom und automatisch. Da sind Gerüche, optische und akustische Wahrnehmungen, die in unseren Köpfen ganz autonom, uns völlig unbewusst, automatisch Gedanken auslösen, die wir erst einige »Assoziations-Stationen« später bewusst wahrnehmen und deren Anfang uns meistens verborgen bleibt, doch wer den Anfang seiner Gedanken NOCH nicht wahrnehmen kann, der wird auch sein körperliches Ende nicht erkennen können. Weshalb wir jetzt eine weitere 30 Sekunden-Gedankenwahrnehmungspause einlegen sollten. Dankeschön!

Da das Denken selbst nicht ohne uns funktionieren kann, so gehen wir logischerweise davon aus, dass auch wir ohne unser Denken nicht funktionieren, nicht existieren! Und in der Tat, solange wie wir uns nur für unser körperbedingtes Denken halten, werden wir auch nicht erfahren, dass wir sind, auch oder gerade OHNE Denken! Es ist wie mit der Freiheit. Scheinbar gibt es sie, doch solange wir nicht selbst geboren werden, existiert sie für uns nicht. In Wirklichkeit können wir uns nur so verhalten, denken oder fühlen, wie unsere genetisch bedingte Konditionierung es zulässt und Konditionierung wie Erziehung, Dressur oder körperliche Verfassung binden und beschränken uns in unserer Freiheit, sodass wir letztlich nicht erkennen können, was Freiheit wirklich ist.

Unser Verstand ist durch Meinungen und Vorurteile, durch Konditionierungen aller Art, dermaßen unfrei, dermaßen »verunreinigt«, dass er zuallererst befreit bzw. »gereinigt« werden muss, bevor er uns bei unserer Selbsterkenntnis weiterhelfen kann. Unser Verstand ist wie unsere Wohnung, in die wir unser Leben lang irgendwelche Sachen hineinstellen. Irgendwann ist unsere Wohnung dermaßen voll, dass wir den Überblick über das »Inventar« verlieren. Vielleicht könnten wir noch etwas davon gebrauchen, vielleicht aber auch nicht. Wir wissen es nicht, und das macht uns orientierungslos, unsicher, ängstlich und schließlich auch unfrei und vergänglich.

Für unseren Verstand, der im Laufe der Zeit alle möglichen »Dinge« angesammelt hat, ist es nahezu unmöglich, eine freie Entscheidung zu treffen. Unser Verstand ist dermaßen kontaminiert, dass er nicht in der Lage ist sich selbst helfen zu können. Es sind nur wenige unter uns, die auf dem Wege zu sich selbst ohne fremde »Aufräum-Hilfe« auskommen – obwohl es relativ viele sind, die es tun könnten, denn das dem Entwicklungsstand entsprechende Potenzial zur Selbstwerdung haben all diejenigen unter uns, denen es nicht ausreicht, nur materiell zu existieren.

Weil wir unfähig sind, die Dinge so zu sehen, wie sie wirklich sind, so sind und bleiben wir unser Leben lang unfrei. Die meisten von uns von Geburt an bis zum Tode und unendlich weit darüber hinaus. Wollen wir tatsächlich frei werden, dann müssen wir unsere »Wohnung« bzw. unseren Verstand schon wegen des Überblickes aufräumen. Machen wir eine Inventur, damit er »sauber«, damit er unvoreingenommen wird und somit sich selbst erkennen und uns zu uns führen kann – geben wir ihm eine reelle Chance zu werden, damit auch wir werden können. Unsere 30-Sekunden-Stille-Remotion ist das geeignete Werkzeug dafür!

Erst wenn wir neutral erkennen, dass unser Verstand »unaufgeräumt« ist und wir uns in diesem unaufgeräumten Zustand unwohl fühlen, erst dann werden wir bereit sein, unseren Verstand aufzuräumen und leider keinen Tag früher. Ob wir in der Lage sind, unsere »vergiftete« Situation selbst erkennen zu können, ist fraglich. Oft bedarf es eines Außenstehenden, der uns unsere Situation bewusst machen könnte, sodass wir sie dann auch selbst erkennen und verändern könnten. Unser Verstand wird, insbesondere durch Lügen aller Art, tagtäglich permanent weitervergiftet, und wer sich das nicht bewusst macht, der schafft auch nicht rechtzeitig, »stopp« zu sagen, um sich dann selbst zu entgiften, der bleibt und wird immer weiter vergiftet werden und nie erfahren können, wie sich gelebte, wie sich giftfreie Freiheit wirklich anfühlt. Sein Geist, seine Seele wird hoffnungslos sterben, bevor sein Körper tot sein wird. Es ist wie mit den Drogensüchtigen, die sich ihrer Drogensucht nicht bewusst sind, es ist wie mit den Messies, die ihre chaotische Wohnung für aufgeräumt halten.

Mit unserem Verstand ist es ähnlich wie mit unserem Grundwasser. Unser Grundwasser wird immer und immer mehr durch Ammoniak, Nitrit und Nitrat, durch Pestizide, Fungizide, Insektizide, Herbizide, durch Glyphosat und andere Gifte tagtäglich belastet. Hinzu kommen noch all die Medikamente, die wir und insbesondere unsere Nutztiere tagtäglich zu uns nehmen und dann weitgehend wieder ausscheiden. All die Reste dieser Dünger, Pflanzenschutzmittel und Medikamente gelangen ständig in unser Grundwasser und vergiften es flächendeckend immer weiter und weiter, immer tiefer und tiefer, sodass wir eines Tages kein sauberes, kein trinkbares Trinkwasser haben werden, denn Grundwasser hat keine Grenzen.

Für einen Selbstgeborenen ist Freiheit zu definieren kein Problem, denn er ist frei, auch wenn er sich im Gefängnis befinden sollte oder ans Kreuz genagelt wäre. Seine »Wohnung« ist immer aufgeräumt, selbst wenn sie auf uns einen sehr unaufgeräumten Eindruck machen würde. Für uns ist Freiheit insofern problematisch, weil sie uns wählen lässt. Sie lässt uns die Wahl, etwas auswählen zu müssen, scheinbar uns für etwas frei, aber willig entscheiden zu können. Allerdings ist unsere Wahl oder unser Wille selbst immer subjektiv und schon deshalb unfrei. Selbstgeborene haben keine Wahl, denn was soll ein Selbstgeborener, der alles hat, weil er NICHTS wirklich besitzt, wählen? Was soll ein Selbstgeborener besitzen, wenn er doch weiß, dass alles nur geliehen, das alles nur vorübergehend ist? Im Gegensatz zu uns ist ein Selbstgeborener ein armer Reicher und kein reicher Armer, wie die meisten von uns es noch gegenwärtig sind. Wir müssen lernen, eine innere Distanz in uns aufzubauen, zu wem oder zu was auch immer. Sobald wir keine innere Distanz aufbauen, verbauen wir uns damit die Sicht auf unsere eigene und die Freiheit der anderen, denn unsere Freiheit ist immer auch die Freiheit der anderen. Lernen wir zu verzichten, dann werden wir mehr bekommen, als wir jetzt zu haben glauben.

Je weniger materiellen und geistigen Ballast wir mit uns herumschleppen, desto freieren Blick und Überblick bekommen wir, desto neutraler, desto »aufgeräumter« werden wir sein. Es ist wahr, absolute Freiheit beginnt mit WENIGER und endet mit NICHTS. Sie beginnt mit dem Ende der Angst, mit dem Tod der vielen »Ichs« und wird zugleich, wenn auch nur schrittweise, als das »Selbst« geboren, um schließlich selbst zum Selbst zu werden.

Je mehr wir zu besitzen glauben, desto weniger haben wir wirklich, desto unfreier sind wir. Und wir lieben es, unfrei zu sein, sodass wir erst gar nicht auf die Idee kommen, durch scheinbaren Besitz unfrei zu sein, geschweige denn, z. B. durch Ballastabwurf horizonterweiternd höher aufzusteigen – frei werden zu wollen. Es ist tatsächlich so, dass die meisten von uns sich für frei halten, obwohl wir von allen möglichen und unmöglichen Dingen und Meinungen gefesselt sind. Die meisten reichen Leute sagen, dass sie sich nichts aus Geld machen, doch teilen oder abgeben wollen sie es auch nicht, jedenfalls NICHT medienunwirksam. Im Gegenteil, je mehr sie davon haben, desto gieriger werden sie danach. Statt IHREN(?) Arbeitern einen Euro mehr Stundenlohn zu gewähren, »gönnen« sie sich lieber selbst NOCH einen »Luxusschlitten«, NOCH ein weiteres Haus und NOCH eine weitere Ferienwohnung, denn »selber essen macht fett«. Viele Gierige »verstecken« das ergaunerte Geld im Ausland und machen sich dann große Sorgen, dass das Finanzamt ihren Gaunereien auf die Schliche kommen könnte. Selbstverständlich halten sich die armen reichen Leute für frei, obwohl sie an ihrem sogenannten Reichtum vor lauter Last fast zerbrechen. Sie schaffen es einfach nicht, sich rechtzeitig von ihrer Armut freizumachen. Selbst auf dem Sterbebett erkennen sie nicht, dass sie ihren Reichtum NICHT mitnehmen werden. Sie erkennen NICHT, dass die Grabkisten oder Urnen, in denen sie schon bald residieren werden, nur ein sehr begrenztes Fassungsvermögen haben, dass »das letzte Hemd keine Taschen hat«.

Es ist ekelerregend anzusehen, mit welcher Impertinenz uns die Leute mit sehr viel Geld skrupellos ausbeuten, auch heute noch. Wie leichtgläubig müssen wir sein, wenn WIR diese Ungerechtigkeiten nicht erkennen können – obwohl sie doch völlig offensichtlich sind. Sie halten uns immer noch für IHRE Untertanen, für IHRE Arbeiter und für ihre unwissenden Diener. Es wird Zeit zu erkennen, dass nicht wir die Reichen zum Armwerden, sondern die Reichen uns zu ihrem Reichwerden benötigen. Doch solange wir unwissend bleiben, werden wir weiterhin den Reichtum der Reichen erhalten und mehren, indem wir uns weiterhin unbedacht vermehren. Freiwillig geben die reichen Ausbeuter uns nicht das zurück, was sie uns durch Ungerechtigkeiten und Lügereien generationenlang gestohlen haben! Oder kennst du irgendjemanden, der ehrlich durch seiner eigenen Hände Arbeit zu viel Geld gekommen ist? Ohne reich geboren zu sein? Ist so ein Erbrecht gerecht? Wenn nein, dann sollten wir es bald ändern, denn wir sind nicht nur das Volk, sondern AUCH der Staat, der durchaus Maximallohn-Gesetze erlassen könnte, die den Maximallohn auf das 10 fache des Mindestlohnes begrenzen. Vielleicht würden dann die Gierigen-Reichen ein wenig weniger gierig oder reich werden, vielleicht – probieren sollten wir es, denn »Probieren geht über Studieren und Handeln führt zum Wandeln.«

Sollte ein Lernprozess in uns stattfinden, dann wäre Verachtung gegenüber den armen Leuten mit viel Geld, gegenüber den Lügnern und Betrügern das richtige Heilmittel. Nicht mit roher Gewalt, die nur Gegengewalt erzeugen würde, werden wir zur Freiheit gelangen, sondern durch das Lügen verachtende Schwert der Wahrheit, das wir weiterhin fleißig schärfen sollten.

Als Erstes müssen wir lernen, was unsere Demokratie uns erlaubt und wozu sie und ehrenhafte Politiker uns auffordern. Wir müssen laut und deutlich das aussprechen, was wir denken, und als Erstes nur die Politiker wählen, die uns feierlich schwören, nicht vorsätzlich zu lügen – AUCH nach der Wahl!

Wie viele Politiker und andere Lügner haben uns Versprechungen gemacht und nicht eingehalten? Wie viele? Unzählige! Jeden Tag, heute, gestern, vor einem Jahr und vor eintausend Jahren. Immer und immer wieder belügen und betrügen sie uns. Immer und immer wieder vertrauen wir ihnen und hoffen DIESMAL, nicht belogen zu werden – vergebens? Sind wir unbelehrbar – ohne Gedächtnis?

Ist es denn so schwierig, die Wahrheit zu sagen? In Wahrheit zu leben? Es scheint so! Wofür benötigen wir Beichtstühle oder Milliarden verschlingende Spionagesatelliten, Diplomaten oder irgendwelche geheimen Organisationen, die sich gegenseitig ausspionieren, wenn wir doch alle vorgeben lügenfrei und somit ehrlich zu sein? Warum sollte sich nicht jeder über die Pläne des anderen ganz offiziell informieren können? Wer andere NICHT übervorteilen will, der benötigt keine Beichtstühle, keine sündhaft teuren Spionagesatelliten, keine Geheimnisse und somit auch keine Geheimdienste. Können wir uns nicht an einen runden Tisch setzen und klar und deutlich, ohne auf unseren eigenen Meinungen zu beharren, das sagen, was wir aufrichtig meinen? Warum können Staaten oder der Vatikan ihre Akten nicht offenlegen, sodass jeder andere Staat sie einsehen kann? Nicht nur insgeheim, wie es bis jetzt der Fall ist. Wenn jeder jeden insgeheim abhört, warum sollte da noch jemand lügen? Was macht es für einen Sinn zu lügen, wenn Geheimdienste durch Abhörmaßnahmen sowieso die Wahrheit erfahren? Sagen wir doch einfach die Wahrheit und handeln danach, dann erledigen sich Abhören oder Steuerflucht oder andere Lügereien von selbst. Wenn wir den Lügensumpf trockenlegen, dann hören die verlogenen Frösche von selbst auf zu quaken! Schön, dass wir über technische Möglichkeiten verfügen, die uns selbst des Lügens und Betrügens überführen. Manchmal wird man »Geister, die man rief, nicht einfach wieder los«.

Wir ALLE leben auf EINER Erde, eine zweite, auf die wir von heute auf morgen als Menschen auswandern könnten, gibt es in unserem Sonnensystem NICHT. Auch wenn unsere Erde groß ist, unendlich ist sie nicht! Das sollte eigentlich jeder normal Denkende begreifen, auch Politiker, Schriftgelehrte sowie andere wichtige Personen UND geschäftstüchtige Hilfsorganisationen.

Jeder von uns begreift, dass in einem kleinen Pkw nicht zehn Personen bequem transportiert werden können. Allerdings könnten wir einen Pkw vergrößern, unsere Erde dagegen nicht! Je mehr Menschen es geben wird, desto enger wird es auf unserer Erde, desto eingeengter, desto unfreier werden wir sein. Mit so zu tun, als ob, ist es nicht getan, wir müssen handeln und nicht nur ewig verhandeln.

Wenn wir nicht aufhören zu lügen und zu betrügen, dann werden nicht nur wir, sondern sogar unser Drang nach Freiheit eingehen MÜSSEN. Dann werden zukünftig keine Kämpfe um Freiheit oder Aberglauben ausgetragen, sondern ums nackte Überleben, das nur die Stärksten überleben. Um das zu erkennen, muss man kein Wahrsager oder Zukunftsdeuter sein, dazu reicht ein ganz gewöhnlicher Verstand eines ganz gewöhnlich begabten Menschen völlig aus. Oder? Oder sind wir noch so weit vom Menschsein entfernt, noch so kurzsichtig, dass wir noch nicht wirklich erkennen können, dass wir MEHR sind als nur unsere tierischen Verwandten?

Dabei ist es noch nicht ganz zu spät, und es gibt eine verhältnismäßig einfache Lösung. Wir, insbesondere aber unsere Vorbilder, unsere Politiker und Kirchenführer, MÜSSEN uns das sagen, was wir und sie wirklich ehrlich denken, und dann danach handeln! Das wäre dann ein großer Schritt in Richtung

Freiheit für alle. Jeder Politiker könnte sich feierlich verpflichten, nicht zu lügen, und unter Eid frei und willig schwören, sein Versprechen auch einzuhalten. Keiner, nicht einmal ein Politiker oder anderer Würdenträger würde lügen, wenn er wüsste, dass er beim Lügen nicht nur seinen »Kopf und Kragen« bloßstellend verlieren würde, sondern auch seine sämtlichen Ansprüche auf Rente, Pension oder Emeritierung.

Wenn unsere Politiker endlich aufhören würden zu lügen, dann könnten sie interessenfrei anfangen, nach ehrlichen Problemlösungen zu suchen und nicht dauernd überlegen, »wie unser Geld in ihre Taschen kommt«, z.B. durch Vorträge, Lobbyisten-Dienste oder gleich mehrere »zeitintensive« Vorstandsmitgliedschaften bei großen Konzernen. Damit diese Konzerne noch weiter gierig wachsen können, benötigen sie Informationen und politische Unterstützung aus erster Hand. Wachstum aber setzt Platz und Energie voraus, und die haben wir nicht uneingeschränkt. Wir müssen lernen, mit dem Platz, den wir auf unserer Erde zur Verfügung haben, und mit der Energiemenge auszukommen, die uns unsere Sonne tagtäglich kostenlos liefert. Wer auf Wachstum setzt, der hat noch nicht begriffen, dass unsere Erde nicht unendlich groß ist. Wer seine »alten Denk-Zöpfe« nicht »heute« abschneidet, der wird schon »morgen« durch Drauftreten am eigenen Weitergehen gehindert.

Unsere Erde ist bereits voll und WIR, etwa 8 Mrd. Menschen, sind das Hauptproblem. Wie sollen wir uns frei entwickeln, wenn wir schon bald keinen freien Platz haben werden? Sollen wir alle aus Platzmangel sterben, wie etwa die beiden NICHT vorausschauend denkenden Aquarium-Fische mit ihrem Nachwuchs? Ach ja, das weißt du ja noch gar nicht. Nachdem sich die beiden Aquarium-Fische aufgrund mangelnder Ausweichmöglichkeiten, hormonell bedingter Liebe und der Macht der Gewohnheit aneinander gewöhnt und festgestellt haben, dass sie unterschiedlicher Geschlechter sind, so wurde mehr daraus. Diese große Liebe hatte zur Folge, dass sie eine sehr große Menge

Nachwuchs zeugten. Aus zwei Fischen wurden hunderte und entwickelten sich zur eigenen und zur Freude ihres geschäftsgierigen Besitzers prächtig, sodass das kleine Aquarium plötzlich zu klein wurde, schließlich starben ALLE Fische eines Morgens an Sauerstoffmangel aus – weil sie zu viele wurden. Und wir? Es wäre NICHT das erste Mal! Enden wir eines Tages wie die »göttergeführte« Mayazivilisation vor etwa 500 Jahren, an Überbevölkerung – weil sie zu viele wurden? Na dann, »seid furchtbar fruchtbar und mehret euch«, bis ihr euch totvermehrt haben werdet?!

Unser sauberes Trinkwasser wird knapp – weil WIR zu viele sind – weil nicht nur unsere profitgierige Industrie, sondern und insbesondere unsere »Natur liebenden« Landwirte sowie unser medizinischer »Fortschritt« es fortwährend weitervergiften. Tiefer und tiefer, sodass das Grenzen überschreitende, Nitrat überbelastete Grundwasser sich eines Tages nur noch zum Düngen von Pflanzen eignen wird. Unsere Meere werden sauer, Korallenbänke sterben ab, weil das viele, allgemein durch Verbrennung freigesetzte Kohlendioxid, das, in Verbindung mit Wasser, zur Kohlensäure wird, den pH-Wert (Wasserstoffionenkonzentration) senken lässt. Dadurch wird das Meerwasser zwar klarer, allerdings immer lebloser, denn der niedrige pH-Wert zersetzt das Magnesium im Chlorophyll der grünen Bakterien, Algen und Wasserpflanzen, sodass sie zunächst verkümmern und schließlich ganz eingehen. Mikroorganismen, nitrifizierende Bodenbakterien, Bodenkleinstlebewesen und nützliche Insekten wie beispielsweise Bienen werden unserer gierigen Überpopulation wegen systematisch »ausgerottet«, sodass zunächst die Singvögel- und dann die Raubvögel-Bestände stark dezimiert werden – schließlich auch wir, die Verursacher allen Übels, denn ohne uns gäbe es diese überpopulationsbedingten Probleme NICHT! Nur weil WIR zu viele sind! Unsere fossilen Energieträger gehen zu Ende, weil wir tagtäglich mehr Energie verbrauchen, als unsere Sonne im Stande ist, uns täglich zu liefern, wir leben auf »Pump«, weil WIR zu viele sind, die sie verbrauchen. Die niedrigen pH-Werte und andere Gifte lassen nicht nur Mikroorganismen, Insekten und Kleinstlebewesen aussterben, sondern auch Pflanzen, sodass diese abgestorbenen Pflanzen keine Sonnenenergie speichern können und wir uns dann über kontinuierlich ansteigende Klimaerwärmung wundern, denn je mehr Pflanzen wir vernichten, desto weniger Sonnenwärmeenergie wird durch sie gespeichert, desto wärmer wird unsere Erde, denn die Pflanzen erfüllen auch die Funktion eines »Energiezwischenspeichers« der, je nach Sonnenstrahlungsintensität, einmal mehr und einmal weniger Sonnenenergie durch unterschiedlich schnelles Pflanzen-Wachstum in Form von Zellulose einlagert.

Unsere Erde wird bebaut und zugebaut, weil WIR zu viele sind, die sie bebauen und zubauen. WIR haben ein einziges großes Hauptproblem: UNS – weil WIR bereits schon jetzt zu viele geworden sind! Nicht Wachstum, nicht MEHR ist die Lösung, sondern ganz gewiss WENIGER! Auch wenn es die meisten armen Leute mit viel Geld NOCH nicht begreifen, **weniger für wenige ist mehr für alle.** Wenn weltweit 63 Ungerechte so viel besitzen wie 3.600.000.000 Gerechte, dann haben die wenigen eindeutig zu viel und die vielen eindeutig zu wenig, was dringend gewaltlos zu ändern wäre – BEVOR es zu Gewaltausbrüchen, BEVOR es zu gewaltsamen Aufständen, bevor es zu Bürgerkriegen kommt, denn Unfrieden entsteht, wenn Gerechtigkeit geht!

Wer vermisst denn schon jemanden, der nie gezeugt und somit nie geboren wurde? Keiner! Auch Geschwister, die NICHT gezeugt werden, wird keiner vermissen. Wenn wir, du und ich, NICHT gezeugt und somit NICHT geboren wären, dann würden wir uns GARANTIERT auch NICHT vermissen! Oder vermisst du irgendwas oder irgendwen, das/die nie existiert hat? Selbst, wenn es unsere Erde nicht gäbe, würden wir sie nicht vermissen, denn ohne unsere Erde gäbe es auch uns nicht, die sie vermissen könnten. Zu einfach? Es ist Fakt, wir können nichts vermissen, was für uns NICHT existiert hat. Wenn wir nicht acht, sondern zwei/drei Milliarden Menschen auf unserer Erde wären, würden uns dann die sechs/fünf NICHT existierenden Milliarden Menschen vermissen? Würde uns unsere Erde vermissen, wenn wir Menschen nicht existieren würden? Sicherlich nicht, aber sie WÜRDE existieren! Unsere Erde benötigt uns nicht, um zu existieren, aber wir sie! Wir sollten das bedenken, BEVOR wir neues Leben »schenken«.

Remotion ist lebensverändernd, sie kann uns »sehend, hörend UND selbstgehend« werden lassen, sie bedeutet Rückkehr zu uns selbst, zu unserem Uranfang, zu unserem Urgrund. Leben bedeutet ständige Bewegung – nach vorne oder zurück! Entweder entfernen wir uns weiterhin von unserem Geistleben und werden immer »blinder, schwerhöriger und lahmer« oder wir kehren um und lassen uns von unseren Seelen einbeziehen – vielleicht verlieben wir uns ineinander und es wird eine Hochzeit daraus, die letztlich durch Vereinigung von Verstand und Seele, zur Vergeistigung, zur Neugeburt führt und uns somit selbsterkennend werden lässt, vorausgesetzt, wir bleiben lernend dabei. Eine große Chance haben wir jetzt. Tun wir es jetzt, denn ein Jetzt gibt es für uns NUR jetzt! »Und was du heute kannst besorgen, das verschiebe nicht auf morgen«, denn Unerledigtes holt uns immer ein. Wer das jetzt erkennt, der wird weitermachen, wenn auch nicht freiwillig, denn unsere Vernunft ist oft vernünftiger, als wir es sind.

Weder das Denken oder Fühlen, weder das Essen oder Sex sind bei uns freiwillige Handlungen. Alles, was wir tun, tun wir fremdbestimmt und somit nicht wirklich freiwillig. Ein Impuls ruft eine Reaktion in uns hervor und eine Reaktion eine Gegenreaktion usw. Weder unsere Geburt, unser Leben noch unseren Tod können wir selbst frei bestimmen, denn noch sind wir Gefangene der vielen Fremdbestimmungen, die uns permanent sagen, was wir zu denken oder zu sagen haben und was nicht.

Selbst unsere Geburt und unser Tod sind nicht freiwillig, denn selbst sie sind fremdbestimmt. Wir werden geboren und wir werden gestorben. Wir können weder den Anfang noch das Ende unserer »Reise« selbst bestimmen, das dürfte unstrittig sein. Doch was ist mit dem Weg zwischen unsrem Anfang und unsrem Ende? Den bestimmen wir doch selbst – oder etwa auch nicht? Wir wissen doch, was wir wollen – oder doch nur wollen SOLLEN?

Erst wenn wir erkennen, dass wir, unsere Körper, unsere Gedanken, unsere Gefühle und Träume unfrei sind, werden wir paradoxerweise frei werden können, frei für das Erahnen der anderen Dimension in uns. Erst wenn wir mit ihr, vielmehr sie mit uns, eins geworden sein wird, werden wir real wissen, was Freiheit ist und wie unvorstellbar schön sie sich anfühlt.

Ein großes Problem, welches wir als Menschheit des 21. Jahrhunderts haben, ist die Überbevölkerung unserer Erde. Solange die Evolution sich selbst überlassen wird, funktioniert sie nach dem Prinzip der anpassenden Auslese. Ändern sich die Klimaverhältnisse auf unserer Erde, z.B. durch einen großen Asteroiden-Einschlag, dann wird es erneut massenhaftes Artenaussterben geben und gleichzeitig alles wieder neu beginnen, um erneut zu enden? Wahrscheinlich, doch WIR werden nicht dabei sein.

Natürliche Evolution funktionierte bis zum modernen Menschen hin, der die natürliche Auslese einfach ignoriert und die Notwendigkeit einer gesteuerten Auslese FÜR SICH SELBST noch nicht erkannt hat. Als Epidemien, Krankheiten und Kriege uns Menschen regelmäßig dezimiert haben, war das Problem mit der Überbevölkerung nicht vorhanden. Heute gibt es so gut wie gar kein Problem auf unserem Planeten, das NICHT auf die Gier der reichen Leute und damit auf die daraus resultierende Überbevölkerung zurückzuführen ist, denn ihnen geht es NICHT um uns als Menschen, sondern ausschließlich nur um unsere Arbeitskraft, die sie und ihren Nachwuchs noch reicher macht.

Und weil lernschwache Arbeitskräfte und/oder gläubige Leute sich leicht manipulieren, belügen und betrügen, insbesondere jedoch mehren und vermehren lassen, so ist es nicht verwunderlich, wenn es wesentlich mehr anständig Schaffende als unanständig Raffende gibt.

Dieses Überbevölkerungsproblem werden wir lösen MÜSSEN, gemeinsam! Reiche UND Arme, oder wir werden untergehen, auch gemeinsam! Wenn es mit der Überpopulation im gleichen Tempo weiter so geht wie bisher, dann werden wir, rein hypothetisch, schätzungsweise im Jahre 2050 bereits cirka 10.000.000.000 Leute sein. Im Jahre 2090 kommen wir dann auf etwa 20.000.000.000 Leute, nicht Menschen, denn Menschen verhalten sich menschlich.

Solchen Unsinn müssen wir nicht weiter denken, denn bis dahin werden die meisten von uns, insbesondere diejenigen, die sich für feiner und intelligenter halten, durch Mord und Totschlag elend gestorben sein, denn die Chancenlosen, lernschwach und arm Geborenen haben nichts zu verlieren! Es sei denn, unsere Politiker erkennen das auf uns zukommende, durch die Gier der reichen Leute verursachte Überbevölkerungsproblem und lösen es durch weltweite tabufreie Aufklärung. Wollen wir dauerhaft mehr Frieden, dann müssen wir weniger werden, denn **NUR Ungeborene weinen nicht!** Und Medizin, die wirklich hilft, schmeckt oft bitter, andererseits bringt ein schmerzliches Zahnziehen die erwünschte Erleichterung. Es ist wie mit den Geburtswehen, die sich nicht vermeiden lassen, doch nach der Geburt schnell verschwinden. Manchmal muss etwas Kleineres geopfert werden, damit etwas Größeres entstehen kann, und manchmal muss ungeheuchelt Böses gesagt werden, um Gutes zu bewirken. Wer bestimmt denn was »gut« und was »böse« ist – die armen Leute mit viel Geld? Die »uneigennützigen«, uns süchtig machenden Elektronik-Medien-Produzenten oder Modediktatoren? Wem nützt es am meisten, wenn wir uns scheinbar unkontrolliert weitervermehren? Wollen wir unsere Erde lebenswert erhalten, dann müssen wir UNS enthalten, verhüten oder sterilisieren. Eine rechtzeitige Sterilisierung bedeutet keinen Verzicht auf Sex – im Gegenteil, verhindert aber zuverlässig die Allgemeinheit schädigende Überpopulation. Und eine Sterilisierung ist ganz gewiss weniger schmerzhaft als eine Beschneidung und bei Männern sogar selbst relativ leicht durchzuführen. Was viele von einer eigenen Vasektomie abhält ist die angstmachende, auf Unwissen basierende Unsicherheit, danach impotent zu werden – was definitiv NICHT stimmt.

Natürlich wird keine lernfähige und zivilisierte Gesellschaft ihre Mitglieder gewaltsam sterilisieren wollen. Allerdings kann sie sich selbst retten, indem sie den Einsichtigen unter uns eine Sterilisierung hoch prämierend finanziert – ein Mittelklasse-Pkw oder eine zweiwöchige Urlaubsreise auf einem Schiff oder Bares, wären sicherlich ein Anfang von Ende der Überpopulation. Eine ehrlich-anerkennende Auszeichnung, vielleicht ein Verdienstkreuz für vorbildliches soziales Verhalten wäre hier sicherlich die richtige Taktik der Didaktik. Als nächstes wäre eine mitleidende, Super-Reichtum anprangernde Geisteshaltung der ehrlichen Bevölkerung gegenüber den armen Leuten mit viel Geld notwendig. Vielleicht würden dann ein paar arme Leute mit viel Geld erkennen, wie arm sie in Wirklichkeit sind – vielleicht? Versuchen sollten wir es!

Politische Zwischenlösungen von Wahl zu Wahl haben unsere unehrlichen Politiker viele. Bemerkenswerterweise sprechen sie NIE über Wachstumsreduzierungen, sondern immer nur über Wachstum, Wachstum, Wachstum. Es wird über Hungersnöte, über Wasserknappheit und über Klimaerwärmung laut gejammert, ohne dabei die Verursacher dieser Misere zu nennen – UNS! Weil wir bereits zu viele geworden sind, die sich aufgrund unserer, meistens genetisch bedingten Lernschwäche, von geldgierigen Leuten wie Zuchttiere bedarfsorientiert mehren und vermehren lassen.

Jedes wilde Tier muss mit dem auskommen, was es vor Ort zum Überleben vorfindet. Das Gleiche gilt auch für uns, für die gezähmten, für die weitgehend willenslosen Nachfahren der Tiere. Kommen wir in oder mit einer Gesellschaft, in der wir leben oder leben wollen, nicht zurecht, dann müssen wir uns einer anderen Gesellschaft loyal anschließen, des Frieden willens ihre Religion und ihre Kultur annehmen, deren Regeln unterwerfen oder dort eingehen, wo wir geboren wurden, denn »andere Länder, andere Sitten«. Und wer sich nicht rechtzeitig anpassen kann, der verpasst den Anschluss und sollte dorthin zurückgebracht werden, wo er hergekommen ist, denn jede Gesellschaft sollte das Recht zur Selbstbestimmung haben, und wer nicht für eine Gesellschaft ist, in der er leben möchte, der ist gegen sie! Wir, insbesondere unsere politischen Vertreter müssen handeln, denn es ist viel später, als sie denken – wenn sie denn soweit denken. Jeder Mensch benötigt liebevolle, aber richtungsweisende und lügenfreie Führung, denn keiner wird wissend geboren. Doch wie sollen uns unsere Politischen- oder Glaubensführer führen, wenn sie inzwischen SELBST nicht wissen, wohin die Reise geht? Entweder wir ändern unser Verhalten und lernen uns selbst so kennen, wie wir glaubensfrei sind, oder wir bleiben für immer so, wie wir es zu sein glauben!

EGOZENTRIK

Weil wir Menschen uns auf verschiedenen Entwicklungsstufen befinden, so nehmen wir zwangsläufig auch verschiedene Identitäten an, die wir dann »logischerweise« für unser eigenes Ego halten. Und je weniger unser Selbstbewusstsein entwickelt ist, desto weniger Wissen haben wir, desto leichter können wir »beringt« an der Stange gehalten bzw. manipuliert, geführt und verführt werden.

Die meisten Leute denken, wenn sie wertvollen Schmuck und viel Geld besitzen – dass sie dann selbst auch viel wert sind. Unbewusst hoffen sie, dass der Schmuck, den sie tragen, ihren persönlichen Wert imponierend steigert. Je schöner operiert sie sind und je mehr Schmuck und teure Kleidung sie ihr Eigen nennen, desto mehr sind sie davon überzeugt, dass sie schöner, besser oder wertvoller sind als die anderen, die weniger besitzen. Ein paar Schmeicheleien oder ein paar gefällige Komplimente genügen und du wirst wissen, mit wem du es wirklich zu tun hast. Wenn diese Leute einen großen, einen auffälligen oder teuren Wagen fahren, dann denken sie, sie seien auch groß und wertvoll.

Lobe und bewundere den Wagen, und du wirst Sympathien ernten! Kritisiere ihre Schönheits-OP, ihren Schmuck, ihr Auto, ihren Hund und du wirst nicht mehr ihr »Freund« sein! Und weil der Schein trügt, ist es in Wirklichkeit genau umgekehrt. Je größer und teurer sich diese Leute denken, desto weiter entfernt befinden sie sich vom Menschsein, desto stärker identifizieren sie sich mit denen, die sie im Spiegel sehen bzw. mit dem, was ihre Spiegelbilder tragen oder zu besitzen glauben – was dann die Früchte wären, an denen wir die vergänglichen Bäume erkennen können.

Als Selbstgeborene werden wir zunächst ein neutraler Niemand, im konventionellen Sinne werden wir identitätslos, uns reicht es dann völlig aus, NUR zu sein. Mit dem Anfang unserer

Selbstfindung ändert sich unser bisher gewohntes Leben jeden Tag ein wenig mehr. Wir »sterben scheibchenweise«, weil wir alle fremden Identitäten nach und nach ablegen und sie nur noch als identitätsfreie »Rollenspiele« betrachten werden – Neutralität, Toleranz und Akzeptanz entstehen.

Warum wollen wir ein Russe oder ein Franzose, ein Moslem oder ein Christ sein? Warum genügt es uns nicht, einfach ein Mensch zu sein, ohne eine National- oder Glaubensidentität? Warum müssen wir uns mit der geburtsortbedingten Nationalität oder dem geburtsortbedingten Glauben dermaßen identifizieren, dass wir sogar bereit sind, dafür unschuldige Menschen – in deren Heimatländern – zu töten oder selbst getötet zu werden? Diesen Irrsinn kann man nur verstehen, wenn man selbst irrsinnig geworden ist und von anderen annimmt, dass sie es auch sind:
Ich wurde im jetzigen Polen, das noch vor dem Zweiten Weltkrieg zu Deutschland gehörte und Ostpreußen hieß, im Jahre 1949 in Masuren ungefragt geboren. Danach war ich ein polnischer Bürger mit deutscher Nationalität, sozusagen ein deutscher Pole. Hätte es 20 Jahre später einen Krieg gegen Deutschland gegeben, dann wären die Deutschen meine Feinde gewesen. Hätte es 25 Jahre später einen Krieg gegen Polen gegeben, dann wäre ich ein polnischer Deutscher, dann wären Polen meine Feinde geworden, denn ich bin 1971 aus dem ehemaligen Ostpreußen als Spätaussiedler in die BRD übersiedelt worden. Hätte es in dieser Zeit tatsächlich einen Krieg gegen Polen oder Deutschland gegeben, dann wäre mein Körper sehr wahrscheinlich eine Leiche, ein Leiche, der es ganz und gar egal wäre, welcher Nationalität oder Volkszugehörigkeit, welchem Glauben oder Aberglauben sie angehört.

Ein Selbstgeborener lebt in einem Land, ohne sich mit ihm und seinem System wirklich zu identifizieren. Er ist dann ein polnischer oder deutscher Bürger, doch er könnte genauso gut ein loyaler Franzose, Russe, Amerikaner, Araber, Engländer oder einfach ein neutraler, Nationalitäten ungebundener, feindbildfreier Weltbürger sein. Unser Problem ist, dass wir immer irgendwer sein wollen müssen, weil wir uns NOCH nicht als SEIN, als ES in IHM erkennen. Bis dahin werden wir ziellos weiter suchen, ohne zu wissen, wonach wir suchen und nach jedem Identitätsstrohhalm greifen, der uns angeboten wird, egal von wem!

Solange wie wir durch Selbstfindung nicht identitätsmäßig innerlich »sterben«, benötigen wir eine beliebige Identifikation von außen. Erst eine bestimmte Identifikation lässt uns glaubend denken, dass wir scheinbar etwas sind: ein Moslem, ein Christ, ein Hindu, ein Kommunist, ein Kapitalist oder ein »wichtiger« Mützenträger. Diese Identifikation bewirkt dann, dass wir uns gegen andere Systeme und andere Menschen abschirmen und in unserem voreingenommenen Denken meinen, dass nur unser System den Andersdenkenden und Andersgläubigen Glück und Frieden bringen kann, gegebenenfalls auch mit seelischer und körperlicher Gewalt. Wir gehen dann sogar so weit, dass wir meinen, wir müssten andere Menschen zu unserem Glück zwingen, wenn es sein muss auch mit Schwert und Feuer, mit Bombenanschlägen oder Erpressung, mit Folter und Selbstmordattentaten. Leider bedenken wir dabei nicht, dass die anderen genau das gleiche von sich denken und uns zu IHREM Glück, zu ihrer Gerechtigkeit und zu IHREM Frieden gerne **zwingen** möchten. Auch ihnen reicht es nicht aus, nur selbst »glücklich« zu sein – nein, so egoistisch sind sie nicht? Sie möchten, dass auch wir nach ihren Vorstellungen glücklich werden, indem sie uns so lange missionieren, bis sie uns »glücklich« gemacht haben. Dieser konditionierte Irrsinn ist wirklich nicht einfach zu verstehen, denn dazu wäre ein nicht konditionierter Verstand erforderlich, doch den haben wir noch nicht. Noch sind wir der konditionierte Verstand, der denkt und nicht seine neutralen Beobachter. Doch was noch nicht ist, das kann noch werden – wir sind gerade dabei es scheibchenweise zu ändern.

Es ist unsere intolerante Unwissenheit, die uns dazu treibt, andere Menschen von unserem Glück überzeugen zu wollen, und so glauben wir, dass mit der steigenden Menge der Gläubigen unser Glaube an Richtigkeit gewinnt: Je mehr zahlenmäßig wir sind, desto wahrhaftiger ist unser Glaube. Ist es wirklich so? Scheinbar ja! Denn dann halten wir sogar die schlimmsten Verbrechen für gerechtfertigt, wenn möglichst große Massen sich mit uns solidarisch erklären oder sich mit unserem Glauben identifizieren. »Der Zweck heiligt die Mittel«, sagen wir dann und freuen uns, wenn wir den anderen UNSER Glück, UNSEREN Frieden und UNSERE Freiheit erfolgreich aufzwingen. Stell die vor, die ganze Welt wäre plötzlich christlich – dann wäre alles »Friede, Freude, Eierkuchen«, dann gäbe es keine(?) Feinde, nur Nächstenliebe? Wobei NUR noch zu klären wäre, WELCHE Christen die weltweite Führung übernehmen sollten. Wahrscheinlich die katholischen, denn davon gibt es die meisten und wer die Mehrheit hat, der hat auch das Recht, weiterhin ungestraft Glaubenslügen zu verbreiten?

Kein Leben ist sinnlos, denn sobald wir erkennen, dass das, was wir in unserem Leben gemacht haben, scheinbar sinnlos war, bekommt unser Leben einen sehr wichtigen Sinn, denn **die Erkenntnis der scheinbaren Sinnlosigkeit unseres irdischen, unseres körperlichen Lebens IST der Sinn unseres Lebens.** Dieses Urvermächtnis lässt uns immer weiter und weiter suchen – bis zur Umkehr, bis wir erkennen, dass wir unser »Kreuz« gerechterweise selbst tragen müssen und NICHT von anderen tragen lassen können. Wir MÜSSEN erkennen, dass unsere Ur-Rebellion zur Ur-Explosion geführt hat. Erst wenn wir die Sinnlosigkeit unserer Ururrebellion erkennen, werden wir anhalten und umkehren, schließlich geläutert als Geist zurückkehren und keinen einzigen Tag früher. Es ist völlig gleichgültig, wie lange es dauert und an welcher Stelle des Universums es geschehen wird, wir müssen lernen Gier-frei und damit friedlich zu werden, als Spezies Mensch oder als unsere Nachfolger, denn unsere Mutter Evolution ist immer schwanger und sie wird so lange NEUES gebären, bis das NEUE die Ursache für das ALTE, für unsere Urvertreibung erkennt und abstellt – **die Gier**. Bis dahin wird es die gleiche **Gier** sein, die uns antreiben wird, irgendwann **Gier-frei** zu werden, denn am Ende zerstört sich das Böse selbst – **auch die Gier!**

Unsere urknallzeitliche Verdrängung hätte nicht den geringsten Sinn, wenn wir als Menschen nicht lernen sollten, friedlich und gewaltfrei zu werden. Verzichten wir gewaltlos auf Gewalt, dann werden wir im gerechten Frieden zurückkehren dürfen. Werden WIR friedvoll, dann werden es auch andere werden, denn wer sich dem Unwissen verweigert, der sät Frieden und »wer Frieden sät, der wird auch Frieden ernten«. Wir tragen eine große Verantwortung, denn z.Z. sind wir die letzen Staffelläufer auf der irdischen Evolutionsleiter. Bringen wir uns selbst ins Ziel, werden wir das, was wir ursprünglich vor unserer Vertreibung waren, denn damit Neues entstehen kann, muss Altes immer wieder neubeginnend enden. Distanzieren wir uns von unseren vielen Identitäten, dann kommen wir unserem wahren Selbst näher!

Solange wir nicht aus uns selbst im Geiste geboren werden, werden und MÜSSEN wir Fehler machen, um aus ihnen zu lernen – auch aus Fehlern anderer Mitmenschen, denn ohne Rückschläge gibt es kein Vorankommen, kein Lernen. Oft vergehen Generationen, bis wir etwas so erkenntnisreich lernen, dass das Gelernte uns und somit auch unser Verhalten dauerhaft genetisch verändert. Und verändern müssen wir uns, denn unsere Welt ist immer nur so gut oder so schlecht, wie wir es selbst sind. Werden wir gut – NICHT naiv bzw. leichtgläubig – dann werden es auch andere werden. Es ist ein langer Weg, doch auch die längste Reise beginnt mit dem ersten Schritt – also marschieren wir los, jetzt, auch wenn es NUR 30 kleine Schrittchen in die richtige Richtung sind, bitte!

Erst wenn wir praktisch die Sinnlosigkeit einer Gewalt erkennen, erst dann macht Gewalt einen Sinn. Oft muss scheinbar Sinnloses getan werden, um Sinnvolles zu bewirken. Somit sind auch Kriege, »gut«, wenn sie dauerhaften Frieden hervorbringen. Wenn alle Seiten daraus dauerhaft lernen – die ermordeten Helden und die heldenhaften Mörder. Durch jede Erkenntnis der scheinbaren Sinnlosigkeit unseres Lebens bekommt unser Leben einen praktischen, einen lebendigen Sinn. Denn jede lebendige Erkenntnis verändert unser Leben, das unserer Mitmenschen und dadurch auch die Welt, in der wir leben. Das bedeutet gleichzeitig eine gemeinsame evolutionäre Weiterentwicklung, denn nur so kommen wir unserem Ziel, unserer Rückkehr, wieder einmal ein kleines Schrittchen näher.

Was passiert, wenn wir uns mit unserem Beruf, mit unserer Familie, mit unserem Körper oder und insbesondere mit unserer Meinung identifizieren? Wir werden aggressiv! Jede Kritik bezüglich des Berufes, der Familie, des Körpers oder NUR bezüglich unserer Meinung werten wir aufgrund unserer direkten Identifikation als einen persönlichen Angriff, als eine persönliche Bedrohung, gegen die wir uns dann auch sofort – je nach Bildungstand verbal oder körperlich, wie beispielsweise die lernschwach geborenen – zur Wehr setzen. Obwohl der Kritisierende nur SEINE Meinung zu unserem Beruf, unserer Familie, unserem Körper oder NUR zu unserer Meinung geäußert hat, NICHT mehr, wird er in unseren Augen zum Aggressor und damit zum Feind: »Wenn Blicke töten könnten.«

Und was passiert, wenn wir, statt zu kritisieren, gelogene Komplimente machen, wenn wir bewusst die Unwahrheit sagen, also lügen? Wenn wir beispielsweise den unschönen Schmuck als schön und seine »blöde« Meinung als richtig bezeichnen? Obwohl wir NICHT die Person meinen, sondern nur den Schmuck oder die Meinung, werden wir dadurch sofort zum

Freund. Durch unser Kompliment haben wir uns sozusagen solidarisch mit der Identität des anderen erklärt. Durch unser Lob haben wir sie bestärkt, das Richtige zu sein oder das Richtige zu denken. So ist es nun mal. Wir werden schnell als Feinde bezeichnet, wenn wir jemanden ehrlich kritisieren, und als Freunde, wenn wir ihn unehrlich loben. Nein? Dann probiere es doch einfach bei nächster Gelegenheit aus!

Was die Gier anbelangt, so fördert sie die Unmoral und Gleichgesinnte halten zusammen – die Armen und die Reichen, denn Armut und Reichtum rufen Solidarität hervor – auch und insbesondere unter den Reichen. Und so betrügen und belügen die Reichen viel öfter als die Armen, die aus Geldmangel nicht die Möglichkeiten dazu haben. So ist Gier zunächst nichts Verwerfliches oder Unmoralisches – weder bei den Reichen noch bei den Armen, die gerne reich wären, auch wenn Geld den Charakter verdirbt. Manchmal muss man erst unmoralisch, verlogen und schließlich reich werden, um zu erkennen, wie arm man in Wirklichkeit doch ist. Leider gibt es NOCH nur sehr wenige Reiche, die sich für ihre Raffgier, für ihren ungerechten Reichtum schämen, doch das lässt sich durch öffentlich verachtende Bloßstellung und gerechte Gesetzesänderung ändern, denn die »Wahrheit ist ein scharfes Schwert«, das in den letzten 2.000 Jahren sehr stumpf gemacht worden ist. Wir sind gerade dabei, es wieder zu schärfen, denn das Böse scheut nichts mehr als eine öffentliche »Hinrichtung«. Und wo »ein Wille ist, dort ist auch ein Weg«. Den Weg kennen wir bereits, er heißt Remotion, den Willen, ihn wirklich gehen zu wollen, haben die meisten von uns NOCH nicht, könnten aber durch glaubensfreie Lernbereitschaft bekommen.

Jeder von uns hält sich für etwas Besonderes, und wir sind es auch! Scheinbar sind wir die Summe unserer geistigen und körperlichen Fähigkeiten. Alles, was wir wissen und können, das denken wir zu sein, und halten uns meistens selbst für die Klügsten und die Schönsten. Was zwangsläufig zu Problemen aller führen muss, denn unsere Mitmenschen denken auch über sich dasselbe! Für unsere Mitmenschen sind wir nicht die Klügsten und die Schönsten, denn diese Logenplätze halten sie ja selbst besetzt. Doch in der Tat sind wir etwas einmalig Besonderes, denn alles und alle haben den gleichen Anfang. Allerdings sind nur wir Menschen die Spezies, die ihren Anfang und Ende ahnend begreifen könnten. Wir ahnen auch, dass wir NICHT das Ganze sind, sondern nur ein winziges Teilchen davon, allerdings ohne dass das Ganze als das Ganze auch nicht existieren würde. Obwohl ein Wassertropfen nicht der Ozean ist, so ist er doch ein Teilchen davon, das, im Ozean angekommen, zum Ganzen, zum Ozean wird. Auch wir sind solche Teilchen, die sich, weil ursprünglich aus dem »Ozean« kommend, logischerweise für das Ganze halten, für den ganzen »Ozean«. Leider erinnern wir uns als Wassertropfen an unser Ozeandasein nicht, und umgekehrt, im Ozean angekommen, wissen wir nicht, dass auch wir mal unzählige kleine Wassertröpfchen waren, aus denen anteilig alle Lebewesen bestehen. Wir sind gerade dabei zu lernen, uns daran zu »erinnern«.

Ob es Probleme im Beruf sind, bei Freundschaften oder in der Ehe, die Ursache ist meistens die gleiche, die Ichbezogenheit. Unser Gelerntes ist dann der Maßstab, mit dem wir alles und alle messen. Auch unser Körper, unser Aussehen, ist meistens die Messlatte, mit der wir andere vergleichen und einsortieren. Andere sind klein, wenn sie kleiner sind als wir, und groß, wenn sie größer sind als wir, wobei meistens WIR die RICHTIGE Größe, das richtige Aussehen, die richtige Meinung, die richtige ..., haben, denn meistens schließen wir von uns auf andere und selten von anderen auf uns. Andere sind schwerhörig, wenn sie schlechter hören als wir, und umgekehrt. Wenn wir schwerhörig sind und es selbst noch nicht wissen, dann gehen wir davon aus, dass andere nicht mehr bzw. besser hören als wir. Wenn uns ein Normalhörender auf ein Geräusch hinweist, so streiten wir es am

Anfang unserer Schwerhörigkeit erst ab und sind zunächst der festen Überzeugung, dass es dieses Geräusch nicht gibt – nur, weil WIR es nicht hören! Manchmal ist es dann ein Singvogel, der uns zur Einsicht zwingt – vielleicht eine Singdrossel oder eine Amsel die ihren Schnabel offensichtlich »stumm(?)« bewegt. Egal, welche Meinung wir auch haben, sie wird falsch sein, wenn sie kein auf der Wahrheit basierendes Fundament hat. Es gibt so viele Meinungen, wie es Menschen gibt, im Moment etwa 8 Milliarden. Das Problem dabei ist, dass jeder seine eigene Meinung weitgehend für die einzig richtige, für die einzig wahre hält. Insbesondere sind es die Uneinsichtigen, die Lernschwachen unter uns, die die größte und lauteste Meinung von sich selbst haben, denn leere Räume klingen hohl und laut. Andere Mitmenschen sind »blöd«, wenn wir uns für schlauer halten als sie, und wiederum andere sind belehrende »Klugscheißer«, wenn sie mehr wissen als wir. Unsere eigenen Kinder oder Enkel sind meistens die schönsten und klügsten, und wir wären sehr beleidigt, wenn andere Eltern oder Großeltern das Gegenteil behaupten würden. Wenn sie behauptend sagen würden, dass unsere Kinder ihren Kindern in vielerlei Hinsicht unterlegen sind, dann wäre das das Ende der Freundschaft, obwohl es objektiv gesehen durchaus stimmen könnte. Merkwürdigerweise schließen wir meistens von uns auf andere und nur selten von anderen auf uns. Wenn jemand schlecht ist, dann sind es meistens die anderen und nicht wir. Warum muss es fast immer so sein, dass wir uns selbst nur selten in Frage stellen? Dass wir uns selbst für den Maßstab aller Dinge halten? Es ist zwar fatal, doch wir kommen zu dieser durchaus logischen Einstellung, weil wir uns für das Ganze halten, obwohl wir nur ein Teilchen davon sind. Es ist wie mit dem Auto und seinen Einzelteilen, die sich durchaus für ein Auto halten könnten, wenn auch nur teilweise. So wie jeder »Wassertropfen« im Ozean sich für den ganzen Ozean hält, so ergeht es auch uns. Deshalb ist es auch nicht verwunderlich, wenn sich der gleiche Wassertropfen außerhalb des Ozeans auch für den ganzen Ozean hält: Wenn ein Wassertropfen verdampft, dann wird er zu unzähligen Wassermolekülen, die sich – jedes für sich genommen – durchaus für einen Wassertropfen halten dürfen, denn sie sind Teilchen des Wassertropfens. Wenn wir das Wassermolekül spalten, dann erhalten wir ein Sauerstoff – und zwei Wasserstoffatome, die sich durchaus für ein Wassermolekül halten dürfen. Und wenn wir jetzt auch noch die Sauerstoff- oder Wasserstoffatome in ihre einzelnen Bestandteilchen zerlegen und deren Bestandteilchen in Elementarteilchen, dann kommen wir uns bzw. dem Anfang des Ganzen, das tatsächlich das Ganze ist, sehr nahe. Doch darüber können sich andere die Köpfe zerbrechen, uns sollte es zunächst völlig genügen, herausfinden zu WOLLEN, wer WIR sind und WARUM wir so sind wie wir sind, alles andere erledigt sich dann angstfrei zur gegebener Zeit von selbst.

So lange, wie wir als Menschheit existieren, ist es uns möglich, zur Selbsterkenntnis bzw. zur Selbstgeburt zu gelangen. Es ist eine sehr große Chance, wir sollten sie nicht versäumen! Ganz sicher wird unsere Erde nicht immer so bleiben, wie sie jetzt ist; ein lebendiger Planet mit einer unendlichen Vielfalt, die irgendwann in einer einheitlichen Einheit enden wird.

Es wird Zeit, dass wir unser Urvermächtnis annehmen, dass wir unseren Horizont zur Freiheit hin erweitern und erkennen, dass wir nicht immer die waren, für die wir uns heute halten, denn wir sind mehr als unsere Körper und mehr als unser körperbedingter Verstand. Mag sein, dass es eine Zeit geben wird, in der solche Erkenntnisse offensichtlich und somit selbstverständlich sein werden, doch es wird NICHT UNSERE, nicht deine und nicht meine Zeit sein!

ZUSAMMENLEBEN

Keiner ist eine Insel. Keiner lebt für sich allein, insbesondere in einer Partnerschaft. Langfristiges Zusammenleben bedeutet schon am Anfang einer Partnerschaft, genau zu wissen, dass man zusammengehört, niemals getrennt werden möchte und zu einer NICHT egozentrischen Einheit verschmelzen will – unabhängig vom anfänglichen hormonbedingten Sexualtrieb oder gar dem Kontostand des anderen. Damit ist nicht fortdauernde Harmonie gemeint, respektvolle Streitigkeiten in der Partnerschaft sind das Salz in der Suppe und nicht das gewürzlose Nebeneinander. Aus Zwei muss Eins werden. Aus »Mein« und »Dein« muss unbedingt »Unser« werden. Mein oder dein Auto, mein oder dein Kind, mein oder dein Haus werden zu UNSER Auto, UNSER Kind und UNSER Haus. Aus zwei »Amöben« muss eine werden, die dann die Interessen BEIDER zu berücksichtigen hat. Insbesondere der verantwortungsbewusste Umgang mit dem Geld BEIDER gehört dazu, denn es ist nicht mein oder dein Geld, das in einer Partnerschaft verdient bzw. ausgegeben wird, sondern BEIDER. Ohne Einhaltung dieser relativ einfachen Grundregeln gibt es kein dauerhaft lebendiges Zusammenleben – kein liebevolles Miteinander, sondern nur ein zeitbegrenztes Nebeneinander.

Das klingt zunächst einfach und simpel, doch in der Praxis ist es schwieriger, als es scheint. Im Zeitalter des Egoismus denkt jeder zunächst an sich selbst. Dann kommt »mein« Partner/in, »mein« Auto, »mein« Kind oder »mein« Haus. Wenn wir als Einzelkind geboren und aufgewachsen sind, dann wird es für uns in einer Partnerschaft besonders schwierig, von MEIN auf UNSER umzudenken – zu teilen. Ernsthaft versuchen sollten wir es trotzdem. Wir gehen dann Partnerschaften aus sogenannter Liebe ein und sichern uns z. B. mit einem Ehevertrag ab. Viele wollen ihre volle Unabhängigkeit und Freiheit behalten und keiner will Kompromisse eingehen, weil jeder von uns sich zunächst selbst der Nächste ist. Der Dialog, gemeinsame körperliche und geistige Aktivitäten bleiben aus und man spricht nicht mehr liebevoll miteinander – was dann die Erkenntnisfrucht wäre, die das Ende einer »ewigen« Partnerschaft ankündigt.

Man hat sich zwar lebenslange Liebe und Treue geschworen, doch man trennt sich bereits nach kurzer Zeit. Nach dem Motto: »Was interessieren mich meine Geschwüre von gestern«. Natürlich schwören wir uns feierlich, in »guten und in schlechten Zeiten« zusammenzubleiben, doch solche Schwüre funktionieren nicht ohne »UNSER-Gefühl«. Solange eine Partnerschaft auf der Basis von DEIN und MEIN basiert, wird sie eher über kurz als über lang scheitern. Wenn wir uns unserem partnerschaftlichen Zusammenleben nicht wahrhaftig sexunabhängig hingeben, werden wir nicht lange glücklich werden können und unser Zusammenleben wird nicht lange andauern. Es ist nicht einfach, die eigene Relevanz bzw. die eigene Dominanz weitgehend zugunsten der Partnerschaft einzuschränken, doch genau das muss in einer Partnerschaft geschehen, denn Zusammenleben heißt zusammen leben und nicht nebeneinander.

In der Partnerschaft können wir uns gegenseitig helfen, unterstützen, ergänzen und im Dialog voneinander lernen, »in guten und in schlechten Zeiten«. Wenn einer von uns ernsthaft krank wird, dann erfahren wir, was unsere eigene Todesangst bedeutet. Wenn einer von uns leidet, dann erfahren wir, wie schön es sein kann, gemeinsam zu leiden – auch wenn es weh tut. Unter Liebe ist hier nicht die hormonell bedingte Gefühlsduselei zu verstehen. Die hormonell bedingte »Liebe« hält in der Regel etwa zwei Jahre lang an, bis ein Kind gezeugt und etwa ein Jahr alt wird, dann beginnt man sich auseinanderzuleben. Man erinnert sich an den Ehevertrag und trennt sich schließlich – natürlich respektvoll und in »Freundschaft« – per Scheidungsanwalt, vor Gericht. Dann heißt es ganz einfach, die »Chemie habe nicht gestimmt«, was durchaus zutreffend sein kann, denn Parfüm überdeckt unseren natürlichen und somit unseren wahren Duft.

Und hochhackige Schuhe lassen die »kurzen Lügenbeine« länger erscheinen, als sie es in Wirklichkeit sind. Dann heiraten wir jemanden, der in Wirklichkeit ganz anders duftet, als wir ihn riechen, und kleiner ist, als er es zu sein schien.

Im Tierreich ist es nichts Besonderes, eine Partnerschaft für eine Zeugungsperiode einzugehen, doch von uns Menschen sollten wir etwas mehr erwarten, denn Kinder sind kein Spielzeug oder Eigentum der Erzeuger, mit denen sie machen können, was sie wollen. Kinder sind die Hoffnung, die die meisten von uns NOCH nicht haben, die Hoffnung auf Rückkehr, auf Erfüllung unseres Urvermächtnisses.

Ein weiteres relevantes Problem des partnerschaftlichen Zusammenlebens ist die Rechthaberei und die Macht der Gewohnheit. Haben wir uns erst an etwas gewöhnt, dann fällt es uns schwer, darauf zukünftig zu verzichten. Dieses hat Vor- und Nachteile, hauptsächlich jedoch Nachteile, denn Gewohnheiten haben keine Zukunft, weil sie Stillstand bedeuten. Es passiert immer das Gleiche zur gleichen Zeit: Aufstehen, Mahlzeiten einhalten, mit den Kindern, der Partnerin oder dem Partner spielen. Arbeiten, Hobbys nachgehen oder Urlaub machen – immer an dem gleichen Ort und zu gleicher Zeit, wo man dann gerne die gleichen Leute trifft wie in den Jahren zuvor. Man könnte ja durch neue Bekanntschaften etwas Neues dazulernen. Konsequenterweise müsste man dann sein Denken und Verhalten ändern, und das wollen wir nicht, denn »alte Schuhe drücken nicht«. Einerseits ersparen wir uns durch Gewohnheiten viel Kopfarbeit, denn vieles muss nicht immer wieder neu ausdiskutiert, neu geplant werden. Andererseits verblöden wir, wenn wir unser Leben NUR gewohnheitsmäßig gestalten. Männer oder Frauen laufen uns davon, weil sie anderwärtig eine andere Stellung, andere Ansichten, andere, lebendigere Leute kennenlernen. Eine Ehe, eine Beziehung oder eine Freundschaft brechen auch auseinander, wenn nur EIN Partner, aus welchen Gründen auch immer, sich verändert und der andere nicht. Wenn einer dann an seinen prinzipiellen Gewohnheiten festhält und nicht bereit ist, zu lernen oder nicht in der Lage ist, den veränderten Partner zu tolerieren oder von ihm toleriert zu werden. Es ist erschreckend, wie »tot« manche von uns lebend sind. Viele von uns sind es bereits mit dreißig Jahren und sogar früher. Wir sind dann dermaßen festgefahren, dass wir nicht bereit sind, Neues zu entdecken, geschweige denn uns selbst zu verändern oder der neuen Lebenssituation anzupassen. Wir »wissen« ganz genau, was wir wollen, und noch genauer, was wir NICHT wollen, aber unsere Lebenspartner sollen. Wir planen unser Leben absolut gewissenhaft und wundern uns, wie ungewiss es ist, ohne daraus zu lernen, denn schon beim nächsten Mal passiert das Gleiche wieder und wieder. Wäre es da nicht einfacher, respektvoll zueinander zu sein und es lernwillig miteinander zu versuchen? Ehrlich, ohne Lug und Betrug, denn in einer wahrhaften Partnerschaft ist KEINER besser als der andere – aber auch NICHT schlechter! Auch wenn mal die eine oder andere Seite die »Führung« übernimmt, nachgibt oder sich vorübergehend durchsetzt, eine Partnerschaft ohne Konflikte gibt es nicht, und Konflikte können im Dialog lehrreich gelöst werden. Selbst »laute Konflikte« sind gut, wenn sie friedlich gelöst werden und somit zum Guten führen. Ohne Konflikte, die meistens aufgrund unterschiedlicher Meinungen oder oft aus Geldmangel entstehen, gibt es keinen nennenswerten Fortschritt in einer Partnerschaft, denn meinen heißt nicht wissen. Erst wenn im Dialog aus persönlichen Meinungen fundiertes Wissen wird, nützt es beiden. Doch vorsichtig, denn es sind die kleinen Initialzündungen, die große Explosionen auslösen, es sind die kleinen Rechthabereien, die langfristig geschworene Liebe kurzfristig zerstören können. Also redet offen miteinander, immer und über ALLES und hört einander geduldig zu – insbesondere, wenn ihr in Rente geht, denn dann beginnt eine soziale Umorientierung. Berufsbedingte soziale Strukturen brechen plötzlich auseinander und ein Vakuum entsteht, das ausgefüllt werden will. Wer seinen Beruf für seine

Lebensberufung gehalten hat, wer sich mit seiner Arbeit sehr stark identifiziert hat, der fällt in ein »tiefes dunkles Loch«, über den bricht die Vereinsamung ein. Dessen Selbstwertgefühl lässt nach und die Selbstzweifel nehmen zu, der wird antriebsschwach und schließlich depressiv krank. Es sei denn, er zweifelt das bis dato Erreichte an und lernt daraus, es in Frage zu stellen, was dann der Sinn eines »verschenkten« Lebens wäre, denn unterm Strich zählt nur das, was am Ende, was nach dem letzten Atemzug übrig bleibt.

Am Anfang einer Partnerschaft geht es hauptsächlich um hormonbedingte Kopulation, doch schon bald kommt der Alltag mit all seinen täglichen Problemen, die es zu bewältigen gilt. Irgendwann in der Mitte unseres Lebens haben wir dann auch dies gemeistert und fangen an, uns zu fragen, ob das schon alles gewesen sein soll. Die Suche nach Selbstbestätigung beginnt – insbesondere nach der sexbedingten. Die ersten grauen Haare werden gefärbt, und Potenztabletten oder Vaseline erhöhen das Stehvermögen bzw. die Gleitfähigkeit. »Fremdgehen« ist dann angesagt, vielleicht findet sich ja eine oder einer, mit der/dem es noch so richtig »knallt« – vielleicht. Wenn dann die Liebe nicht in Hass umschlägt, dann bleiben wir in der Partnerschaft weiterhin zusammen und lernen eine andere, eine NICHT körperbedingte Liebe kennen – oder auch nicht. Als Nächstes kommt dann die Zweisamkeit des Alters. Die Kinder sind aus dem Haus und die Enkelkinder erwachsen, das Geld reicht einigermaßen aus, die Gesundheit macht mit und wir fühlen uns noch nicht zu alt, um völlig zu veralten. Wir versuchen, eine Fremdsprache zu lernen, belegen Yoga-Kurse, engagieren uns in Vereinen, singen im Chor mit und sind weitgehend froh und glücklich, wenn wir unser Essen und unsere Tabletten pünktlich zu uns nehmen können – bis EINE/EINER stirbt, dann wird die GANZE Welt plötzlich leer und sinnlos. Aus WIR und UNSER, aus einer voneinander abhängigen Einheit wird schlagartig nur noch eine Hälfte, und eine Hälfte kann schlecht alleine laufen. Es sei denn, wir orientieren uns nochmals um und fangen an, nach unserem und nach dem Lebenssinn der/des Verstorbenen zu suchen. Wenn wir dann wahrhaftig zu der Erkenntnis kommen, dass alles körperliche Leben vergänglich ist, dann könnten wir es schaffen, bei uns selbst anzukommen und somit unser Urvermächtnis, unsere geistige Rückkehr als Teilchen des Ganzen realisieren. Manche von uns schaffen es und finden ihren ewigen Frieden. Andere bleiben rastlos und unzufrieden und beklagen sich dann ständig über die Fehler anderer, um von den eigenen abzulenken. Zukunft und Gegenwart hören auf zu existieren, und schließlich wird die Vergangenheit die einzige Gegenwart. Dieser Zustand kann dann noch einige Jahre andauern. Wir gehen dann Verwandten und Bekannten auf die Nerven, indem wir sie in unserer »Hilflosigkeit« andauernd um etwas »Wichtiges« wie das Auswechseln einer Glühbirne bitten, das am liebsten gestern dringend erledigt werden musste. Tja, die Zeit wird knapp – UNSERE Zeit! Schließlich hören wir auf, uns zu wundern, ohne darüber zu staunen, denn da gibt es keinen, der staunen könnte, und wo es keinen Staunenden gibt, dort wird es auch nach unserem letzten Atemzug keinen geben, der fortbestehen, der sich über unsere wunderbare Zukunft wundern könnte – schade, sehr schade, denn möglich wäre es gewesen. Irgendwann gehen wir NUR »vorübergehend« in ein Sterbeheim, das wir lieber Residenz nennen, weil wir immer noch NICHT gelernt haben, mehr zu sein, als zu scheinen, und aus dem wir nicht mehr lebend herauskommen werden. Es kann schnell gehen, wenn unsere Seele gar keine Chance auf Verwirklichung verspürt, oder sich noch viele Jahre hinziehen, bis uns schließlich unsere verzweifelt resignierte Seele hoffnungslos verlässt. Ein »Ertrinkender greift nach jedem Strohhalm«, um sein Leben zu retten. Unsere Seele tut das Gleiche, denn im Gegensatz zu uns weiß sie um die Möglichkeit ihres ewigen Fortbestehens. In der Hoffnung, doch noch gehört zu werden, schenkt sie uns ein wenig mehr Zeit. Zeit, die wir für unsere Selbstfindung nutzen sollten, jedoch nicht können, weil wir es nie gelernt haben und es für das Lernen selbst bereits zu spät geworden ist.

Im Endstadium werden wir vor uns hinvegetierend unsere Speisen zu uns nehmen und uns die Windeln bzw. die Urinbeutel wechseln lassen. Wir werden die Gänge auf- und abgehen bzw. abrollen oder in Aufenthaltsräumen in Rollstühlen residieren und uns gegenseitig stundenlang anschweigen. Dafür werden wir dann mühevoll gelebt haben, für das endgültige, für das anfangslose Ende – für unseren leidvollen Tod auf Raten? Eine Frage, auf die die meisten von uns keine Antwort haben oder von anderen bekommen könnten, denn wir leben zwar zusammen, jedoch weitgehend jeder für sich allein, genauso, wie wir schließlich auch sterben werden – einsam und jeder für sich selbst.

Eines Tages wird man unseren Körper erkaltet, aber nicht frierend vorfinden. Dann wird man ihn forttragen, verbrennen, beerdigen, im Wasser versenken oder irgendwo entsorgen – ohne dass wir unserer Nachwelt irgendwelche Lebensspuren hinterlassen haben werden, denen andere folgen könnten. Und wenn nicht, wenn wir keine Lebensspuren nach unseren Ableben hinterlassen? Dann ist auch das gut, wenn andere das erkennen und daraus lernen, Sinnloses NICHT zu wiederholen! Denn auch die Sinnlosigkeit unseres Lebens kann für andere durchaus sinngebend sein und umgekehrt. Auch scheinbar nutzlose Lebenserfahrungen anderer können für uns durchaus nützlich werden – vorausgesetzt, dass wir lernfähig geboren bzw. geblieben sind und gelernt haben, die Fehler, die andere getätigt haben, selbst NICHT zu wiederholen, denn sinnlose Spiele, Spiele, die am Ende von keinem gewonnen werden können, spielt man nicht! Was dann der Sinn aller sinnlosen Lebensspiele wäre. Ein Leben lang ziellos unterwegs zu sein genügt nicht, denn unsere Geburt hat bereits unseren Tod zum Ziel – das sollten wir allen Ernstes rechtzeitig bedenken, andernfalls werden wir unser Ziel nicht erreichen bzw. erleben, geschweige denn überleben, »denn wer zu spät kommt, den bestraft das Leben« und wer keine Lebensspuren hinterlässt, dem wird niemand folgen und somit dessen/seine/unsere Rückreise fortsetzen können.

LEBENSSPUREN

Im Gegensatz zu Leuten hinterlassen Menschen nachgehbare Lebensspuren. Leute werden gezeugt, leben und sterben ohne wegweisende Lebensspuren zu hinterlassen. So, als ob es sie nie gegeben hätte. Menschen dagegen hinterlassen Lebensspuren, weil sie neue Wege gegangen sind und somit automatisch Lebensfährten oder Stolpersteine gelegt haben, damit wir ihnen folgen oder einfach selbsterkennend darüber stolpern können. Ich meine NICHT die spektakulären Handabdrücke im Beton oder andere selbsterhöhende Denkmäler, Häuser oder medienwirksame Spenden und andere selbstverherrlichende »Wohltaten«. Auch scheinbar gut gemeinte, oft auf Dankbarkeit bedachte, vergängliche Hinterlassenschaften, wie Firmen, Immobilien oder dicke Bankkonten meine ich NICHT. Solche materiellen Hinterlassenschaften lenken uns meistens vom Wesentlichen ab. Meistens sind sie Hindernisse auf dem Weg zu uns selbst, die zusätzlich überwunden werden müssen um bei/in IHM, dem NICHT Materiellen zu enden bzw. ewig neu zu beginnen! Was ich meine, sind nachgehbare Lebensspuren, die uns, dich und mich zu uns selbst führen können. Eine Art Trampelpfad, eine Abkürzung, ein Weg, der uns als Teilchen des Ganzen zum und in das Ganze führen kann.

Es ist NICHT wichtig, WER was wo oder wann gesagt, komponiert, gemalt oder geschrieben hat. Wichtig ist nur, dass das Gesagte, Komponierte, Gemalte oder Geschriebene unsere Seelen berührt und unser Verstand es uns dann »wissen« lässt. Dann ist es eine wahrhafte Lebensspur, der es sich wirklich zu folgen lohnt – einer Lebensspur, die uns zum Nachdenken, zur Selbstbesinnung zwingt.

Im Folgenden werde ich Lebensspuren benennen, die mir auf meiner persönlichen Sinnfindung initialartig geholfen haben, den Weg zu mir selbst zu finden und vielleicht auch dir bei deiner Sinnfindung behilflich sein könnten. Es handelt sich um

Erinnerungen, um Lebensspuren, die andere hinterlassen und Lebenserfahrungen, die andere und ich selbst gemacht haben und die für mich, auf meiner langjährigen Suche nach mir selbst, für mein Leben prägend waren. Sogenannte Lebensspuren, die unsere Seelen nicht berühren, sondern verdecken, sind falsche Fährten, sind Mangel Wissens bedingte Irrwege, die hauptsächlich der Geltung und des Ruhmes wegen von armen Leuten mit viel Geld gerne gelegt werden, von Leuten, die ihr Leben lang den Schein für das Sein hielten, die ihr Selbst noch nicht gefunden haben.

Als junge Menschen suchen wir nach Orientierungen, die weder unsere Eltern, die Gesellschaft oder, und insbesondere, die Kirchen uns geben können, weil weder die Kirchen noch wir als Eltern selbst eine wahrhafte Orientierung haben:

Schon als Kleinkinder werden wir von unseren Eltern fortwährend gefragt, was wir trinken, essen oder anziehen möchten, was wir spielen, sehen oder hören wollen und NICHT sollen, sodass wir uns dann als Eltern NICHT wundern dürfen, wenn uns unsere Kinder unsere Autorität aberkennen und UNS sagen, »wo es lang geht«. Dabei können wir als unerfahrene Kleinkinder noch gar nicht wissen, was wir WOLLEN, denn NOCH sind wir unerfahren und kennen den Weg nicht, für den wir uns ständig entscheiden sollen. Solange wir noch unerfahren sind, benötigen wir die erfahrene Fürsorge unserer Eltern.

Um entscheiden zu können, benötigt unser Gehirn wahrhafte Informationen, die auf wahrhaften Erfahrungen basieren und NICHT auf irgendwelchen Scheinfakten. Wenn ein Lügner seine »Wahrheit« von sich gibt, dann sollte uns im selben Moment klar sein, dass es sich bei seiner Wahrheit in Wirklichkeit um eine Lüge handelt und es sofort unseren Verstand wissen lassen, damit unser Verstand sich nachts regenerieren kann und nicht ängstigen muss. Angenommen im TV läuft ein spannender Krimi, in dem ein unschuldiger, uns sympathischer Mensch im

Wüstensand von Gangstern bis zum Halse eingegraben wurde und den ein vorbeikommender Löwe als eine leckere Mahlzeit betrachtet. Vor lauter Spannung haben die meisten von uns vergessen, dass es sich dabei nur um eine Schau, nur um eine gelogene Krimiszene handelt, an der sich, für uns Zuschauer unsichtbar, Kameraleute, Licht- und Tontechniker direkt beteiligen. Teilen wir diese Fakten augenblicklich unserem Verstand NICHT mit, dann wird er in abgeänderter Form gedankenkombinierend davon träumen. Keiner würde vor dem Fernseher oder im Kino zittern oder sich bei einer schauerlichen Szene die Decke über den Kopf ziehen oder die Hände vor die Augen halten, wenn er im selben Augenblick wüsste, dass das, was sein Verstand sieht, nur erdacht ist.

Unser Verstand erhält Informationen als elektrische Impulse. Ob die Impulse Wahres oder Gelogenes an unsere Neuronen weiterleiten, das weiß unser Verstand nicht. Fantasien oder Reales speichert er identisch ab. Und weil sich die meisten von uns mit ihrem eigenen Verstand identifizieren, so halten wir die abgespeicherten Fantasien nachts für real, für unsere eigenen, für uns selbst. Denn NOCH gibt es nachts keinen, der unseren Verstand aufklären könnte, der unseren Verstand darauf aufmerksam machen könnte, dass er nur träumt, denn noch SIND wir DER Verstand. Nicht UNSER Verstand, denn dann wäre so etwas wie ein Besitz und ein Besitzer nötig, und den gibt es bei den meisten von uns noch nicht, denn der potenzielle »Besitzer« muss erst geistig neugeboren werden – durch Vereinigung, durch die Klarheit bringende »Hochzeit« von Seele UND Verstand!

Nach dieser Antwort habe ich Jahrzehnte lang gesucht. Was ich gefunden habe, waren viele falsche Fährtenleger mit ihren ihnen gewinnbringenden Wahrheiten. Ich habe nach »Gott und der Welt gesucht«, doch was ich letztlich gefunden habe, habe ich NICHT draußen, sondern in mir oder durch mich selbst entdeckt. Bis dahin musste ich mich immer wieder vom neu Gefundenen trennen, um relativ unbelastet neuen, meist unechten, Lebensspuren nachgehen zu können: Schritt für Schritt, »scheibchenweise«, über viele Abschnitte meines Lebensstaffellaufes, wobei der erste Abschnitt Voraussetzung für den zweiten und der zweite für den dritten war usw. Letztlich muss jeder den eigenen inneren Weg gehen, um zu unserem gemeinsamen Ziel zu gelangen, denn es scheint nur so, als ob wir verschiedene Ziele hätten, denn jeder von uns hat den gleichen Urursprung und somit auch die gleiche End-Perspektive. Das hat mit Glauben oder Aberglauben, mit Fantastereien oder anderen Spinnereien nichts zu tun, sondern einzig und allen mit dem Stand der eigenen Reife bzw. Fortentwicklung, die viele zu wenig und wenige zu viel Selbsterkenntnis befähigt, denn nur wenige Blüten bringen erntereife Früchte hervor und nicht alle Früchte reifen gleichzeitig.

Glücklich sollten diejenigen sein, denen Schlechtes frühzeitig die Augen für das Gute öffnet:

Als ich etwa fünf Jahre jung war, da fiel mir ein etwa 70 x 70 x 200 cm großer steinartiger Kastenrahmen in unserem Garten auf. Es war eine mit Erde gefüllte Grabeinrahmung, die nach oben hin offen war und in der Funkien wuchsen. Es gab kein Kreuz, keine Tafel, kein Kopf- und kein Fußende. Die Seiten waren, sich nach oben verjüngend, etwas schräg angeordnet, sodass die Grundfläche etwas größer war als die Oberfläche. Es war das Grab meines Onkels Hermann. Mehr haben mir meine Eltern zu diesem Zeitpunkt nicht gesagt.

Erst später, als meine Eltern von Bekannten oder Verwandten, ich erinnere mich nicht mehr, Besuch bekamen und ich »zur Belohnung« sogar in der guten Stube hinter der geschlossenen Tür allein spielen »durfte«, habe ich lauschend sehr Grausames erfahren. Das macht mich auch heute, sechzig Jahre später, noch sehr traurig und schaudernd betroffen.

Kurz vor Kriegsende war mein Onkel Hermann als Soldat an der Ostfront von seiner Einheit weggelaufen und irgendwann dann zu Hause in Ortelsburg angekommen. Dort versteckte er sich dann eine Zeit lang, bis ihn schließlich die BÖSEN russischen Soldaten aufgrund einer deutschen Denunzierung ergriffen, mit Draht an Händen und Füßen fesselten und zum Weglaufen zwangen, um ihn dabei hinterrücks triumphierend zu erschießen.

Als mein Vater 1945 aus dem KZ Ausschwitz von den GUTEN russischen Soldaten befreit wurde, lagen die mit Draht gefesselten Körperteile seines Bruders weiterhin in unserem Garten unter dem Apfelbaum vergraben, dessen Äpfel ich sehr gerne gegessen habe.

Da die russischen Soldaten das Abnehmen der Drahtfesseln verboten hatten, wurde er von seiner Mutter in Fesseln begraben, sodass seine gefesselten Körperüberreste wahrscheinlich noch heute in »unserem« Garten in Szczytno begraben liegen. In »unserem« Garten, weil meine Eltern 1971, als wir in die BRD übersiedelten, alle unsere Grundbesitztümer in Ortelsburg, in Zielonken und Marxsöwen dem polnischem Staat per Schenkungsurkunde »freiwillig« überlassen MUSSTEN!

Mein Vater Karl, der vor dem Zweiten Weltkrieg ein überzeugter Pazifist und Anhänger des Kommunismus war, insbesondere von Rosa Luxemburg und Karl Liebknecht, wurde 1933 von seinen deutschen »Freunden« denunziert und bald darauf dem KZ Ausschwitz als politischer Gefangener überstellt, wo er dann zwölf Jahre verbringen musste. Sein jüngerer Bruder Hermann wurde trotz seiner pazifistischen Überzeugung zur Wehrmacht eingezogen. Aufgrund des erlebten unmenschlichen Unrechts des grausamen Krieges ist er noch vor dem Ende des Krieges aus der stolzen deutschen Armee desertiert. Weitere Einzelheiten kenne ich nicht. Wie viele polnische und/oder russische Väter, Mütter und Kinder er ermorden musste, bevor er die Sinnlosigkeit seines Tuns erkannte, bevor er sich weigerte, weiter zu morden, das weiß heute sicherlich niemand. Allerdings hat mich sein damaliges Verhalten wegweisend geprägt und rechtzeitig, wenn auch unbewusst, erahnen lassen, dass auch scheinbar Sinnloses einen belehrenden Sinn haben kann. Wie viel Mut ein Mensch aufbringen muss, um in einem ungerechten, verlogenen Regime NEIN zu sagen, einen Schießbefehl zu verweigern, weiß ich erst heute. Wie viele feige Mitläufer und uniformierte »Mützenträger« es gibt, die ihre unmenschlichen »Dienste« nicht verweigern, das weiß ich bereits aus eigener Erfahrung.

Für das Nazi-Regime war mein Vater ein politischer Verräter, weil er im Alleingang nicht hirnlos dem schwachsinnigen Führer und seinem Regime folgen wollte. Für die russischen Befreier war er ein Held, der sich und seine kommunistische Idee von Freiheit, Gleichheit und Gerechtigkeit für alle, trotz zwölf Jahre KZ, nicht aufgegeben hatte. Allerdings sollte sich das schmerzlich ändern, denn er hat dann nach dem Zweiten Weltkrieg den wahren, den verlogenen, den korrupten Kommunismus gut 20 Jahre lang erkennend kennenlernen müssen. Tja, Theorie und Praxis gehen oft weit auseinander. Es ist wie mit den »Wasser-Predigern«, die selbst lieber Wein trinken. Für mich waren mein späteinsichtiger Vater und sein Bruder Hermann bedeutende Lebensspurenleger, die sich geweigert haben, Sinnloses zu tun. Für die stolzen Kriegskameraden war mein Onkel ein Verräter, für das schwachsinnige Hitler-Regime war er ein fahnenflüchtiger Deserteur, für die russischen Soldaten war er ein deutscher Kriegsfeind, der ihre stolzen Kriegskameraden, ihre Mütter, ihre Frauen und Kinder ermordet hat, so wie sie schließlich als gehorsame, System gesteuerte stolze russische Soldaten auch ihn ermordet haben. Und wozu der systemgesteuerte, schwachsinniger Blödsinn? Wozu soll der systemgesteuerte Idiotismus gut sein? Nur weil ein paar starrsinnige, meist alte Systemführer nicht in Frieden leben können? Nur weil sie unübersehbare Blutspuren legen wollen – ohne zu wissen, dass sie es müssen? Nun ja, wenn nachfolgende Systemführer daraus lernen könnten, friedlicher zu werden, dann könnten auch wir es als Gefolgsleute von ihnen lernen – vorausgesetzt, wir werden lernfähig geboren. Dann hätten Kriege, KZ- und andere Gräueltaten einen Sinn! Andernfalls werden wir weiterhin sofort bestraft werden, wenn wir UNSEREN Systemführern nicht folgen wollen, aber sollen, oder später, weil wir Systemen folgten, aber aus heutiger Sicht nicht sollten! Wenn Systeme sich ändern, dann ändert sich auch der Strafcodex, dann kann man nachträglich dafür bestraft werden wofür man zuvor honorig ausgezeichnet wurde? Wer zur Nazizeit für seine regimetreuen Dienste ausgezeichnet wurde, der wird heute noch als ein Kriegsverbrecher verfolgt. Wer dem Naziregime nicht folgen wollte, wer Widerstand leistete, der wurde verfolgt, in ein KZ eingesperrt oder sogar ermordet, und wer dem Naziregime treu folgte, der wird heute verfolgt. Tja, so schnell kann das Gute von heute schon morgen schlecht sein und das scheinbar Schlechte von heute schon morgen gut. Waren Napoleon, Stalin, Hitler, Mussolini oder Mao aus heutiger Sicht gut oder schlecht oder beides? Wenn wir durch deren Taten gelernt haben sollten, friedlicher zu werden, dann würden deren Taten durchaus einen Sinn ergeben, andernfalls wird sich die Geschichte wiederholen.

Folgendes Beispiel sollten wir uns wirklich so lebhaft wie nur möglich vorstellen:

Wir stehen in einer Wohnung im 10. Stock vor einem geöffneten Fenster. Dann kommt ein autoritätshoher Mützenträger herein und befiehlt uns zu springen. Mein Vater und mein Onkel sind nicht gesprungen. Auch die Geschwister Scholl und viele, viele andere sind NICHT gesprungen. Doch die meisten ihrer »stolzen Freunde« und Bekannten sind »gesprungen«. Viele freuten sich vertrauensvoll auf das ihnen versprochene »Sieg und Heil«. Schließlich ging es um viel »Ehre« und um viel »Stolz«- um »Gehorsam« und anderen Schwachsinn, wie »Eroberungskriege« oder um sogenannte arische Herrschaftsansprüche. Tja, wenn man jung ist, dann glaubt man an den Unsinn, den uns die alten, meist starrsinnigen »Führer« einhämmern. Wie verängstigt mussten wir als die Alten denn sein, um im Nachhinein sagen zu können, »wir haben das alles nicht gewusst«. Fast in jeder Familie gab es Soldaten, die ab und zu bei ihren Familien Fronturlaub machten und sicherlich auch darüber gesprochen haben, denn was einem auf den Herzen liegt, davon spricht der Mund.

Als ich etwa achtzehn Jahre jung war und in Polen zum polnischen Wehrdienst eingezogen werden sollte, sagte mir meine Mutter Erna sinngemäß folgenden Satz: »Junge, wenn du befehlsbedingt schießen musst, dann schieße nach hinten, denn nicht vor, sondern hinter dir sind deine wahren Feinde.« Heute, etwa 45 Jahre später, würde ich es tun! Damals wahrscheinlich auch, denn der »Apfel fällt nicht weit vom Baum«. Heute ist eine Fahne für mich nicht mehr als ein Stück Stoff, egal, wie bunt er auch bemalt sein mag. Auch einen Russen oder einen Deutschen, einen Schwarzen oder einen Gelben gibt es für mich nicht wirklich, sondern NUR anderssprechende, bzw. andersfarbige Menschen. Denn aus lehrreichen Fehlern sollten wir möglichst frühzeitig lernen, andernfalls sind Fehler sinnlos und sollten deshalb unbedingt vermieden werden, denn scheinbar Sinnloses macht nur dann einen Sinn, wenn wir daraus lernen.

Dass wir Deutschen ein Volk voller Mörder waren, das steht heute außer Frage. Die Frage ist nur, wer uns zu Mördern gemacht hat oder warum wir uns zu Mördern machen ließen. Weil es ein schwachsinniger Führer so wollte? Weil uns unsere Unwissenheit und Angst paralysiert haben? Weil wir nicht wussten, was wir taten? Weil wir aus Unwissenheit und Befehlstreue lieber nach vorne statt nach hinten geschossen haben? Weil wir uns durch Machttitel, durch schicke Uniformierungen mächtig und wichtig vorkamen und mittels Propaganda, Suggestion und Massenhypnose von ehrenlosen Politikern und geistlosen Geistlichen dermaßen konditioniert wurden, dass wir nicht erkennen konnten, was wir taten oder sahen?!

Solange wir aus Unwissenheit in Angst leben, werden wir nie wir selbst werden können. Solange wir uns durch verlogene Medienpropaganda etwas vormachen lassen, werden wir unser wahres Selbst nicht finden können, denn wir sind NICHT die »Uniformen oder Mützen«, die wir tragen. Das Böse wird weiterkämpfen, bis es sich am Ende selbstaufopfernd vernichtet. Das ist das Schicksal des Bösen, es muss sich am Ende für das Gute opfern. Damit das Gute entstehen kann, muss das Böse selbstaufopfernd vergehen. Judas musste Jesus »verraten«, damit beide ihr Vermächtnis erfüllen konnten, denn ohne den bösen Judas gäbe es auch den guten Jesus nicht! Wenn Gutes und Böses zusammenkommen, dann lösen sie sich auf, dann werden sie zur Wahrheit, die weder böse, noch gut ist. Wenn unser Verstand und unsere Seele zusammenkommen, wenn unser Körperliches und unser Geistiges sich gegenseitig als eine Einheit erkennen, dann entsteht Neutral-Neues daraus. Bis dahin gilt es für die Erkenntnisfähigen unter uns, die böse Angst zu besiegen, denn wer Angst hat, der ist leicht besiegbar. Da Angst aus Unwissenheit geboren wird, so ist Unwissenheit der einzige Feind, den wir besiegen müssen, um wirklich unbesiegbar zu werden. Angst aus Unwissenheit lässt uns unmenschliche Dinge tun, die wir ohne Angst oder Machttitel nie tun würden, doch Unwissen lässt sich durch Wissen auflösen – wir arbeiten gerade daran.

Aus Lebenserfahrungen sollten wir voneinander lernen, die Jungen und die Alten. Die Alten von den Jungen, um jung zu bleiben, und die Jungen von den Alten, um alt zu werden, ohne vorzeitig zu veralten. Kommunikativer Stillstand ist nicht nur in einer Partnerschaft für beide Seiten absolut schädlich, denn er führt nur zu unnötigen gegenseitigen Fehleinschätzungen, dabei kann das Leben in jedem Alter schön sein. Genießen wir es jetzt, denn gestern war gestern und morgen kommt erst morgen, doch bis dahin kann noch viel Schönes passieren.

Als Junge denken wir, dass wir vieles besser machen könnten

als die Alten, und als Alte meinen wir, dass die Jungen vieles falsch machen, dabei vergessen wir als Alte, dass wir als Junge genauso dachten, und als Junge berücksichtigen wir nicht, dass wir selbst schon sehr bald alt sein werden. Es sind nur kleine Stufen auf der Lebenstreppe, die uns voneinander trennen, die uns voneinander unterscheiden. Eigentlich sollte jeder von uns in der Lage sein, die darüber oder die darunter liegende Stufe der Lebenstreppe zu erkennen, eigentlich. Fatalerweise halten wir die Stufe, auf der wir uns gerade befinden, für die einzige, für die »Plattform«, von der aus wir alles und alle sehen und einschätzen, beurteilen und am liebsten verurteilen – insbesondere wenn wir alt sind und uns der Altersstarrsinn ereilt. Dann sind wir besonders intolerant, obwohl wir altersbedingt viel gelernt und somit besonders verständnisvoll sein müssten. Unsere Stufe auf der Lebenstreppe ist voll fremder Identitäten, nur nicht unserer eigenen, denn eine Selbstidentität setzt ein Selbst voraus, und genau das fehlt uns. Als junge, unausgefüllte Menschen sind wir permanent auf der Suche nach identitätsgebendem »Füllmaterial«.

Als alte, vollgefüllte Menschen, sind wir ständig auf Entleerung bedacht. Wir denken dann, dass wir bei den jungen Leuten alles Mögliche und Unmögliche, alles »Interessante«, auch wenn es keinen interessiert, einfach – tausendmal wiederholend – abladen können. Wir »sülzen« die Jungen voll und finden uns dabei toll. Ob die jungen Leute unser »Gesülze« interessant finden oder nicht, darüber denken wir Alten nur selten nach. Wir wundern uns nicht einmal darüber, wenn junge Menschen bei unserem Anblick manchmal die Straßenseiten bewusst wechseln. Als Junge wollen wir uns von den Alten nichts »Falsches« für echt andrehen lassen, und als Alte haben wir den Dreh nicht raus, wie wir uns von unseren scheinbar echten Identitäten, ohne uns dabei bloßzustellen, lossagen könnten. Als Junge beklagen wir uns verständnislos über das Verhalten der Alten und merken nicht, dass wir bereits auf dem gleichen Wege sind, starrsinnig zu werden und zu veralten.

Toleranz und Akzeptanz sind Begriffe, die wir noch nicht so richtig begreifen. Sollten wir aber. Als Alte haben wir im Laufe unserer Jahre so viele Identitäten angenommen, dass wir an unserem Lebensende gar nicht mehr wissen, wer oder was wir sind, wenn wir denn sind. Als Junge haben wir im Laufe unseres kurzen Lebens so wenige Identitäten angenommen, dass wir bereits zu wissen glauben, wer oder was wir sind, wenn wir denn meinen, zu sein. Oft ist es der Widerspruch, der Alt und Jung verbindet, auch wenn es vordergründig nach einem Gegensatz ausschaut. Wenn wir die Alten oder Jungen kritisieren, so bedeutet es oft, dass wir uns selbst kritisieren, weil wir nicht so sein können oder möchten wie die Kritisierenden, obwohl wir sie und sie uns mögen. In Wirklichkeit mögen die Alten die Jungen und die Jungen die Alten, auch wenn sie sich nicht besonders gut verstehen und deshalb gerne einander widersprechen. Personen, die wir nicht neckisch kritisieren, alt oder jung, weiblich oder männlich, mögen wir auch nicht besonders oder sie sind uns meistens gleichgültig. Personen, die wir mögen, kritisieren wir gerne, denn wir möchten, dass sie uns ebenbildlich werden, denn uns selbst mögen wir ja bekanntlich am allerliebsten. Es klingt ziemlich paradox, denn einerseits lieben wir die Vielfalt, andererseits streben wir eine Ebenbildlichkeit an, eine vielfältige Uniformität. Müssen wir denn tatsächlich zuerst die Irrwege der Vielfalt erfahren, um bei der ebenbildlichen Einheit anzukommen, bei der gleichmachenden Uniformität? Es scheint so. Alles ist eins, werden wir ES, damit wir anteilig ALLES sein können!

Im Grunde genommen können wir als Leute all das tun, was wir glauben, tun zu wollen, es wird immer falsch sein! Loben wir jemanden, dann macht das unseren Partner eifersüchtig und den Gelobten misstrauisch, denn es könnte ja sein, dass wir eine zweckbestimmte, einschmeichelnde Absicht haben. Kritisieren wir jemanden, dann wird die Freundschaft beendet sein, bevor sie angefangen hat. Solche »eingebildeten« Personen beachten wir dann gar nicht, was wiederum Gegenreaktionen auslöst, denn unbeachtete Personen fühlen sich oft verachtet, und Verachtung führt zu Hass.

Wenn die Jungen ihre Eltern manchmal nicht schätzen, so liegt es oft daran, dass sie bereits als Kleinkinder von ihren Eltern nicht genügend beachtet wurden oder als Jugendliche feststellen, dass sie NICHT NUR Wünschenswertes ungefragt vererbt bekamen. Für die Eltern ist es nicht immer leicht, alle ihre Kinder gleich gerecht zu beachten, denn auch Eltern sind Fehler machende Menschen, die in den Augen ihrer Kinder sehr oft ungerecht erscheinen – insbesondere, wenn sich diese in der Pubertät, also an der Weggabelung zum Erwachsenwerden befinden. Obwohl sich die meisten Eltern bemühen, zu all ihren Kindern gleich gerecht zu sein, so haben sie doch ihre Favoriten. Bei Einzelkindern gibt es diese Probleme in der Regel nicht, es sei denn, sie werden auf einen Elternteil eifersüchtig oder ein Elternteil auf sie. Was zunächst für ein Einzelkind spricht, erweist sich später oft als ein egoistisch machender Fehler, denn Einzelkinder können oft schlecht teilen oder andere Meinungen tolerieren, geschweige denn akzeptieren. Kindergärten und Sportvereine mit Gruppensport wären hierfür sicherlich sinnvolle Integrationsmaßnahmen, um Einzelkindern soziale Verhaltensregeln näher zu bringen, denn was wir als Kinder nicht lernen, das werden wir als Erwachsene auch nicht wirklich können. Natürlich lernen wir auch als Erwachsene, allerdings nicht so effizient wie im Kindesalter. Was wir als Kinder verinnerlichend lernen, das lernen wir als Erwachsene oberflächlich und somit mehr theoretisch als praktisch. Später dann, wenn wir als Erwachsene spät gelernte Höflichkeit demonstrieren, so wird diese nicht die gleiche sein wie die im Kindesalter verinnerlichte. Unsere Augen werden dann unsere spät gelernte Höflichkeit durch unsicheren oder ausweichenden Blick verraten. Umgangsformen können wir theoretisch auch im späten Alter lernen, allerdings werden sie nicht die gleiche ehrliche Ausstrahlung haben wie die im Kindesalter gelernten. Wir werden dann sehr oft »Entschuldigung«, »Dankeschön« und »Bitteschön« sagen, doch das werden nur leere, höflich aber hohl klingende Worte sein. Wir werden uns dann sehr oft bei jeder Verlegen- oder Gelegenheit herzlich, aber herzlos entschuldigen oder bedanken – aus Höflichkeit, ohne dabei zu lächeln.

Doch was ist, wenn die Eltern selbst keine höflichen Umgangsformen kennen, weil sie sie ihrerseits von ihren Eltern nicht beigebracht bekommen haben? Dann gibt es ein riesiges Problem, denn wie sollen wir unseren Kindern etwas beibringen, was wir selbst nie beigebracht bekommen haben? Wenn unsere Eltern ruppig, unfreundlich oder gar vulgär miteinander umgegangen sind, dann werden wir als Kinder sehr wahrscheinlich kriminell werden und irgendwann dann unschuldig im Erziehungsheim oder direkt im Gefängnis auf Kosten der Allgemeinheit inhaftiert werden. Unschuldig, denn die scheinbar wahren Schuldigen dabei sind unsere unwissenden Eltern, die wiederum aus Unwissen nichts gegen ihre eigene Unwissenheit unternommen haben. Und wer unglücklicherweise einmal lernschwach geboren wird, der wird sein Leben lang kein Glück haben und generationenübergreifend vom Pech verfolgt werden. Der wird sich schneller vermehren als er und seine lernschwachen Artgenossen aussterben können, denn »die Dummen sterben nie«. Bis dahin werden wir weiterhin schmerzliche Fehler machen müssen, um zu lernen, etwas fehlerfreier zu werden. Und es ist nahezu unmöglich, Lebensfehler zu vermeiden, wenn wir sie als solche nicht rechtzeitig erkennen: Kein Autofahrer würde auf der Autobahn wenden oder die Warnblinkanlage einschalten, auch wenn er über die vielen ihm entgegenkommenden »Falschfahrer« verwundert wäre, denn unerkannte Fehler merken wir erst dann, wenn es zu spät ist, wenn es passiert, wenn es kracht. So gesehen sind es nicht Fehler, die es zu vermeiden gilt, sondern deren Ursache und die Ursache für Fehler ist meistens die mangelnde Aufmerksamkeit, die wiederum von der Wachsamkeit und somit von der Leistungsstärke bzw. von der genetisch bedingten Lernfähigkeit unseres Verstandes abhängig ist. Glücklicherweise lässt sich dieser Mangel durch unsere Remotionsübungen weitgehend ausgleichen – vorausgesetzt wir wollen es wirklich und nicht nur zum Schein, denn »das Lügen ist wie links blinken und rechts abbiegen« und der Schein kein Sein!

NACHWORT

Was wir noch vor wenigen Jahrzehnten glauben mussten, das könnten wir heute glaubensfrei wissen, vorausgesetzt, wir wollen es wissen UND hören. Andernfalls werden wir weiterhin den Weg für das Ziel halten und ständig weiter suchen – ohne zu wissen, wonach. Dabei könnte jeder seinem Potenzial entsprechend das werden, wozu er in der Lage ist, im Hier und Jetzt zu werden, er selbst. Wer die vorstehend angebotene Mitfahrgelegenheit erkennt, der wird einsteigen und mitfahren, wer nicht, der wird es wieder einmal seinen Kindern oder den Kindeskindern überlassen.

Alles verändert, alles entwickelt sich weiter und es gibt keine einzige Lebensart, die auf dem Entwicklungsstand endet, auf dem sie entstanden ist – gehören auch wir dazu? Ja, und im Moment sind wir die letzten Glieder der Evolutionskette, die die ersten Rückkehrer sein könnten – jedenfalls einige unter uns, die mehr auf Klasse statt auf Masse setzen, mehr auf Sein als auf Schein. Andernfalls bleibt alles so, wie es schon »immer« war. Wir bauen etwas mühsam auf, damit wir es nur wenige Jahre später wieder zerstören können. Wieder und wieder! Wir führen Kriege, damit wir Frieden schließen können. Wir schließen Frieden, damit wir erneut Kriege führen können. Wir säen Terror und wundern uns, dass wir keinen Frieden ernten. Ja, wir tun es – aber warum? Wir werden hoffnungsvoll geboren, damit wir hoffnungslos sterben. Das soll einen Sinn haben? Ja, allerdings ist es lang, lang her, und wir erinnern uns daran nicht mehr! Es ist wie mit dem Hier und dem Dort; sind wir hier, dann erinnern wir uns nicht an dort und dort angekommen, erinnern wir uns nicht an unser Hier. Es ist wie mit dem Tag und der Nacht, solange sie sich nicht in der Übergangsdämmerung einander erkennend begegnen, bleiben sie füreinander unbekannt. Und solange wie wir uns nicht gegenwärtig als das Resultat unserer fernen Vergangenheit erkennen, werden wir auch nicht erkannt werden. Ob wir es wollen oder nicht, wir müssen die in ferner Vergangenheit im Dort entstandenen Probleme im Hier und Jetzt erkennen und lösen, Probleme, die wir im Ur-Dort durch unsere eigene Gier nach mehr Schein als Sein selbst hervorgebracht haben. Eine Alternative, eine andere Möglichkeit gibt es langfristig nicht, denn »aufgeschoben ist meistens aufgehoben«.

Damit möglichst viele von uns aufwachen, Alt UND Jung, und sich dann gegen Unwahrheiten aller Art passiv zur Wehr setzen können, müssen wir uns zuerst der Tatsache bewusst werden, dass wir immer noch schlafen. Wachen wir also auf und kehren heim, wie es einige von uns getan haben, bevor andere Geschäftsleute, Politiker oder aus »Berufung« Kirchenverdiener wurden.

Schließlich durch Ungerechtigkeiten aufgeweckt, werden wir begreifen, dass wir fortlaufend belogen und betrogen werden, was uns dann unzufrieden werden lässt und schließlich nicht nur zum passiven Widerstand führen wird. Noch wehren wir uns nicht, doch alles hat seine Reifezeit, dann werden sich die verantwortungslosen armen Leute mit viel Geld verantworten müssen und die etablierte, die verlogene Ordnung zusammenbrechen – oder wir verhindern es rechtzeitig, wachen auf und werden schonungslos ehrlich. Die Wahrheit hat seit dem Bestehen unserer Erde IMMER gesiegt, denn sie ist wie das Öl, das immer an die Wasseroberfläche zum Licht aufsteigen wird. Noch ist unser Lebensstaffellauf nicht zu Ende, noch haben die meisten von uns unser evolutionäres Hauptziel, unsere Rückkehr, nicht realisiert, denn noch gibt es wesentlich mehr Leute als Menschen. Bis dahin werden wir uns mit Teilzielen in Richtung mehr Gerechtigkeit zufrieden geben müssen. Es werden zwar nur Etappensiege, aber es werden Menschensiege zu mehr Gerechtigkeit sein. Auch wenn einzelne sich dabei opfern werden, sterben werden sie NIE!

Wer sich ausdauernd in unserer glaubensfreien Remotion übt, der wird ganz gewiss zunächst nur einen persönlichen Erfolg haben. Leider nur jeder für sich, könnten wir als Geschäftsleute sagen. Doch das Ewig Seiende ist gerecht, denn wer nicht ehrlich selbst arbeitet, der ist auch des gerechten Lohnes nicht wert, mit dem er seine lang ersehnte »Rückfahrtkarte« einlösen könnte. Schließlich stirbt jeder alleine: Wer ICHLOS stirbt, der wird ewig SEIN und wer ICHBEHAFTET stirbt, der bleibt ewig in Haft.

Seitdem es auch auf unserem Planeten Leben gibt, sucht es nach einer Erklärung für sein Dasein. Von den Elementarteichen der Elementarteilchen bis zu uns Menschen hin sind wir Suchende, ohne zu wissen, wonach wir suchen. Erst als Menschen werden wir menschlich und nicht als Tiere oder Leute. Als Leute werden wir jedes Etappenziel für das Hauptziel halten und uns jeder »Glaubens- oder Macht-Mütze« erfreuen, die uns andere draufsetzen. Wir sollten und wir müssen es ändern – werden wir menschlicher, verzichten wir auf »Maskierungen« und zeigen unser ungeschminktes Gesicht. Das Leben entwickelt sich seit unserem Urknall – und davor – überall in die gleiche Richtung: größer, stärker, schöner, schlauer und immer gieriger. Es wird Zeit, dass wir diese evolutionären Überlebenseigenschaften auf die geistige Ebene transferieren. Es wird höchste Zeit, dass aus uns Leuten Menschen werden!

Bei Bildung der Elemente und Materie, bei den Bakterien, Pilzen und Pflanzen geht es seit Urzeiten um kontinuierliches Wachstum. Bei Tieren und uns Menschen ist Wachstum eine treibende Überlebenskraft, wobei der alles und alle antreibende evolutionäre Befehl bekanntlich »ÜBERLEBE«, »MACHE WEITER«, »GIB NICHT AUF« heißt. So verstanden, wird es noch lange Zeit Leute geben, die unter Wachstum ausschließlich materielles Wachstum verstehen, dem sie ihr Leben lang nachlaufen werden, ohne am Ende das Geringste davon zu haben – außer Angst darum!

Scheinbar ist Evolution zeitlos, scheinbar weiß sie nicht einmal, was sie will! Scheinbar, denn in Wirklichkeit endet alles dort, wo es anfängt, an der Start- und Ziellinie – im Sein, im scheinbar zeitlosen Nichts. Wie der Tag oder die Nacht mit der Dämmerung beginnen, so enden sie auch, und was für den einen das Ende ist, ist für den anderen der Anfang. Was für uns der Tod ist, ist für die Kinder die Geburt, die wiederum den Tod zum Ziel hat usw. Für die Evolution ist Zeit nicht existent und somit ohne Bedeutung, denn für sie gibt es nur ein zeitloses Urvermächtnis, die geläuterte Rückkehr in das Sein oder in das, was wir aufgrund unserer jetzigen Dimensionierung als zeitloses Nichts bezeichnen – weil wir uns außer unserer materiellen Existenz keine andere vorstellen können. Sicherlich ist es für manche unter uns nur schwer vorstellbar, aber wir Menschen sind die am weitesten entwickelte Spezies und durchaus in der Lage, den Rückweg zu finden, wenn auch nicht im Kollektiv, doch als einzelne Individuen sogar ganz gewiss. Wer von uns das übergeordnete Ziel, die Rückkehr, bereits im Hier und Jetzt realisieren will, der muss lernen zu »sterben« ohne gleich tot zu sein.

Was unseren körperlichen Tod betrifft, so ist er relativ einfach zu verstehen, denn sobald wir dauerhaft aufhören zu atmen, fangen wir an zu sterben. Das Herz und das Gehirn gehen zwar eine kurze Zeit lang in eine Art Überlebensmodus über, doch der anhaltende Sauerstoffmangel ist es dann, der uns das »Licht« ausmacht, denn ohne Sauerstoffzufuhr brennt kein Feuer. Schließlich, je nach Bestattungsart, werden unsere Körper früher oder etwas später mineralisiert, sodass sie dann als Bakterien, Pilze usw. körperlich »auferstehen« werden – ohne sich daran zu erinnern, dass sie bereits zuvor menschliche Körper waren.

Bereits kurze Zeit nachdem unser Herz aufhört sauerstoffreiches Blut in unserem Körper im Kreislauf zu halten, beginnt unsere Seele ihre Rückreise. Dabei erteilt sie kohlendioxidbedingt unseren Körperzellen den Befehl zu kollektivem Selbstmord. Dem Suizidaufruf unserer Seele folgen zunächst einzelne Initialzellen, dann schwarmartig weitere, wobei sie vielfältige chemische Stoffe freisetzen, die sehr starke Entzündungen im ganzen Körper hervorrufen. Schließlich versagen lebensrelevante Organe wie Nieren und Leber und der hoffnungslos erschöpfte »Kapitän« geht gänzlich von Bord. Doch unser körperlicher Tod muss nicht generell UNSER Ende bedeuten, denn wessen Körper selbstbestimmend, also bewusst stirbt, der wird wissen, dass die letzten Gehirnprojektionen, die letzten »Traumbilder« NICHT das Jenseits sein werden, sondern genau das, was danach kommt– Licht, der hell strahlende Ausgang, der zugleich auch der Eingang in die andere Dimension ist und NUR selbstexistierend erkannt und durchschritten werden kann.

Wenn wir wirklich wissen wollen, was nach unserem körperlichen Tod sein wird, wenn wir ihn nicht nur erleben, sondern überleben wollen, wenn wir an die Tür aus strahlend hellem Licht um Einlass bittend anklopfen wollen, dann müssen wir lernen, im Moment unseres Todes »wach« zu bleiben – auch wenn unsere Körper dabei dauerhaft »einschlafen«. Andernfalls werden wir keine Einlasstür in die andersdimensionierte »Lichtdimension« finden bzw. schon vorher wie ungenießbare Früchte fallen gelassen und irgendwann, von wem/was auch immer, einverleibend »recycelt« werden.

Und da unser Verstand der einzige »Ansprechpartner« ist, durch den sich das Ewige Ewig mittels unsere Seele uns mitteilen kann, so werden unsere Gehirnaktivitäten ein allerletztes Mal – sogar trotz Herz- und Atemstillstands – für einen kurzen Moment »hochgefahren«. Dabei werden wir unsere Nahtoderfahrungen bzw. Nahtodträume aus Unwissenheit für das Jenseits halten. Dann werden wir UNSER Jenseits so sehen, wie wir es uns zu UNSEREN Lebzeiten vorgestellt haben, wie es sich in unseren Gehirnzellen etabliert hat. Möglicherweise wird auf die Christen Jesus, auf die Moslems Mohammed und auf die Juden

Moses warten, wobei Jesus, Mohammed oder Moses merkwürdigerweise UNSERE Muttersprache sprechen werden! Unsere jetzige Sprache, die es zu ihren Zeiten gar nicht gab! Das wird dann UNSER persönliches, einen kurzen Moment kurz, geträumtes Jenseits sein, das mit dem unmittelbar darauf folgenden Ausbleiben unserer Hirnströme endgültig erloschen sein wird und wir als solche mit ihnen.

Dabei kann das Überleben gelernt werden – aber von wem? Von wem sollen wir das Sterben lernen, wenn selbst die lehrenden »Fachleute« sich damit praktisch nicht auskennen? Alles, was sie über das Sterben wissen, haben sie nicht einmal im Ansatz selbst erfahren. Sie malen Kreuze oder andere Brandzeichen zunächst auf unsere Stirn und dann auf unsere Grabsteine, doch das Sterben oder das lügenfreie Leben selbst lehren sie uns nicht. Sie navigierten uns, des eigenen Profites wegen zwar bis ZUM Kreuz oder bis zum Sprengstoffgürtel, doch dann lassen sie uns hoffnungslos alleine hängen oder fliegen.

Bedauerlicherweise werden wir unser Leben lang von »Experten« angstmachend verdummt und somit systematisch an unserer eigenen Selbsterkenntnis gehindert. Am todsicheren Ende sagt uns dann keiner, wofür wir gelebt haben oder wohin wir gehen sollen, wenn unsere Körper sterben. Tja, auch das Sterben will gelernt sein, insbesondere das der eigenen Angst, denn die Angst ist es, die uns nicht frei und somit selbstbestimmend sterben lässt. So ist sie die einzige, die vorher, zu unserer Lebenszeit, sterben muss, damit unsere Seele die Ziellinie des Lebens, die Türschwelle zum schattenlosen Licht, überschreiten kann. Wer die Angst vor seinem Sterben besiegt, der muss sich keine Sorgen um seinen körperlichen Tod machen, und umgekehrt, wer in der auf verdummenden Unwahrheiten basierenden Angst »lebt«, dessen Seele ist bereits lebend so gut wie gestorben. Der »darf« weiterhin angstvoll »leben« und hoffnungslos auf seinen Wunderglauben hoffen. »Ablässe« zu kaufen oder Kirchensteuern zu zahlen, genügt nicht, im Gegenteil, denn wer Ablässe kauft oder

Kirchensteuern zahlt, der dokumentiert nur seine Angst, die er vor seinem eigenen Sterben hat.

Wir MÜSSEN authentisch werden und nicht nur so tun, als ob wir ehrlich wären. Alles andere ist pure Heuchelei, die uns ganz gewiss NICHT zu unserem Selbst führen wird, als welches wir dann unseren eigenen Körpertod dauerhaft überleben könnten. Als sogenannte Christen, welche auch immer, bekennen wir uns zu Jesus Christus, dem angeblichen einzigen Sohn eines allein selig machenden, viele Namen tragenden namenlosen Gottes. Wir sind dann sozusagen »Bis ZUM Kreuz« Jesus-Nachfolger, weiter oder höher folgen wir als Waren-, als Konsum- Christen Jesus nicht, obwohl er es ausdrücklich von uns fordert: Im Matthäus Evangelium 10, V. 34-40 und im Thomas Evangelium V. 10, 14, 16, 49, 56, 61, 67, 70 und 108 steht es NICHT auslegungsbedürftig wie folgt geschrieben:

Matthäus Evangelium Kap. 10:

V. 34 Ihr sollt nicht wähnen, dass ich gekommen sei Frieden zu senden auf Erden. Ich bin nicht gekommen Frieden zu senden, sondern das Schwert.

V. 35 Denn ich bin gekommen den Menschen zu erregen wider seinen Vater und die Tochter wider ihre Mutter und die Schwiegertochter wider ihre Schwiegermutter.

V. 36 Und des Menschen Feinde werden seine eigenen Hausgenossen sein.

V. 37 Wer Vater oder Mutter mehr liebt denn mich, der ist mein nicht wert; und wer Sohn oder Tochter mehr liebt denn mich, der ist mein nicht wert.

V. 38 Und wer nicht sein Kreuz auf sich nimmt und folgt mir nach, der ist meiner nicht wert.

V. 39 Wer sein Leben findet, der wird es verlieren; und wer sein Leben verliert um der Wahrheit Willen (um meinetwillen), der wird es finden.

V. 40 Wer euch aufnimmt, der nimmt mich auf; und wer mich aufnimmt, der nimmt den auf, der mich gesandt hat.

Thomas Evangelium:

V. 10 Ich habe ein Feuer auf die Welt geworfen und seht, ich hüte es, bis es auflodert.

V. 14 Wenn ihr fastet, werdet ihr eine Sünde für euch hervorrufen, und wenn ihr betet, werdet ihr verdammt werden und wenn ihr Almosen gebt, werdet ihr eurem Geistwesen schaden.

V. 16 Die Menschen denken vielleicht, ich sei gekommen, der Welt einen Frieden zu bringen. Sie wissen nicht, dass ich gekommen bin, Uneinigkeit auf die Erde zu bringen, ein Feuer, ein Schwert, einen Krieg.

V. 49 Gesegnet seid ihr, Einsame und Erwählte! Denn ihr werdet das Reich finden; da ihr aus ihm gekommen seid, werdet ihr dorthin zurückkehren.

V. 56 Jeder, der die Welt erkannt hat, hat eine Leiche gefunden. Und wer eine Leiche gefunden hat, steht über der Welt.

V. 61 Ich bin Der ist hervorgegangen aus dem ewig Gleichen. Einiges von dem, was meinem Vater gehört, wurde mir gegeben.

V. 70 Das, was ihr habt, wird euch retten, wenn ihr es in euch selbst hervorgebracht habt; falls ihr jenes nicht in euch habt, wird das, was ihr nicht in euch habt, euch töten.

V. 108 Wer aus meinem Munde trinkt, wird werden wie ich. Ich selbst werde er werden, und das Verborgene wird ihm enthüllt werden.

Wessen Seelen durch die damaligen »Wegbeschreibungen« ahnend berührt werden, die können sich auch heute nicht verlaufen, denn die Ware Wahrheit ist nicht die wahre Wahrheit, die ewig bleibt, egal, wie lange sie auf ihre Verwirklichung warten und immer wieder missbräuchlich wiederholt werden muss damit wir die Missbrauchsstifter an ihren Taten erkennen können und sollen!

Haben wir den Baum an seinen Früchten erkannt? Dann müssen wir handeln, alles andere ist wie links blinken und rechts fahren.

Auf die bunten Scheinheiligen in Rom nur heuchlerisch zu schimpfen, genügt nicht, wir müssen lernen konsequent zu handeln, andernfalls stirbt unsere Angst nie. Wir sind an unserer Selbstgeburt so nah dran wie noch nie in der gesamten Menschheitsgeschichte. Wir MÜSSEN nur aufhören zu lügen und somit alles so erkennen wie es wirklich ist – mehr ist es in Wirklichkeit nicht! Leider müssen wir uns so lange selbst belügen oder von anderen Leuten belügen lassen, bis es uns dabei sehr schlecht ergeht. Leider gehört der Terror der schwachsinnigen Glaubensfanatiker auch dazu. Diese Medizin ist zwar sehr bitter, aber sie ist die einzige Medizin, die uns gesunden werden lassen kann. Diese Medizinrezeptur ist die gleiche wie vor 2.000 Jahren, sie heißt Enthüllung, Bloßstellung oder Offenlegung und wird immer wieder von denjenigen verabreicht, die sich bereits im jeweiligen Hier und Jetzt ein wenig oder ganz verwirklicht haben – ohne dabei sofort in die andersdimensionierte »Realität« zu wechseln.

Wir haben Angst vor unserem eigenen Tod, weil wir nicht wissen, was uns danach erwartet. Die Kirchen geben vor, es zu wissen, und lassen sich dementsprechend von uns Unwissenden dafür gut bezahlen – für DANACH – im Voraus! Ehrlich wäre es, wie es im Geschäftsleben üblich ist, erst NACH einer erbrachten Leistung, erst nach der versprochenen Auferstehung, abzurechnen, doch so naiv wie wir sind unsere Glaubensverkäufer nicht. Wer von uns jetzt wirklich aufwacht, der darf und der WIRD NICHT für später bezahlen – was die Frucht wäre, an der wir den Baum erkennen, andernfalls werden wir nur träumen, dass wir wach sind. Rütteln wir uns gegenseitig wach und hören auf so zu tun, als ob wir bereits wach wären. Nehmen wir das »Kreuz« auf uns und tragen es selbst ins Ziel, denn es könnte durchaus sein, dass bereits unsere Kinder nicht in der Lage sein werden, unsere »Schulden« zu bezahlen.

Unsere Kinder sind schuldenfrei und schuldlos, parteilos und konfessionsfrei geboren – warum unterwerfen wir sie diesen

Zwängen, warum lassen wir sie nicht zwangslos erwachsen werden und dann selbst entscheiden, ob sie sich verschulden oder schuldfrei bleiben wollen, ob sie parteilos oder glaubensfrei bleiben oder nicht? Warum tun wir das unseren ungefragt geborenen Kindern an? Weil es schon immer so war? Weil unsere Eltern es mit uns ebenfalls taten? Weil wir uns selbst die Nächsten sind und meistens nur auf unsere eigene Sicherheit und unser eigenes Wohl zuerst bedacht sind? Deshalb? Dann sollten wir es ändern, denn »Ungeborene weinen nicht!«

Lukas Evangelium 23, V. 29 und Thomas Evangelium V. 79:

Lukas 23, V. 29: Selig sind die Unfruchtbaren und Leiber, die nicht geboren haben, und die Brüste, die nicht genährt haben!

Thomas V. 79: Gesegnet der Bauch, der nicht empfangen hat, und die Brüste, die nicht gestillt haben!

»Ungeborene weinen NICHT«, das wusste Jesus samt seiner **damaligen** kinderlosen Nachfolger und Nachfolgerinnen, denn schwul oder lesbisch waren sie sicherlich nicht. Allerdings wussten sie, dass jegliches Leiden durch vorausschauendes Denken vermieden werden kann. Vielleicht liebten sie ihre Nächsten wie sich selbst – ohne Geschlechtsverkehr? Vielleicht – wir wissen es nicht und werden es ohne Akteneinsicht in Rom auch nie erfahren. **(Siehe dazu Matthäus 22, V. 37 und 3. Mose 19 V. 18)**

»Aber halt«, werden einige Leute sagen, »all das bezieht sich doch auf die Endzeit«! Natürlich, und sie wissen auch, wann die Endzeit kommt – jedenfalls nicht bald – jedenfalls nicht so lange, wie sie und ihre Kinder bzw. Kindeskinder leben. Jedenfalls nicht so lange, wie es wesentlich mehr Leute als Menschen gibt, die ihr Pseudowissen für reales Wissen halten. Und weil Unwissen (Glaube) – im Gegensatz zu Wissen – nicht erst mühsam erlernt werden muss, so ist es zunächst leichter und bequemer, gläubig zu sein, als wissend zu werden. Wenn dem so ist, dann werden die naiven Leute weiterhin nur das glauben, was sie glauben wollen sollen. Dann ist Gefolgschaft BIS zum Kreuz und keinen Zentimeter höher die richtige Strategie für sie, um weiterhin Lug und Betrug generationenübergreifend aufrecht zu erhalten – durch »kaninchenartige« Fortpflanzung. »Ja, aber …«, werden andere Leute sagen, »wenn ab heute keine Kinder geboren würden, dann wäre die Erde schon in 100 Jahren menschenleer!« Natürlich, und sie wissen auch, wer die NICHT Geborenen beweinen bzw. vermissen würde! Es ist wie mit der überpopulationsbedingten Kaninchenplage in Australien, keiner würde sich über sie ärgern, wenn es sie nicht gäbe. Wir sind keine Tiere mehr, wir sind mehr als Ernährung und Vermehrung – jedenfalls diejenigen unter uns, die SIND, ohne zu scheinen. So wie Jesu kinderlose Nachfolger/innen ES waren, bevor sie vom Paulus, Mohammed oder Luther geschäftstüchtig neuformiert wurden.

Es ist wie mit den Ideologien der neugegründeten Parteien, die bereits nach dreißig Jahren oder sogar wesentlich früher nicht wiederzuerkennen sind, bzw. nur noch als forensische Spuren postfaktisch zu finden sind. Doch selbst schwache Spuren sind lesbar – vorausgesetzt, wir sind oder wir machen uns lesekundig. Womit eine weitere 30 Sek. »Leseübung« angesagt wäre!

Womit sollten wir uns nach unserem körperlichen Tod erkennen, wenn wir zu unseren Lebzeiten nicht gelernt haben, sehend bzw. »lesekundig« zu werden? Wie sollen wir unseren körperlichen Tod überleben, wenn es uns geistig noch nicht gibt, wenn wir nur so lange existieren, wie wir denken, und unser Denken mit unserem Gehirntod endet? In der Tat, wer nicht im Hier und Jetzt aus sich selbst neugeboren wird, der wird auch nach seinem körperlichen Tod nicht weiterexistieren können, der wird genauso körperbehaftet sterben, wie er gelebt hat – trotz Ablasskäufen bzw. gerade deswegen.

Wäre das Leben NICHT auf »ZURÜCKKEHEREN« programmiert, dann hätte es erst gar nicht stattgefunden! Dann wären wir auch heute noch dort, wo wir waren, bevor wir wurden. Dann hätte sogar die »Paradiesvertreibung« keinen Sinn, denn KEIN Kind wird in einen Kindergarten, zur Schule oder in ein Nebenzimmer geschickt, oder ein erwachsener Steuerhinterzieher in einem Gefängnis untergebracht, um NICHT zu lernen! Wer sein Gewissen wahrnimmt, der nimmt ahnend die Stimme seiner eigenen ihn lehren wollenden Seele wahr, denn Gefühle sind oft Intuitionen, durch die unsere Seele mit unserem Verstand spricht, sodass auch WIR als Verstand sie verstehen können. Wer das erkennt, der wird erkannt werden, selbst und gerade dann, wenn sein Körper stirbt. Denn WIR sind diejenigen, die am Ende, vor dem Wechsel in die andere Dimension, wissen werden, dass unsere Körper gestorben sind, dass auf die Nacht der Tag und auf das Ende der Anfang folgen wird. Wer diese andere Dimension erfahren will, der muss mitfahren, der muss seinen Körper bewusst verlassen, alles andere sind reine Spekulationen, Träume oder glaubensbedingtes Wunschdenken. Unsere kontinuierliche Meditation bzw. Remotion kann uns manchmal ein kleines Fenster in die andere Dimension einen Moment lang öffnen und uns kurz hineinschauen lassen, damit wir uns freuen können, denn »Vorfreude ist bekanntlich die schönste Freude«. Selig, wer einen kurzen Augenblick ahnend dort hineinschauen durfte. Doch das ist eine andere unglaubliche Geschichte, weil sie KEINEN Glauben voraussetzt, um wahr zu sein. Allerdings erkennen wir die andere Dimension erst dann, wenn wir in der anderen Dimension angekommen sein werden, bis dahin müssen wir das tun, was wir auf unserer Erde körperbehaftet tun können. Lernen wir zunächst »wach« bzw. bewusst zu werden, auch oder gerade dann, wenn wir nachtsüber schlafen oder tagsüber träumend ins Leere schauen. Unsere meditative Remotion ist der Schlüssel in die andere Dimension – lernen wir seine Handhabung, dann bleibt uns KEINE Tür verschlossen! Alles weitere kommt dann von selbst – in der Stille der Achtsamkeit, vom/durch das Selbst.

Nutzen wir die Chance, wissend zu werden, sprechen wir miteinander! Vernetzen wir unsere »Computer« und finden gemeinsam den Sinn jeden Lebens heraus! Lernen wir achtsam still zu werden, damit wir die leise Stimme unserer Seelen vernehmen können. Unsere neutrale Remotion hilft uns dabei, auch nach unserem körperlichen Tod in das Zeitlose zu transzendieren – das muss keiner glauben, das ist gewiss, das ist Fakt, weil es bereits wahr gewordene Realität ist – wenn auch zunächst nur für wenige, doch was nicht ist, das kann noch werden, und Hoffnung stirbt bekanntlich zuletzt.

Wer bewusst, wer selbstbestimmend stirbt, der wird »anteilig weiterleben«. Für die Neugeborenen unter uns bedeutet der Tod nur das selbstbestimmte Verlassen des Körpers, so, als ob wir ihn unserer Mutter Erde überlassen würden. Gewaltsam, durch einen Unfall oder krankheitsbedingt, zu sterben ist nicht das Gleiche wie selbstbestimmend den Körper zu verlassen. Selbstmord bzw. Suizid sind tödliche Gewalttaten gegen den eigenen Körper, hervorgerufen DURCH den oft orientierungslos gewordenen Körper selbst – meistens aus Verzweiflung. Es ist dann wie in der Vollnarkose; plötzlich sind wir »weg«, ohne es selbst zu wissen, denn ein Selbst, das es wissen könnte, erlangen wir erst als geistig Selbstgeborene. Bei einem durch das Selbst bestimmten Tod stirbt nur unser Körper. Ähnlich wie beim Fasten, wo unsere Körper verhungern können, ohne zu hungern, ohne ein Hungergefühl zu verspüren. Bei selbstbestimmtem Körperverlassen wird der Sauerstoffmangel NICHT gewaltsam, also ungewollt hervorgerufen, sondern gewollt, also selbstbestimmend und damit freiwillig. Man hört einfach auf zu atmen. Das kann meditierend oder remotierend geschehen. Hierbei werden zunächst die Atmung und dann der Pulsschlag schwächer und langsamer, indem man zuvor die Atempausen NACH dem Ausatmen, also mit leeren Lungen, kontinuierlich länger werden und somit den Kohlendioxid des Blutes ansteigen lässt. Bis schließlich das Herz dauerhaft aufhört zu schlagen und eine Art Tür aus schattenlos strahlendem Licht sichtbar wird, die dann selbstauflösend-vereinigend unwiderruflich-unumkehrbar überschritten werden kann. Bis dahin heißt es wachsen und reifen, trainieren, um stark zu werden, **stärker als unser Verstand!** DU musst deinen Verstand kontrollieren, DU musst ihn dazu bringen, seinen Körper NICHT einatmen zu lassen! Erst dann wirst DU akzeptiert, erst dann wirst DU dich SEINER würdig erweisen, erst dann wirst DU wissen, dass DU angenommen SEIN wirst, als ein Teilchen seines ewig seiendes Selbst – nicht früher! Danach wird unsere reumütige Wiedervereinigungsfreude sehr groß sein, denn es ist lange, lange her, als wir unser Ururzuhause aufgrund unsere Urgier verlassen mussten, um auf der Körperebene zu lernen, gierfrei zu werden.

Für mich endet hiermit die aktive Teilnahme an dem allgemeinen Lebensstaffellauf. Ich persönlich habe lange Zeit reifen und viele Irrwege gehen müssen, weil ich niemanden gefunden habe, der mir eine konkrete Wegbeschreibung zu meinem Selbst geben konnte. Ich habe vieles studiert und ausprobiert und an sogenannten Selbstfindungsseminaren teilgenommen. Letztendlich geholfen habe ich mir selbst – durch meine eigene Negation, durch tabufreie Infrage-Stellung bzw. Ablehnung dessen, wofür ich mich bis dahin gehalten habe.

Selbst diejenigen, die sich SOGAR berufsbedingt mit Selbstfindung auskennen MÜSSTEN, wie Priester und Pastoren, Seelsorger und Theologieprofessoren, haben mir keine konkrete, auf Fakten basierende Wegbeschreibung zu mir selbst geben können. Als ob sie sich damit, was sie beruflich tun, nicht auskennen würden, wie einige Politiker, die nach der Wahl »nicht« wissen wollen, wie sie regieren sollen, oder wie einige geschiedene Lebensberater, die theoretisch »wissen«, wie es praktisch geht, aber in der Realität nicht funktioniert. Wie viele Experten, die beim Nichtfunktionieren hinterher genau wissen, was WIR falsch verstanden oder falsch gemacht haben.

Wer von mir den Lebensstaffellaufstab übernehmen wird, der wird seinen eigenen angstfreien Frieden finden und kein halbes Jahrhundert herumirren, um bei sich selbst anzukommen. Wer diese leisen Mahnrufe bereits gelernt hat zu hören, der ist nicht mehr die unreife »Frucht«, die er am Anfang dieser Wegbeschreibung war, und wird es auch in Zukunft NIE mehr sein. Im Vorhergehenden habe ich alles gesagt, was ich sagen MUSSTE. Was nicht heißen soll, dass du ab jetzt alleine gelassen wirst, denn immer wenn du an das von mir Gesagte träumend oder wachend denken wirst, wird das KEIN Zufall sein! Das ist Fakt, wenn auch eine andersdimensionierte Realität.

Wen meine Gedanken berührt haben, für den hat sich die Mühe des Lesens bereits gelohnt, denn er wird auf dem Weg zu seinem Selbst weniger stolpern müssen. Wen nicht, der möge mir verzeihen, den markierten Textstellen und Fachbegriffen erörternd nachgehen oder in den nachfolgenden Sprüchen nachschauen, vielleicht findet er dort eine zündende Idee, die ihn zum Leuchten bringt. Schön und wünschenswert wäre es für uns alle, denn je mehr Selbstsuchende zurückfinden, desto unübersehbarer wird ihre Leuchtkraft werden.

Abschließend entschuldige ich mich bei allen Leserinnen und Lesern, die sich in irgendeiner Art und Weise durch das o.g. persönlich beleidigt fühlen: Es tut mir aufrichtig leid, aber »es ist noch keiner geboren worden, der es allen recht machen konnte«, und keiner, den alle gleich gut oder gleich schlecht finden, denn unsere Meinungen, von denen jeder von uns zu den meisten Themen MINDESTENS eine eigene hat, sind und bleiben bis zu unserer Selbstfindung unterschiedlich. Erst danach, erst wenn wir geistig neugeboren werden, werden wir uns meinungsfrei verstehen können, denn alles ist eins – wir müssen ES »nur noch« werden!

Unsere Remotion kann uns helfen, zunächst sensibler, emphatischer, mitfühlender, gerechter, friedlicher und schließlich menschlicher zu werden – vorausgesetzt wir wollen es. Andernfalls werden wir unserem evolutionären Urbefehl »ÜBERLEBE!« weiterhin instinktiv gehorchen und versuchen, ahnend so zu werden, wie wir es bereits seit unserer Urvertreibung schicksalhaft werden sollen: lug- und betrugsfrei. Ob uns das im Kollektiv je gelingen wird, ist ziemlich unwahrscheinlich, doch für den Anfang genügt es, wenn es Einzelne von uns wegweisend schaffen werden, voranzugehen.

Und sollte dir etwas des von mir Gesagten bekannt vorkommen, ohne zu wissen, woher du es weißt, seit wann oder von wem, dann kann es durchaus daran liegen, dass unsere gemeinsamen Seelen bereits von der gleichen Quelle des Zeitlosen getränkt werden.

Wenn sich dann unser Dünkel »groß zu glauben«, in ein demütiges Wissen, »winzig klein zu sein«, wandeln wird, wenn bisher Wichtiges unwichtig wird, dann werden wir wissen, dass wir bei uns/ihm angekommen sein werden, dann wird es uns reumütig klar und deutlich werden, dass wir uns zunächst selbst als winzig klein erkennen müssen, um schließlich nach unserem Körperverlassen im Zeitlosen als das Zeitlose unendlich groß zu werden.

SPRÜCHE

Sprüche oder Denkimpulse sind so alt wie die Menschheit selbst. Was ihre Aussagekraft angeht, so sind sie gut, wenn sie uns zum Nachdenken animieren und ihre Lehrbarkeit sich zeitunabhängig kaum ändert. Früher, als die meisten von uns weder lesen noch schreiben konnten, waren es die Sprüche vortragenden, herumwandernden Prediger, die lebensprägende Weisheiten, oft des einfacheren Auswendiglernens wegen, in gereimter Form den Leseunkundigen kundtaten. Es handelte sich dabei sowohl um praktische als auch um zeitlose Lebensweisheiten, an denen wir uns auch heute noch orientieren können.

Folgende Sprüche beinhalten Erkenntnisse mit initialfähigem Charakter, deren tieferer Sinn sich uns, unserem eigenen Entwicklungsstand entsprechend augenblicklich erschließen kann-nicht muss! Und manchmal müssen wir »eine Nacht lang darüber schlafen, um uns Klarheit zu verschaffen«.

Inwiefern die folgenden Sprüche einen Bezug zu bereits irgendwo bestehenden Sprüchen haben, das kann ich nicht sagen. Doch möglich ist es, denn die Wahrheit bleibt Wahrheit, auch wenn sie von verschiedenen Menschen an verschiedenen Orten in verschiedenen Sprachen zu verschiedenen Zeiten gesagt wurde oder erst in Zukunft gesagt wird.

Lass die folgenden Sprüche bzw. Denkimpulse einfach unvoreingenommen auf dich wirken, vielleicht bewirken sie, dass du deine Kursrichtung ändern oder gestärkt beibehalten wirst, denn »Was uns nicht umhaut, das macht uns stärker«!

001. Manchmal müssen wir einige Schritte zurückgehen, um das ganze Bild zu sehen, denn wer an seinem eigenen Standpunkt festhält, der lernt nicht viel Neues dazu.

002. Um die absolute Wahrheit erkennen zu können, müssen wir manchmal anhalten und unsere Sichtperspektive ändern,

denn obwohl die absolute Wahrheit für jeden die gleiche ist, wird sie nicht von jedem identisch wahrgenommen.

003. Wer zur Quelle kommen will, der muss lernen, gegen den Strom zu schwimmen. Wer umkehrt, der kommt voran, denn unsere vergangene Urquelle ist unser zukünftiges Zuhause.

004. Die Wahrheit ist einfach, doch sie lässt sich nicht einfach finden, und je weiter wir uns von ihr entfernen, desto mehr fürchten wir sie.

005. Die Wahrheit ist lebendig, weshalb sie sich nicht von »Toten« finden lässt, und solange wir sie fürchten, hassen wir diejenigen, die sie verkünden.

006. Wer an Lügen glaubt, der wird die Wahrheit nie erfahren, denn schöne Worte sind oft nicht wahr, wahre Worte dagegen oft nicht schön, doch bittere Wahrheit ist heilsamer als süße Lügen.

007. Sanfte Worte werden von Schlafenden nicht vernommen, denn Schlafende hören schlecht.

008. Oft lässt sich das Gute nur durch die Erfahrung des Schlechten erkennen.

009. Es ist leichter naiv zu glauben als faktisches Wissen zu lernen.

010. Wer glaubt, der weiß ES nicht. Wer ES weiß, der hat keinen Glauben.

011. Je mehr wir wissen, desto weniger glauben wir, denn Fakten benötigen keinen Glauben.

012. Wo Wissen zunimmt, dort schwindet der Glaube, doch wer sich von Lügen blenden lässt, der wird die Wahrheit nie sehen können.

013. Es ist besser, wissend zu sterben, als glaubend zu leben.

014. Wer nicht weiß, wer er ist, der sollte herausfinden, wer er NICHT ist.

015. Wer nicht selbstgeboren wird, der wird niemals erfahren, was Wahrheit ist.

016. Wer selbst nichts hat, der kann auch anderen nichts ge-

ben.

017. Wer reich an Gütern ist, der ist arm am Geist – der ist ein armer Reicher.

018. Wer überall nur die Materie sieht, der wird die Kraft, die sie zusammenhält, nie kennenlernen.

019. Es ist besser, körperlich zu sterben, als geistig zu verkümmern.

020. Wer ein Mensch werden will, der muss lernen, auch ein Kind zu sein.

021. Oft sind es Widersprüche, die uns widerspruchslos werden lassen.

022. Gesellschaften benötigen die Einzelnen nicht, doch die Einzelnen sind es, die ganze Gesellschaften verändern.

023. Orientierungslose Schafe folgen vertrauensvoll ihren Schäfern – auch zum Schlachthof.

024. Kinder sind die Zukunft der Zukunftslosen, die Erben der nicht Selbstverwirklichten.

025. Ungeborene weinen nicht, denn wen/was es nicht gibt, der/das existiert auch nicht.

026. Wer als Ente geboren wurde, der wird nie fliegen können wie ein Adler.

027. Wer in Wahrheit lebt, der kann keine Lügen verbreiten und umgekehrt.

028. Wenn wir über andere und andere über uns schlecht denken, wer sind dann die Guten?

029. Ob du dich für dein baldiges Vergehen oder für dein unvergängliches Neuentstehen entscheidest, es wird deine Entscheidung sein, die nur du in nur deiner Zeit treffen kannst.

030. Wer das Vergangene nicht verherrlicht, der kann eine herrliche Zukunft haben.

031. Wer nur in der Vergangenheit lebt, der ist für die Zukunft verstorben.

032. Eine harmonische Partnerschaft ist eine Einheit, die aus zwei Hälften besteht, weshalb zu zweit alles nur noch halb so

schwer ist.

033. Jeder von uns ist etwas Besonderes, doch sobald wir uns selbst für etwas Besonderes halten, sind wir es nicht.

034. Es ist leicht, auf Dinge zu verzichten, die man nicht begehrt, und es ist leichter Begierden zu vermeiden, als sie zu erleiden.

035. Keiner kann etwas sein, was er zuvor nicht wurde. Werden wir, dann werden wir SEIN.

036. Bevor Neues entstehen kann, muss Altes vergehen, denn keiner kann ein volles Glas mit Neuem füllen, ohne es zuvor geleert zu haben.

037. Wessen Verstand sich mit seiner Seele verbindet, der entsteht neu, der wird neugeboren.

038. Solange wir NUR der Verstand sind, existieren wir nicht wirklich, erst wenn unser Verstand und unsere Seele heiraten, wird eine uns hervorbringende Ehe daraus.

039. Wer das Flüstern seiner Seele noch nicht hören kann, der sollte das Zuhören lernen, und wem sein Verstand zu geschwätzig ist, der sollte ihn disziplinieren.

040. Auch das Böse kann sinnvoll sein, denn Gewalt ist manchmal die Voraussetzung für Gewaltlosigkeit, denn hilfreiche Medizin schmeckt zunächst bitter.

041. Was wir suchen, ist bereits hier, auch wenn wir es NOCH nicht erkennen können.

042. Wer sich von seinen Eltern nicht losnabeln kann, der wird nie frei werden können.

043. Wenn deine Freunde hinter dir stehen, dann sind sie nicht besonders mutig.

044. Beobachte achtsam die Aktivitäten deines Verstandes, dann wird er dir sagen, warum er unachtsam ist.

045. Wem sein Verstand dienen soll, der muss sich zunächst als sein Herr bewähren.

046. Wer sich selbst erkennen will, der muss still werden.

047. Das Ewig Ewige ruft uns ständig, leider hören die meisten

von uns seine Mahnrufe nicht. Es wird Zeit, dass wir das Zuhören lernen – durch Remotion.

048. Wer sucht, der wählt, und wer wählt, der hat noch nicht gefunden, denn finden heißt Eins-Werden, und Eins-Werden heißt NICHT wählen, denn das Zeitlose ist nicht wählbar.

049. Wer sich selbst erkennt, der wird auch erkannt werden und wissen, dass er selbst ein Teilchen des Erkennenden ist.

050. Remotion will uns das Schwimmen-Können beibringen, doch schwimmen muss jeder allein.

051. Remotion ist das Fahrzeug, mit dem wir unser Ziel erreichen können, doch wer nicht einsteigt, der wird nicht mitgenommen werden.

052. Remotion selbst löst KEINE Probleme, doch sie befähigt uns, Probleme zu vermeiden, und vermiedene Probleme müssen nicht gelöst werden, denn Ungeborene weinen nicht.

053. Solange unser Verstand uns überlegen ist, wird er die Führung behalten. Erst wenn er uns und unserer Überlegenheit vertraut, wird er uns die Führung überlassen.

054. Wo wahrhafte Gerechtigkeit schwindet, dort nimmt Respektlosigkeit zu.

055. Wer NICHTS hat, der soll es wegwerfen, denn Besitz versklavt seine Besitzer.

056. Wer nichts begehrt, der hat alles, und wer alles hat, der ist begehrenslos.

057. Wer leidet, dem will seine Seele helfen zu werden. Sie hilft uns, unser Urvermächtnis zu erfüllen, doch sie zwingt uns ihre Hilfe nicht auf.

058. Damit sich unser Urvermächtnis erfüllen kann, müssen wir zunächst wahrhaftig werden.

059. Solange unser Verstand Lügen beinhaltet, solange werden wir uns selbst nicht erkennen können, solange werden wir unsere Verstandeslügen für uns selbst und für die Wahrheit halten.

060. Immer wenn wir orientierungslos werden, streckt uns das Ewige Ewig seine Hand unverbindlich entgegen, ob wir sie er-

greifen oder nicht, das liegt an uns selbst – wir können spurlos vergehen oder für immer neuentstehen.

061. Immer wenn eine Zeitperiode zu Ende geht, zündet das Zeitlose ein weiteres Initialfeuer an, das zum weltweiten Flächenbrand werden kann.

062. Wessen Kinder könnten Regime dominieren, ausbeuten, in Kriege schicken, uniformieren, verhungern, ermorden lassen oder zu Mördern machen, wenn keine Kinder geboren wären?

063. Manchmal müssen wir zuerst reich werden, um zu erkennen wie arm wir in Wirklichkeit sind.

064. Nutze deine eigene Lebenschance zum Werden, sonst stirbst du nutzlos.

065. Wer nur seine Nächsten liebt, der hat viele Feinde.

066. So wie das Leben den Tod zum Ziel hat, so hat der Tod das Leben zum Ziel.

067. Erkenne das Schlechte in dir und es wird sich das Gute in dir offenbaren, denn das Erkennen des Schlechten in uns ist die Voraussetzung für unseren inneren Wandel zum Guten hin.

068. Es gibt keinen Schöpfer, denn der Schöpfer ist die Schöpfung selbst, und alles, auch er, du und ich, sind nur winzige Teilchen davon, die zusammengenommen unendlich groß sind.

069. Wir sind wichtig für das Zeitlose, doch ES kommt auch ohne uns aus.

070. Wer die Wahrheit außerhalb seiner selbst finden will, der stirbt vorher an Altersschwäche. Wer nach religiöser Erleuchtung sucht, für den wird es am Ende sehr dunkel werden.

071. Wer sich, von welchem Glauben auch immer, fesseln lässt, der wird gefesselt sterben. Der wird von »grünen Auen« oder vielen »Jungfrauen« träumen, doch sein Ende wird keinen Anfang haben.

072. Die Leute sehen und hören immer nur das, was sie sehen oder hören sollen. Erst im Alter, wenn die Seh- und Gehörkräfte nachlassen, sehen und hören manche besser.

073. Weil WIR unterschiedlich sind, so gibt es auch unendlich

viele Wahrheiten über die gleiche Wahrheit.

074. Wenn Psychologen, Philosophen und Theologen sich über die absolute Wahrheit uneinig sind, dann liegt es nicht an der Wahrheit, über die sie sich streiten.

075. Wer die allgemeinen Lügen für die neutrale Wahrheit hält, der wird sie nie erfahren.

076. Wer die Seiten lebendig wechselt, der stirbt nie, denn die nächste Dimension wartet schon.

077. Wer von sich glaubt »groß« zu sein, der weiß noch nicht, wie »klein« er ist, denn sich »klein« zu wissen, ist weiser, als sich »groß« zu glauben.

078. Wer NICHTS begehrt, der hat noch Wünsche – wer wunschlos ist, der hat seinen inneren Weg vom Ich zum Selbst gefunden, der ist zeitlos glücklich – ohne an Zeit und Glück zu denken.

079. Je glaubender wir uns geben, desto weniger verstehen, desto weniger wissen wir.

080. Wir halten uns für unser Wissen, weil wir es NOCH nicht besser wissen.

081. Es gibt nur eine einzige Freiheit und das ist die Erkenntnis, dass es KEINE absolute Freiheit gibt.

082. Wenn Ungerechtigkeit zum Recht für wenige wird, dann wird es viele geben, die sich dagegen wehren werden.

083. Wer aufwachen will, der muss zunächst wissen, dass er schläft. Wer aufwacht, der wird suchen, und wer sucht, der wird seine Zukunft in unserer gemeinsamen Urvergangenheit finden.

084. Wer nicht weiß, dass er krank ist, der wird sich nicht helfen lassen und wer sich nicht helfen lässt, dem kann auch nicht geholfen werden.

085. Solange unsere Seelen noch hoffen, uns bei unserer Menschwerdung helfen zu können, bleiben sie bei uns, denn sie und wir sind aufeinander angewiesen.

086. Wenn Lüge als Lüge erkannt wird, dann ist das die Wahrheit über die Lüge.

087. Wer spontan Gutes tut, der kann viel Schlechtes bewirken. Und manchmal muss bewusst »Böses« getan werden, um Gutes hervorzubringen.

088. Wer keinen Humor hat, den darf man nicht ganz ernst nehmen, und manchmal ist es besser, sich tot gelacht zu haben, als dass man stirbt, ohne gelacht zu haben, denn Ernstgemeintes kommt am besten mit Humor an.

089. Wer sich eingrenzt, der grenzt sich selbst aus.

090. Titel und Kleider machen Leute, und Leute verkleiden sich gerne.

091. Reiche Leute merken nicht, wie arm sie sind.

092. Wer die Reichen vertrauensvoll für sich denken lässt, der ist arm dran.

093. So lange wir unwissend sind, werden wir keine klugen Handlungen vollbringen können, denn wer gläubig ist, der ist zu unglaublichen Handlungen nicht fähig.

094. Wer sich für EINE Religion entscheidet, der schließt andere Religionen aus, der spaltet die Gesellschaft, der hat viel mehr Feinde als Freunde.

095. Leute benötigen Glaubensbilder, damit sie sehen können, woran sie glauben sollen.

096. Das Zeitlose ist bereits im Hier und Jetzt, immer und überall, immer gegenwärtig da, wenn auch in einer von uns NOCH nicht direkt wahrnehmbaren Dimension.

097. Wen das Ewig Ewige berührt hat, der sieht, riecht, schmeckt und fühlt ES ahnend überall.

098. Gutes kann schlecht sein, wenn es Negatives hervorbringt, und Schlechtes gut, wenn es zum Positiven führt. Insofern sind Religionen gut, denn sie zeigen uns ständig, wie böse sie sind, welchen uns spaltenden Unfrieden sie weltweit permanent stiften.

099. Blind und taub zu sein, ist keine Schande, es nicht zu wissen, schon, denn Unwissenheit lässt uns glauben, wissend zu sein.

100. Wir werden »blind« geboren, doch sterben sollten wir »sehend«, andernfalls werden wir ewig unterwegs sein, ohne den Weg zurück zu finden.

101. Solange die Ehrlichen ihre Naivität teuer bezahlen, können sich die Unehrlichen ihre billigen Lügereien leisten.

102. Lügner können sich vieles leisten, nur nicht die Wahrheit.

103. Manchmal ist es besser, sich für die eigene Überzeugung zu opfern, als für die Lügen der anderen aufopfernd zu leben.

104. Wer für andere aufopfernd lebt, der hat nie sein eigenes Leben gelebt, sondern immer NUR das der anderen.

105. Wer aufhört, geistig zu wachsen, der verpasst die Chance zu reifen und somit als reife Frucht geerntet zu werden, der vergeht bereits, während er noch unreif am Baum hängt.

106. Unerledigtes holt uns immer wieder ein – sogar im Traum, also erledigen wir es jetzt, dann kann plötzlich alles anders werden, obwohl sich äußerlich nichts geändert hat.

107. Solange wir nicht wissen, wer wir sind, werden wir diejenigen sein, die wir NICHT sind. Finden wir heraus, wer wir NICHT sind, dann werden wir SEIN.

108. Wer unwissend lebt, der wird nicht angstfrei sterben können.

109. Wer stark im Glauben ist, der ist schwach im Wissen, denn wer an Pseudowahrheiten glaubt, der hat die neutrale Wahrheit noch nicht kennengelernt.

110. Jene, die gern und viel reden, haben meistens nur wenig zu sagen.

111. Wem sich das Böse offenbart, der wird es auch als das Gute erkennen, denn das Gute gibt es nicht ohne das Böse und das Böse nicht ohne das Gute.

112. Wenn das Gute und das Böse sich gegenseitig aufheben, wird ein neutrales Drittes daraus.

113. Den guten und den bösen Baum erkennt man an ihren Früchten.

114. Wer von sich behauptet, er sei immer gut, der sagt nicht

die Wahrheit und wer von sich denkt, er sei immer böse, der irrt sich ebenfalls, denn NOCH sind wir beides.

115. Das Böse ist zu uns gekommen, damit wir das Gute in uns erkennen. Und wer Gutes tut, der hat bereits das Böse in sich erkannt.

116. Wer im Zeitlosen als Teilchen des Zeitlosen existieren möchte, der darf sich nicht unwissend dem Zeitlichen opfern, der sollte das Handtuch werfen, bevor er vom Zeitlichen k.o. geschlagen wird und dann chancenlos zusammenbricht.

117. Wir sind das, was wir denken und sagen. Lernen wir, unser Denken rechtzeitig zu bedenken.

118. Es ist leichter die Schuld bei anderen zu finden, als sie bei sich selbst zu suchen und es ist leichter, das Gut anderer zu verteilen, als eigenes zu teilen.

119. Wer denkt, dass ein Mensch durch 1.000 Leute ersetzt werden könnte bzw. die Wahrheit durch Stimmenmehrheit, der irrt. Auch wenn es mehr Leute als Menschen gibt, so sind es doch die einzelnen Menschen, die den vielen orientierungslosen Leuten eine Orientierung geben können.

120. Den inneren Weg zu uns selbst können NUR wir selbst gehen, denn wir sind der Weg – Remotion kann uns die Kraft geben, ihn zu erkennen, gehen müssen wir ihn dann selbst, oder wir drücken uns ein weiteres Mal vor der Tilgung unserer »Urschuld« und vererben sie unseren Schulden frei geborenen Kindern.

121. Den Baum erkennt man an seinen Früchten – den Menschen an seinen Taten und die Leute an ihrem Geschwätz, denn wer viel zu sagen hat, der muss nicht viel reden.

122. Wer ehrlich zu sein scheint, der lügt, denn das Wesen des Scheins ist es, dass er trügt, so ist nicht alles wertvoll, was wertvoll erscheint und nicht jeder ist freundlich, der offensichtlich freundlich lächelt, denn Leute verstecken ihre Geheimnisse gerne.

123. Die Wahrheit ist zwar offensichtlich, jedoch nicht für je-

dermann sichtbar, doch was verhüllt ist, das kann auch enthüllt werden, und was verunreinigt ist, das kann meistens wieder gereinigt werden.

124. Wer notgedrungen (noch) lügen muss, wer situationsbedingt (noch) nicht in der Lage ist, NICHT zu lügen, der sollte es unmittelbar wissen, denn manchmal muss man kurzfristig verlieren, um langfristig zu gewinnen.

125. Wer als Schaf unter die Wölfe geht, der wird seine Dummheit nicht lange überleben.

126. Wer dauerhaft mehr gibt, als er nimmt, der wird schon bald selbst nichts zum Geben haben, denn wer Gutheit mit Dummheit verwechselt, der kann leicht ausgenutzt werden.

127. Die Schlauen sind nicht so blöd, wie sie ausschauen, und die Blöden nicht so schlau wie ihre Show.

128. Wer andere belügt oder betrügt, der sollte ein gutes Gedächtnis haben, andernfalls ist es heilsamer, bei der Wahrheit zu bleiben.

129. Wer aufhört zu lügen, zu dem kommt die Wahrheit vom Selbst.

130. Das Nichtbenennbare ist zeitlos und das Zeitlose ist nicht benennbar. Es ist das für uns nicht bewusst Wahrnehmbare – scheinbar gar nicht vorhanden und doch ewig allgegenwärtig.

131. Das Sein ist ohne »dein« oder »mein«, denn ES ist beides zugleich.

132. Alles ist eins – werden wir ES – werden wir zeitlos anwesend, denn es gibt eine andere Dimension, in die wir hinüberwechseln können – allerdings nicht schlafend, sondern uns selbst neuerschaffend.

133. Obwohl wir alle die Chance haben, unserem Entwicklungszustand entsprechend zu werden, bleiben die meisten von uns nicht geworden – halbfertig – ganz wertlos.

134. Als junge Menschen geben wir uns gerne weise – als alte Menschen sollten wir gelernt haben, es zu sein und nicht nur starrsinnig so zu tun, als ob wir es wären.

135. Im Alter nehmen unsere Sinnesfunktionen ab – bis auf den Starrsinn.

136. Wer lernt, träumend periodisch anwesend zu sein, der wird wachend wissen, dass er zeitlos ist. Der wird zum »Stolperstein« für viele werden, die noch schlafen.

137. Wer aktiv nichts tut, der kann passiv viel bewirken, denn manchmal ist es sinnvoller, nichts zu tun, als ständig sinnlos beschäftigt zu sein.

138. Es ist nicht klug, sich für schlauer oder besser zu halten als die anderen, denn diejenigen, die sich für schlauer oder besser halten, sind meistens NICHT besonders klug.

139. Als Kultur, als Menschheit haben wir bereits versagt, als Einzelne dagegen gewonnen, denn die Mehrheit hat uns gezeigt, dass Sein mehr als Schein.

140. Das Zeitlose zwingt uns zu nichts, auch nicht zum Werden – das müssen wir notgedrungen selbst erkennen wollen.

141. Was wir als Menschen versprechen, das müssen wir auch halten, andernfalls sind wir nur Leute, die keiner ernst nimmt, nicht einmal deren eigener Verstand.

142. Die meisten Leute halten nur sich selbst für wichtig, für sie sind wir das, was sie für uns sind.

134. Manchmal lässt uns unsere Seele erkranken, damit wir den Wert unseres gesunden Körpers erkennen, und manchmal müssen wir verletzt werden um Schmerzen zu fühlen.

144. Lernen wir heute zu »sterben«, dann werden wir es morgen können.

145. Wer ohne ICH stirbt, der wird ewig SEIN, doch wer an Märchen glaubt, dem kann real NICHT geholfen werden, denn Dummheit ist stärker als jegliche Vernunft.

146. Wer sein Selbst außerhalb sich selbst sucht, der wird es nie finden.

147. Selbstgeborene wirken oft geheimnisvoll, weil sie keine Geheimnisse haben.

148. Wer bei seinem körperlichen Tod nicht sterben will, der

muss rechtzeitig lernen, geistig zu werden, der muss lernen, beim »Einschlafen« wach zu bleiben.

149. Wer »groß« zu sein glaubt, der weiß NOCH nicht, wie »klein« er ist, und wer sich demütig als »Klein« erkannt hat, der weiß, dass er unendlich groß ist, dass sein körperliches Ende nur ein geistiger Anfang sein wird.

Bitte um deine Mithilfe

Liebe Leserinnen, liebe Leser!

Wer den allgemeinen Daseinsgrund des Lebens erahnt oder bereits erkannt hat, den wird ES drängen, ihn auch anderen Suchenden zu offenbaren. Der wird zunächst mit Bekannten darüber sprechen oder einfach postalisch ansprechwürdige Menschen auf »Unser Urvermächtnis« aufmerksam machen wollen.
Die dafür geeigneten Info-Flyer können bei mir direkt völlig kostenlos schriftlich, telefonisch oder per E-Mail in D-32369 Rahden bestellt werden.

Bis dahin Dankeschön für deine Mithilfe
und alles Gute für uns alle!